知识溢出、吸收能力与创新绩效

以中国汽车产业为例

王芳 著

人民出版社

目　录

绪　　论

一、研究背景

2013 年,我国汽车产业迈上新台阶,汽车年产量达 2211.68 万辆,年销量达 2198.41 万辆,产销量同时跨过 2000 万辆的大关,进入一个全新的发展阶段。截至 2017 年,我国汽车产销量已连续 11 年稳居世界第 1 位,成为名副其实的汽车生产和消费大国,我国汽车产业在世界汽车工业体系中的地位和作用日益增强。但不可否认的是,我国汽车产业与发达国家相比,在技术水平、生产效率、市场竞争、管理理念等方面仍存在一定差距。我国汽车产业的发展始于技术引进。1953 年长春第一汽车制造厂建立,开始从苏联引进工艺设计、生产流程、管理制度,发展民族汽车产业。此后,在将近 30 年的时间里,我国汽车产业在相对封闭的环境中发展,强调自给自足和自力更生,长期处于缓慢发展甚至是技术停滞状态。直到改革开放,经过多次大规模的跨国合作、技术引进、对外交流,并致力于自主创新,我国汽车产业的整体生产、技术和管理水平有了大幅提升,与发达国家汽车产业的差距逐渐缩小。

汽车产业是支撑我国经济发展的重要产业。2017 年,我国汽车产业的总产量攀升至 2901.5 万辆,总产值增长至 8.8 万亿元,产业贡献率达 9.7%,成为仅次于计算机和化工的中坚产业力量;创造的税收额约 11591.4 亿元,占国家税收总额的 8.1%,成为国家税收的重要来源;创造的进出口额均超过 5600 亿元,有力地支撑了国民经济发展和海外贸易稳定;吸纳直接就业人员 534.9 万人,吸纳总相关就业人员 6246.6 万人,占全国就业人口的 8%,明显增加了就业活力。① 汽车产业链条长、关联性高，向上涉及冶金、钢铁、机械、电子、橡胶、石化、塑料、玻璃、化学、纺织等产业，向下延伸到商业、金融、维修服务、保险、运输和公路建设等产业。同时，汽车产业具有强大的带动能力和波及效应，其发展速度的快慢、发展质量的优劣直接影响到关联产业的发展，甚至影响到国家工业化进程和经济增长的速度与质量。再者，随着轻电子、高网络、善智能、低能耗的多样化时代到来，以电子产品为代表的一大批高科技产品的装车率日益提高，可以说，汽车产业的发展对机械、电子、光学等众多产业领域的技术革新也具有重要影响。

　　长期以来，发达国家的大型汽车企业，尤其是跨国汽车公司在全球汽车产业体系中居主导地位。跨国公司依托其雄厚的资本、先进的生产技术和管理理念，在全球范围内进行投资，寻找合作伙伴。中方汽车企业是技术知识的需求者，跨国公司有投资合作的需求，二者一拍即合，进行了多轮投资合作，合作的广度和深度不断增加，在一段时间内有效地促进了我国汽车产业的发展。

　　但是，"市场换技术"战略开展以来，中国汽车产业的技术进步始终低于GDP增长速度，合资公司为了保持其领先的技术地位和市场地位，严格控制技术外泄，始终把关键核心技术掌握在自己手中，中方企业通过合资方式掌握的核心技术少之又少，甚至出现技术依赖和"卡脖子"现象。与此同时，我国汽车产业发展还面临着内忧外患的局面。一方面，人口红利、市场红利、国际贸易红利下降而环保压力增加，限购、限行政策和能源瓶颈问题一直挤压着汽车产业的发展空间；另一方面，汽车产业自身也存在诸多不足，产业内集约化程度低，内资汽车企业规模庞大但生产经营效率明显低于外资企业，汽车产品出口层次低等。这些现实问题严重制约着我国汽车产业的转型升级和高质量发展。推动我国汽车转型升级和高质量发展，都迫切需要提高汽车产业的技术水平。提高汽车产业技术水平，一方面要提高汽车产业的自主创新水平，攻克关键技术环节，摆脱技术依赖；另一方面要整合外部资源，合理吸收其他主体的知识溢出，让

---

① 相关数据来源于《中国汽车工业年鉴 2018》。

外部知识为我所用。因此,正确认识和评价外资进入对我国汽车产业技术进步的影响,查找和分析除外资以外的其他类型的知识溢出,对比和检验外资与其他类型知识溢出对汽车产业创新水平的不同影响效果,以及客观看待和合理评价"市场换技术"战略等,都是我们现阶段需要厘清的现实问题。

二、研究意义

(一)理论意义

知识溢出和创新绩效一直是学术研究的热点问题,本书引入吸收能力概念,探索知识溢出与吸收能力共同对创新绩效的影响,可能呈现的理论意义如下:

第一,拓展和丰富了已有的知识溢出、吸收能力影响创新绩效的研究内容。现有文献主要集中于研究国际知识溢出,尤其是 FDI 知识溢出对某地区或某产业经济发展、技术进步、创新能力提升等方面的影响,而忽视了其他类型如产业内、产业间知识溢出带来的影响。本书引入产业内、产业间知识溢出,研究产业内、产业间、国际三种类型知识溢出对创新绩效的影响,是对已有研究内容的一种拓展和丰富。

第二,补充和细化了已有的知识溢出、吸收能力影响创新绩效的理论分析框架。通过对现有文献的梳理和归纳还发现,目前已有学者在研究知识溢出时考虑了吸收能力问题,但是现有研究对吸收能力的处理比较粗糙,只把它当作影响知识溢出效应的一个调节变量或中介变量。本书将吸收能力引入模型,分析和检验处于不同水平的知识溢出和处于不同水平的吸收能力对创新绩效的不同影响,这是对已有的知识溢出、吸收能力与创新绩效关系研究的进一步细化。

第三,为研究内资企业对外资企业的知识溢出作了一些理论方面的探索。现有的关于产业层面知识溢出的研究,更多的是关注外资企业对内资企业的知识溢出,鲜有学者研究内资企业对外资企业的知识溢出,因为在一般认知里,外资企业的知识水平普遍高于内资企业。但是,一方面,外资企业在中国生产经营,不可避免与内资企业发生市场行为,人员流动、协同创新、合作研究等会对双方产生知识溢出;另一方面,近年来部分内资企业的技术水平在某些领域出现了赶超,在市场活动中也会对外资企业产生知识溢出。本书同时关注产业内、产业间、国际知识溢出对国有、民营和外资企业创新绩效的影响,为研究内资企业知识溢出对外资企业创新绩效的影响作了一些探索。

（二）现实意义

改革开放以来,我国汽车产业发展迅速,取得了巨大进步。但是,我国汽车产业与发达国家相比,在技术水平、组织管理水平、市场竞争力等方面还存在一定差距。现有文献多集中于研究 FDI 知识溢出对我国汽车产业发展的影响,而忽略了其中的吸收环节。这势必会引发误会:第一,国际先进知识只要能够溢出到我国,我国汽车产业就会产生技术进步,创新绩效就会提升;第二,应重点关注国际知识溢出对我国汽车产业的影响。这样的误会势必会导致政策制定者在制定相关政策时忽略知识的吸收环节,也忽略对技术进步同样重要的产业内、产业间知识溢出。

针对汽车产业相关研究的不足,本书将产业内、产业间、国际知识溢出和吸收能力同时纳入分析框架,分析和检验了处于不同水平的产业内、产业间、国际知识溢出对汽车企业创新绩效的影响,处于不同水平的吸收能力对知识溢出的调节效应,还分析和检验了国有、民营、外资汽车企业产业内、产业间、国际知识溢出与吸收能力对创新绩效的不同影响效果,得到了产业内、产业间知识溢出对创新绩效的影响效果大于国际知识溢出这一结论,既为深刻认识和合理判断"市场换技术"战略提供依据,也为我国汽车产业的发展指明方向。本书的理论分析、实证检验和政策建议,对于有的放矢地提高我国汽车产业技术水平和创新水平,促进我国汽车产业由"数量扩张"到"质量提升",具有重要的现实意义。

三、研究思路与方法

（一）研究思路

吸收和利用外部知识,是企业提高创新绩效的重要途径之一。企业能够吸收多少外部知识,能够吸收哪些类型的外部知识,以及吸收外部知识后的利用效果如何,其效果受到哪些因素的影响,等等,都是需要探讨和分析的问题。本书以中国汽车产业为研究对象,探讨我国国有、民营和外资汽车企业接收到的产业内、产业间和国际知识溢出对创新绩效的影响,并考虑到知识由外到内的重要环节——吸收能力,综合考察不同类型、不同水平的知识溢出,以及不同水平吸收能力对创新绩效的不同影响。

本书的基本思路是:在概念界定和文献述评的基础上,借鉴内生增长理论、创新理论等经典经济学理论,分析和阐述产业内、产业间、国际知识溢出与吸收能力影响创新绩效的作用机理,提出研究假设,并据此构建数理模型;再以我国汽车产业的微观数据为依据,进行实证检验,并结合汽车产业发展的实际情况,对实证结果进行经验解释和分析;最后根据理论分析和实证检验结果,提出促进我国汽车产业创新绩效提升的政策建议。本书的整体框架如图1所示。

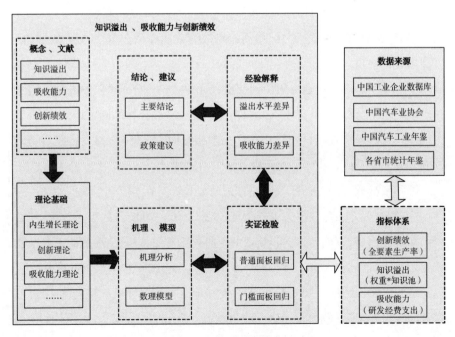

图 1　研究的总体框架

具体来说,本书的章节安排和主要内容如下:

绪论是文章主题的引入,主要介绍本书的研究背景、研究的理论意义和现实意义、主要研究思路,以及本书的主要研究方法。

第一章概念界定及文献述评。首先对本书涉及的知识溢出、吸收能力、创新绩效以及与之相关的知识扩散、知识创新等概念进行界定;其次从知识溢出、吸收能力和汽车产业三个角度对国内外相关研究进行全面、细致的梳理、归纳和总结;最后对现有文献进行点评,根据现有文献的不足找到本书的切入点。

第二章理论基础、机理分析与模型构建。首先介绍研究知识溢出、吸收能力与创新绩效涉及的经济学理论,包括内生增长理论、创新理论、吸收能力理论等;其次分析知识溢出、吸收能力与创新绩效的关系,明确三者之间的作用机理,并进一步探讨和分析产业内、产业间、国际知识溢出与创新绩效之间的线性与非线性关系,以及吸收能力的线性与非线性调节,并考虑异质性企业问题,提出具体研究假设;最后从企业的 C-D 生产函数出发,构建产业内、产业间、国际知识溢出与吸收能力影响创新绩效的数理模型。本章内容为后续研究提供理论铺垫。

第三章中国汽车产业发展历程及现状分析。首先分四个阶段介绍我国汽车产业的发展历程,以及每个阶段取得的主要成就和存在的问题;其次分析我国汽车产业的发展现状,包括地位变化、产品结构、市场结构和主要经济指标的变动等。本章内容主要是对研究对象的具体描述。

第四章数据说明与指标测算。首先对本书使用的工业企业数据库进行介绍,并采用合理方法对数据库进行清理,获得 2005—2007 年的相关数据;其次介绍知识溢出、吸收能力和创新绩效的一般测算方法,并以清理后的工业企业数据为基础,计算获得本书需要的产业内、产业间、国际知识溢出、吸收能力、创新绩效以及相关的控制变量指标,并对指标进行相关性检验和描述性统计。本章内容主要为第五章的实证检验作准备。

第五章知识溢出、吸收能力与创新绩效关系的实证检验。首先使用第四章测算所得的相关数据,对产业内、产业间、国际知识溢出与吸收能力影响创新绩效进行基础回归,发现基础回归的结果并不理想;其次根据理论分析,采用门槛面板回归方法,再次进行实证检验,得到一些重要结论;最后考虑所有制问题,分国有、民营和外资汽车企业进行分组实证检验,并得到一些重要结论。

第六章稳健性检验与扩展性分析。首先以 LP 方法计算的全要素生产率作为替代因变量,对第五章的实证检验结果进行稳健性检验,获得一致估计结果;其次对理论部分提到的知识溢出与吸收能力可能存在的互动关系进行实证检验,检验结果支持这一猜想;最后从产业层面出发,采用弹性分析方法,对全要素生产率相对于不同类型的知识溢出的变动情况进行分析,得到与微观层面实证检验基本一致的结论。

结束语根据理论分析与实证检验结果,提炼出本书的主要结论,再从溢出方、吸收方和政府三个层面提出促进我国汽车产业创新绩效提升的政策建议,最后总结了本书的创新点和局限性,并根据本书的局限提出下一步研究展望。

(二)研究方法

本书研究产业内、产业间和国际知识溢出与吸收能力对创新绩效的影响,具体落实到我国汽车产业,还考虑了线性与非线性问题和异质性企业问题,需要综合运用多学科知识和多种研究方法展开研究。本书在借鉴国内外相关研究的基础上,将理论分析与实证分析相结合,在具体研究过程中,主要运用了文献研究法、定量分析法和比较分析法。具体如下:

1. 文献研究法。在收集、整理和阅读大量知识溢出、吸收能力、创新绩效以及汽车产业相关文献的基础上,总结和归纳已有的研究成果,找到现有研究的不足之处,以此作为本书的切入点展开研究。文献研究为构建本书的分析框架和数理模型做好铺垫。

2. 定量分析法。一方面,从企业的 C-D 生产函数出发,构建产业内、产业间、国际知识溢出与吸收能力影响创新绩效的数理模型;另一方面,根据数理模型构建合适的计量模型,选取我国工业企业库 2005—2007 年的数据,采用门槛面板模型进行实证检验。为了保证实证结果的稳健性,本书选用 LP 方法计算的全要素生产率指标作为替代因变量,进行了稳健性检验。此外,还从产业层面对全要素生产率相对于产业内、产业间和国际知识溢出的弹性进行分析。

3. 比较分析法。对比分析汽车产业的产业内、产业间和国际知识溢出对创新绩效的影响;对比分析处于不同水平的知识溢出对创新绩效的影响和处于不同水平的吸收能力对知识溢出的调节效果;对比分析国有、民营和外资三种不同性质的汽车企业知识溢出、吸收能力对创新绩效的具体影响;对比分析汽车产业全要素生产率相对于产业内、产业间、国际知识溢出的弹性情况;等等。

第一章　概念界定与文献述评

本章首先对本书涉及的概念进行界定,包括知识溢出、吸收能力、创新绩效,以及与之相关的知识创新、知识扩散、知识转移、汽车产业等;其次根据本书的研究对象和研究目的,对国内外相关文献进行梳理和点评,总结了知识溢出渠道、知识溢出影响因素、知识溢出与创新的关系、吸收能力影响因素,以及与汽车产业相关知识溢出、吸收能力、创新绩效等方面的研究情况。最后通过文献梳理与点评,发现现有研究的不足,据此找到本书的切入点。本章的概念界定、文献述评和切入点查找,既是后续研究的基础,也为后续研究指明方向。

第一节　相关概念界定

一、溢出与知识溢出

英国经济学家马歇尔(1890)是最早关注溢出现象的,他在专著《经济学原理》一书中提出,"溢出"就等同于"外部性"。但是,马歇尔并未明确提出知识溢出这一概念。鲍莫尔(1952)对溢出的定义是,"某个人的效用函数的自变量中包含了他人的行为"。萨缪尔森(1992)赞成马歇尔的观点,他认为,溢出就是外部性,是某个经济人行为影响其他经济人的福利。宋承先(1997)对溢出的定义是,"私人利益与社会利益的差异"。王俊豪(2001)对溢出的定义是,"一定的经济行为对外部的影响,造成企业或个人成本与社会成本、私人利益与社会利益之间偏离的现象"。虽然表述略有差异,但基本可知:一方面,溢出是一种无意识行为,或者至少以无意识为主;另一方面,溢出是一种外部性,会导致社会收益与私人收益的不对等。

国内外学者基于各自的研究领域和研究需要,从不同角度对知识溢出进行界定,大致可分为三类:

(一)基于国际贸易的知识溢出概念

麦克杜格尔(Mac Dougall,1960)首次提出知识溢出这一概念,他在考察FDI对东道国的影响时提出,知识溢出是外商在东道国进行经济活动时导致的外部性,这种外部性会促进东道国生产率的提高。科科(Kokko,1992)继承了 Mac Dougall 的思想,他认为知识溢出是跨国公司在东道国投资时,其拥有的知识未经正式转让或许可,却被东道国公司获取、使用,但并未得到补偿的情形。格罗斯曼、埃尔普曼(Grossman,Helpman,1992)对知识溢出作了明确定义,他们认为,知识溢出发生于两种情形,一种是"企业不通过市场交易就能获得其他企业创造的信息",另一种是"在现有的法律体系下,其他企业使用了信息而信息的创新者或目前拥有者却没有有效追索权"。

(二)基于外部性和公共产品属性的知识溢出概念

阿罗(Arrow,1962)的"干中学"模型在解释经济增长时提到知识溢出,他认为,知识具有公共产品属性,当企业研发活动所产生的知识被其他企业获取却并未得到任何补偿时,知识溢出就发生了。格里利谢斯(Griliches,1979,1998)提出,当知识(包括信息、技术、管理经验)有意识或无意识地流动与扩散,使得社会收益大于私人收益,这个过程就是知识溢出,他还把知识溢出分为租溢出和纯知识溢出。贾菲(Jaffe,1986,1989)认为,知识天然具有公共产品属性,企业创造的知识不能完全由其掌控,而是会为其他企业创造价值,这就是知识溢出。克西多(Kesidou,2004)认为,知识溢出就是正的技术外部性。法哈、易卜拉欣(Fahhah,Ibrahim,2004)也认为,知识溢出就是一种外部性,从他人的行为中获得收益却未提供任何形式的补偿。波尔达尔(Poldhal,2001)认为,知识溢出就是创新思想或技术无偿地、非自愿地扩散和转移。侯汉平、王烷尘(2001),刘柯杰(2002)等认为,知识具有非排他性,一旦厂商通过研发活动创造了新知识,新知识会立即扩散,但厂商无法获得扩散带来的全部收益,这一现象就是知识溢出。尹静、平新乔(2006)也提出,知识溢出就是部门、企业、行业研发创造的新知识通过各种渠道溢出到别的部门,而本部门未得到任何报酬。

(三)基于接收者角度的知识溢出概念

斯通曼(Stoneman,1995)从知识接收者的角度对知识溢出进行界定,他认为,知识溢出是一种学习活动,并将所学知识与现有知识结合进行再创新,从接收者的角度来看,知识溢出并非是完全无意识的。布兰施泰特(Branstetter,2001)也从知识接收者的角度对知识溢出进行界定,他认为,当企业能够从其他企业的活动中获得收益并无须支付研究成本时,知识溢出就发生了。卡尼尔斯(Caniels,2000)认为,非创新者通过一定方式获得创新成果,而创新者并未获得非创新者的利益补偿或得到的补偿远小于其所创造的价值,这一现象就是知识溢出。

综上所述,关于知识溢出的研究,已达成的共识有:第一,知识天然具有公共产品属性,具有外部性,这就决定了其不能被独占,非独占的部分就是知识溢出;第二,知识溢出会对整个社会的福利产生正向影响,但是会给溢出方造成潜在"损失",因为溢出方无法获得其所创造或所拥有知识产生的所有价值。但是,关于知识溢出还有争议:第一,知识溢出是否绝对无意识,从溢出方而言,知识溢出是无意的,但是从接收方或者社会管理者的角度而言,为了实现利益最大化或社会福利最大化,可能会有意识地采取措施促进知识溢出,正如Stoneman(1995)所言,知识溢出并非是完全无意识的;第二,知识溢出方所获收益与社会收益不对等问题,部分学者认为知识溢出方未获得任何补偿,还有一些学者认为知识溢出方获得了部分补偿。借鉴上述学者的研究,结合本书的研究目的,从知识接收方的角度对知识溢出进行界定:企业主动、有目的地对外部知识进行甄别、消化、吸收和再创新,但是并不支付对等的市场成本,这就产生了知识溢出。

二、吸收能力

吸收能力概念是在知识溢出概念提出来之后才出现的。凯迪亚、巴加特（Kedia，Bhagat，1988）最先提出"吸收能力"这一概念。之后科恩、利文索尔（Cohen，Levinthal，1989，1990，1994）的三篇论文使之盛行，他们将吸收能力界定为三个维度，分别是识别、同化和开发外部新知识。莱恩、卢巴特金（Lane，Lubatkin，1998）扩展了吸收能力概念，认为吸收能力不仅取决于知识存量，也取决于其与溢出企业的知识相似度。莫厄里、奥克斯利（Mowery，Oxley，1995）提出，吸收能力是指"含组织原有知识基础和努力程度两个维度的组织学习能力和问题解决能力"。金（Kim，1997）也将吸收能力理论与组织学习理论相联系，认为吸收能力是企业学习和解决问题的能力，会影响到组织学习方式，并与组织学习呈一种共同演进的关系。扎赫拉、乔治（Zahra，George，2002）通过整理文献，从企业技术提高角度对吸收能力进行重新界定，他们认为吸收能力包括技术识别、技术消化、技术转化、技术应用四个渐进的阶段，他们把吸收能力分为潜在吸收能力和实际吸收能力，即"两部类四维度"，这也是目前应用较广的吸收能力概念。野仲、篷山（Nonaka，Toyama，2003）提出，吸收能力就是通过整合自身知识和外部知识创造新知识的能力。纳鲁拉（Narula，2004）认为，吸收能力包括消化吸收外部、内部化外部知识、调整外部知识与内部流程并创造新知识的能力。Tu 等（2006）提出一个更易于理论的吸收能力概念，即"吸收能力是一种有助于识别、交流、同化相关内外部知识的组织机制"。御厩屋、加尔比（Oumaya，Gharbi，2017）提出一个动态的吸收能力概念，即吸收能力是企业内部一系列个人和集体学习能力的组合，其中最重要的是企业内部的知识共享能力。

国内也有关于吸收能力的界定。王国顺、李清（2006）提出，本土企业的吸收能力包括识别能力、理解能力、学习能力和应用能力。高展军、李垣（2005）认为，吸收能力是企业在对外部知识进行评价、获取、消化的基础上，将之与企业内部知识进行融合的组织惯例和过程，吸收能力的强弱最终表现在企业的竞争优势上。陈劲、吴波（2011）延续了 Zahra,George（2002）的做法，区分潜在吸收能力和实际吸收能力。潜在吸收能力包括获取能力和消化能力。知识获取指企业通过一定方式搜索、评价、取得新知识；知识消化指企业通过拓展内部知识来理解所获知识。实际吸收能力包括转化能力和利用能力。知识转化指外部知识在企业内部流动并与已有知识融合；知识利用指企业利用整合后的知识进行再创新和商业化。张洁等（2012）认为，从环境获取、消化、吸收和转化外部知识并应用于商业的能力就是组织的吸收能力。

从国内外学者对吸收能力的界定来看，大致经历了两个阶段：第一阶段以 Cohen、Levinthal、Lane、王国顺等为代表，认为吸收能力是组织对外部知识进行识别和应用，并未涉及再创新；第二阶段以 Zahra、George、Narula、陈劲等为代表，扩展了吸收能力的内涵，认为吸收能力不仅包括对外部知识进行识别、应用，还会通过整合内外部知识进行再创新。本书采纳第二阶段的吸收能力概念，吸收能力是企业在综合自身条件的基础上，对外部知识进行搜索、评价、获取、消化、整合、利用，并与内部知识融合实现再创新和商业化的能力。

三、创新与创新绩效

最早进行创新研究的大约是经济学家熊彼特，他的几篇著名的关于创新的研究问世后，学术界对创新进行了大量探讨，并取得丰富的成果[法格伯格、维斯帕根（Fagerberg,Verspagen,2002）]。在现有的关于创新的研究中，创新的概念一直未形成统一看法。熊彼特最早提出创新的概念，他认为创新可以表现在"一个新的产品或者一个产品的一个新的方面、一个新的生产方法、一个新的市场以及一个新供应来源，或者一个新的组织结构"[①]。欧洲创新调查[②]对创新的定义是，"一个创新是在商业实践中、组织工作或者外部关系中

---

① 高辉：《中国情境下的制度环境与企业创新绩效关系研究》，博士学位论文，吉林大学，2017 年。

② 欧洲创新调查（CIS），是欧洲国家联合开展的一项关于企业创新活动和状况的大型问卷调查，这项调查涉及超过 30 个经济合作与发展组织（OECD）国家。

执行或者实施一个新的或者明显改进的产品(商品或服务)或过程、一个新的营销方法或者一个新的组织方法"①。在这两个创新定义的基础上,学者们根据自己的研究需要,提出了各自的创新概念。例如,"创新的表现形式可以表现为一种已有的技术被其他主体使用"(Lall,1993);"创新最基本的要求是产品、生产过程或组织方法对一个企业来说必须是新的或者发生重大改变"(Herstatt 等,2008);"创新,就是新产品、生产过程或服务的尝试和商业化"(A.Y.Dust,2013);等等。

在界定创新绩效之前,还需厘清绩效的含义。绩效也是一个复杂和宽泛的概念,现有文献也未达成统一。一般来说,绩效通常用来反映企业的经营结果。从已有研究来看,学者们主要从结果、行为和能力三个视角对绩效进行界定。"其中,比较直接的是从结果的角度定义绩效,但其中有许多内容难以量化测度,而行为和能力角度可以做有益的补充。"②因此,在实际工作中,对绩效的界定和测量要以理论基础、研究内容、研究目为前提。

由于创新和绩效的内容都比较宽泛,因此,长期以来,关于创新绩效的界定也未形成统一认识。国外学者从广义和狭义两个层面界定了创新绩效。从广义层面看,创新绩效指包括创意产生、产品研究、技术创新成果市场化的这一系列过程中企业在技术、发明和创新等方面取得的成果。从狭义层面看,创新绩效指企业将技术创新成果引入或者说投入市场的过程,主要指新产品的数量或者新设备的引进率。借鉴熊彼特等人关于"创新"的概念和国内外学者关于创新绩效的界定,本书将"创新绩效"界定为,企业创新活动(新产品、新产品的新方面、新生产方法、新市场、新供应来源、新组织结构等)从产生到形成发明以及引入市场等一系列过程中企业在技术、发明和创新等方面取得的结果。对创新绩效的界定,直接决定了其测量方法。因此,在后文的研究

---

① 董振林:《外部知识搜寻、知识整合机制与企业创新绩效:外部环境特性的调节作用》,博士学位论文,吉林大学,2017年。

② 高辉:《中国情境下的制度环境与企业创新绩效关系研究》,博士学位论文,吉林大学,2017年。

中,关于创新绩效的衡量,本书既不采用新产品指标,也不采用专利指标,而是采用囊括范围较广的全要素生产率。

四、知识创新、知识扩散与知识转移

知识溢出与知识创新、知识扩散、知识转移等概念联系紧密,在研究之前,需要进行界定和区分。

1. 知识创新。阿米登(Amidon,1997)最早提出知识创新这一概念,他认为知识创新是"创新主体创造、交换、应用新思想,并将其转化为市场产品和服务的过程",知识创新包括知识创造和知识应用。Amidon 将知识创新分为三种形式:其一是通过研发活动进行知识创新;其二是知识在生产、传播、交换和应用的过程中发生创新;其三是为了实现社会福利最大化而进行的新知识的扩散和应用。由此可知,Amidon 的知识创新概念在一定程度上涉及知识溢出和知识扩散。德鲁克(2000)认为,知识创新是,"赋予知识资源新的创造财富能力的行为",他强调知识的商业化。何传启、张凤(1998)认为,知识创新是创新主体为实现社会和经济利益而创造、发现知识的过程,贯彻于知识生产、传播、应用的整个过程。由 Amidon、何传启等人的观点可知,知识创新的范围较广,包含知识创造、应用、商业化,还涉及知识扩散。可以说,知识创新和知识溢出、知识扩散是有交集的概念。

2. 知识扩散。学术界关于知识扩散尚未形成统一认识,影响较大的是罗格(Roger,1983)提出的知识扩散定义,他认为,知识扩散是"一项新技术通过各种渠道被社会成员接受的过程",这一过程由四个因素组成,即新技术、时间、渠道、社会系统,他认为知识扩散是知识创新的后续环节。Stoneman(1981)认为,知识扩散是新技术的应用和推广,知识扩散包括模仿、模仿基础上的创新,知识扩散过程也会产生知识创新。梅特卡夫(Metcalfe,1984)认为,知识扩散是一种选择过程,企业选择提高效率和降低成本,消费者选择物美价廉,当二者均衡时,知识扩散才发生。古茂田(Komoda,1986)强调知识扩散是一个"学习"过程。格利诺、蒂加登(Glinow,Teagarden,1998)认为,知识扩散包括

技术传播、专有知识转移和硬件转移三个阶段。国内也有学者对知识扩散进行研究。傅家骥、程源(1998)从生命周期理论出发,提出知识扩散过程与技术的生命周期相关,开始于技术发明,经过推广和使用,最后被先进技术淘汰。郭咸刚(2005)强调知识扩散的经济效应,他认为知识扩散是技术创新的必然结果,技术创新成果在企业内部、行业间、行业外进行扩散是实现规模经济、增长收益的重要手段。国内外对知识扩散定义虽有不同,但基本内涵大体一致:第一,知识扩散是知识、技术传播、推广、应用的过程;第二,知识扩散需要一定的时间和渠道,并且具有空间效应;第三,知识扩散最终反映在经济利益上。

3. 知识转移。威廉斯、希夫松(Williams,Gibson,1990)认为,知识转移就是创意、想法从实验室流向市场。罗格斯(Rogers,1990)认为,知识转移是技术创新者和最终使用者之间进行的交换过程,于最终使用者而言该技术是外来的,而不是通过内部创新产生的。张玉杰(2000)提出,知识转移活动由转移主体、客体和转移行为构成,知识转移主体是拥有技术创新能力和技术使用能力的人或法人,客体是技术本身,知识转移行为是在技术供给者和技术需求者共同作用下发生的。黄静波(2005)认为,"知识转移指技术持有者通过各种方式将其拥有的生产技术、销售技术或管理技术以及有关的权利转移给他人的行为"。泰吉等(Taegi,et al.,2014)明确提出,知识转移与知识溢出不同,知识转移是有意识,而知识溢出是无意识的。近年来,国内学者等对知识转移达成基本共识:知识转移就是技术在不同地理空间、不同领域之间的扩散过程,知识转移是知识扩散的一种方式。

鉴于许多文献中知识溢出、知识转移、知识扩散常混合使用,李青(2007)作了如下区分:"知识溢出是知识无意识的传播,知识转移是人或组织之间有意识的交流,知识扩散则包括有意识的知识转移和无意识的知识溢出,当然,共性是知识的流动。"①本书在借鉴王玉灵、张世英(2001)和李青(2007)等人

①　魏守华等:《知识溢出、吸收能力与经济绩效的研究述评》,《现代经济探讨》2017年第9期。

观点的基础上对这些概念进一步说明:知识创新是知识溢出的源泉,但是在知识溢出的过程中也可能会产生新知识;知识扩散是知识创新的后续环节,新技术、新知识只有经过扩散,在社会上大规模使用,才能获得经济利益和社会利益。其中,知识转移和知识溢出是知识扩散的两种重要形式;知识转移是技术知识有意识的转让,是主体间有目的、有计划的行为,通过市场渠道进行并以等价交换为原则,而知识溢出一般不通过市场渠道进行,是知识的一种正外部性。

五、知识溢出效应

知识溢出效应是知识溢出方和接收方在溢出、吸收知识后导致的创新及经济增长结果。一般来说,知识溢出效应可以分为积极效应和消极效应。知识溢出的积极效应包括链锁效应、模仿效应、交流效应、竞争效应、带动效应等。链锁效应主要表现在上下游产业、企业间联系;模仿效应指知识势能低的企业通过逆向工程、合作培训等方式获得先进的技术和工艺;交流效应指企业间通过人员交流互动产生溢出;竞争效应指领先企业的先进产品、工艺、管理理念等让其他企业产生危机感和竞争意识,从而迅速采取措施应对;带动效应指拥有先进技术的产业、部门对技术相近的产业、部门产生吸收,技术落后产业、部门通过模仿、消化吸收和改进,创造更先进的技术。知识溢出的消极效应包括挤出效应和锁定效应。挤出效应指当知识接收者通过吸收外部知识能够生存时,会放松自主创新的努力程度,造成知识溢出对自主创新的挤压;锁定效应指知识吸收者长期依赖于外部知识,缺乏独立研发能力而受制于人的现象。

六、产业与汽车产业

产业的概念来源于英语词汇 industry,industry 不仅有"产业"的意思,还有"工业"的意思。产业经济学关于"产业"的定义是"国民经济中以社会分工为基础,在产品和劳务的生产与经营上具有某些相同特征的企业或单位及其活动的集合"①。在国民经济中,从各类物质生产部门到提供各种服务的各行各业,都可以称为产业。

根据产业的定义,汽车产业(汽车工业)可界定为,与汽车及其零部件、配件生产、装配、销售等相关的企业或单位及其活动的集合。大致可以划分为汽车制造业和汽车服务业。汽车制造业,是指进行汽车主机、动力系统、电器配件、底盘等生产以及进行汽车装配的工业部门。按照国家统计局国民经济行业分类,我国的汽车制造业包括整车制造业、改装汽车制造业、电车制造业、汽车车身及挂车制造业、汽车零部件及配件行业、汽车修理业。汽车服务业,是指从汽车下线进入用户群开始,到整车成为废弃物为止的全过程中,对汽车进行加油、保养、保险、维修等活动涉及的服务行业。本书的研究对象是我国汽车产业中的汽车制造业,包括国民经济行业分类中的六大汽车行业。

第二节 文献回顾与述评

根据本书的研究主题、研究对象和研究目的,在展开研究之前,需要对知识溢出、吸收能力、创新绩效,以及汽车产业的相关研究进行梳理、归纳和总结。

一、知识溢出的相关研究

(一)有关知识溢出存在性的研究

早期学者对知识溢出的存在性具有一些争议,卡尔多(Kaldor,1957)、默达尔(Myrdal,1970)等学者认为知识只会在本地循环累积,不会发生外溢。而索洛(Solow,1956)、斯旺(Swan,1956)、Arrow(1962)等学者则认为,知识溢出是客观存在的。Arrow(1962)在提出知识的公共产品属性时指出,知识具有传播的天然特点,没有任何手段能够抑制其外溢。杰罗斯基(Geroski,1989)认

---

① 简新华等:《产业经济学》,武汉大学出版社 2010 年版,第 1 页。

为,知识、技术、经验等都是能流动于创造方和使用方之间的物质,知识溢出必然发生于其间的传递、学习、借鉴和交流中。直到 20 世纪 90 年代,随着各种知识溢出测算方法、知识溢出机制以及知识溢出影响经济增长和创新水平的理论和实证研究出现,这一争议终于有了定论:知识溢出是客观存在的,并且可以采用直接或间接的方式进行测算。

(二)有关知识溢出渠道的研究

科埃、埃尔普曼(Coe,Helpman,1995),阿尔梅达、科古特(Almeida,Kogut,1999),凯勒(Keller,2002)等认为,商品贸易、研发人员流通、跨区域交流、合作及创业是知识溢出的重要途径。诺曼、佩波尔(Norman,Pepall,2000)提出,知识溢出可以通过人员流动、客户、非正式会谈等渠道在企业间进行传播。Keller(2004)认为,知识溢出的渠道主要有国际贸易、FDI、信息交流等。马斯库斯(Maskus,2004)研究国际知识溢出,认为跨国公司对东道国的知识溢出分为市场途径和非市场途径,市场途径包括产品或服务交易、FDI、技术许可、与东道国企业的合作或人力资源交流等,非市场途径则包括模仿、雇员流动、专利申请和引用等。李青(2007)通过梳理文献,认为知识溢出有三个载体,即专利、人才和商品。根据知识溢出方和接收方之间交流形式的不同,知识溢出至少有以下 5 种渠道。

1. 基于人才流动的知识溢出

知识根植于个人,人才流动是知识溢出的重要渠道。人才在不同空间流动,并与周围群体交流、互动甚至合作,实现了知识传播、扩散和再创新。洛什、维斯帕根(Los,Verspagen,2000),奥德斯、弗尔德曼(Audretsch,Feldman,2004)在研究吸收能力时提出,与吸收能力密切相关的是基于人才流动的知识溢出。科析恩、亨德松(Cockburn,Henderson,1998),斯图尔特、索伦森(Stuart,Sorensen,2005)也提出,受社会网络、社会资本影响较大的也是基于人才流动的知识溢出。

2. 基于商品贸易的知识溢出

商品贸易尤其是进口商品贸易是知识溢出的渠道之一。进口商品贸易导致的知识溢出已经得到大量研究的支持。Grossman,Helpman(1991)提出,进口贸易会通过中间产品的引进而提高东道国的技术含量,同样,这种知识溢出存在"门槛效应"。Coe,Helpman(1995)开创性的研究证明,商品贸易中的知识溢出有利于进口国生产率的提高。伊顿、科图姆(Eaton,Kortum,1996),卡塞利、科尔曼(Caselli,Coleman,2001)的研究表明,进口贸易导致的知识溢出与东道国的人力资本水平正相关。Keller(2002)也提出,嵌入了先进技术的贸易商品会给落后地区模仿先进技术的机会,通过模仿创新、"干中学"等方式,落后地区会提高技术水平和竞争力。李小平、朱钟棣(2005)用中国省际数据进行研究,结果发现,商品进口显著促进技术进步,而商品出口反而抑制技术进步。符宁(2007)的研究发现,基于商品进口的知识溢出对我国技术进步有促进作用,但是促进程度受我国人力资本、国内研发等吸收能力的制约。

3. FDI 知识溢出

巴拉苏巴马尼亚姆等(Balasubramanyam,et al.,1996)认为,FDI 是间接知识溢出的重要渠道。布罗恩托姆、科科(Blomström,Kokko,1998)提出,跨国公司在向东道国进行直接投资的时候,会通过示范作用或与当地企业合作、合资等发生知识溢出或知识转移。在实证方面,关于 FDI 知识溢出效应的大小存在颇多争议。哈达德、哈里森(Haddad,Harrison,1993)研究了摩洛哥外资企业对本地企业的影响,结果表明,没有知识溢出效应。詹科夫、霍克曼(Djankov,Hoekman,2000)研究了捷克的所有行业,发现 FDI 知识溢出对所有行业的增长都有正效应。科宁斯(Konings,2001)的研究表明,FDI 在波兰没有显著溢出效应,而在保加利亚、罗马尼亚有负向影响。布莱洛克、格特勒(Blalock,Gertler,2004)对印度进行研究,结果发现,下游的 FDI 对上游当地企业的生产率有正向影响。雅沃西克(Javorcik,2004)对立陶宛进行研究,发现 FDI 对上游供应商有正向溢出效应。徐、王(Xu,Wang,1999)实证发现 FDI 对发展中国家的溢出效应不显著,原因在于发展中国家人力资本缺乏。赖明勇、包群(2003)梳理了关于 FDI 知识溢出的实证研究,发现 FDI 对东道国的企业存在知识溢出效应,但是结论不一致。国内大部分学者的研究认为 FDI 知识溢出效应为正。何洁（2000）、潘文卿（2003）发现，FDI 对中国工业部门存在门槛溢出效应，且受到人力资本、市场规模、自身技术水平、基础设施完善程度以及对外开放程度的影响。冼国明、严兵（2005）提出，FDI 促使我国企业在"边干边学"的过程中通过学习、竞争、合作创新、人才资本流动等吸收跨国公司的知识溢出，促进我国技术进步。持这一观点的还有张海洋（2005）、谢建国（2006）、邱斌（2008）、钟昌标（2010）、余长林（2011）等。国内也有一部分学者的研究表明，FDI 知识溢出效应为负或者不显著。持这一观点的学者包括潘文卿（2003），严兵（2006），黄菁（2008），邢斐、张建华（2009），杨高举、黄先海（2013）等。

4. 基于研发合作的知识溢出

大学、独立研究机构、企业研发部门也是知识创新和发生溢出的重要源泉。费尔德曼、弗朗西斯（Feldman，Francis，2002）认为，"研究型大学是重要的知识溢出源，通过义务支持、知识转移、安排学生就业等形式，为企业、个人及政府相互作用提供了平台，从而产生知识溢出"①。夏洛、迪朗东（Charlot，Duranton，2004）研究了法国城市中个人工作交流的外部性，证实了因交流而发生的知识溢出的存在。

5. 基于创业的知识溢出

企业家在企业集聚地区进行创业，与拥有创意或专利的企业家或群体交流合作，能够获得大量隐性知识。阿克斯、奥德斯（Acs，Audretsch，1987）认为，企业家创业不仅能够降低知识溢出过程中的衰减，还可以运用新知识打造新产业。奥德斯、斯特凡（Audretsch，Stephan，1996）认为，企业家创业产生的知识溢出会以新建企业率、自我雇佣率、就业率等形式表现出来。Audretsch（2007）将创业资本纳入生产要素范畴研究创业对知识溢出的影响，证实知识溢出对区域经济增长有促进作用。奥德斯、基尔巴赫（Audretsch，Keilbach，2007）的研究也表明，知识溢出是创新的重要源泉，而创业是知识溢出的导体。

———————

① 赵勇、白永秀：《知识溢出：一个文献综述》，《经济研究》2009 年第 1 期。

(三)有关知识溢出影响因素的研究

整理已有文献可知,知识溢出受到知识属性、地理距离、溢出方与接收方的关系以及双方所处的环境、知识距离、接收者的吸收能力等诸多因素的影响。

1. 知识本身特性

野仲(Nonaka,1994)和詹森等(Jese,et al.,2007)认为,知识可分为显性知识和隐性知识。显性知识主要包括一般科学原理、公开发表或出版的论文、著作等,这类知识可以编码,易于溢出;隐性知识主要指通过干中学、师徒传承、"手把手"教授或亲身经历才能获得的知识,这类知识难以编码。知识的可编码化程度越高,越容易发生溢出。

2. 地理距离

Griliches(1979)的研究表明,知识溢出随着地理距离的增加而递减。楚克尔等(Zucker,et al.,1998)的研究也表明,知识溢出的强弱受地理因素的影响较大。Keller(2002)的研究表明,地理距离每增加1200km,知识溢出强度减少一半。莫雷诺等(Moreno,et al.,2005)对欧盟内部知识溢出进行研究,发现当地理距离超过250km时,欧盟175个区域间的知识联系就不显著了。符森(2009)的研究表明,知识溢出密集区为800km以内,知识溢出强度减少的距离为1250km。

3. 溢出方与接收方的关系及所处环境

Coe,Helpman(1995)提出,知识溢出流入量与流入国内生产力水平密切相关。张诚等(2001)认为,知识溢出效应的强弱受当地企业学习能力、吸收能力、市场环境等因素的影响。卡明斯、邓(Cummings,Teng,2003)提出,知识溢出的影响因素包括知识属性、企业间关系、知识接收者特性以及企业的活动特征等。Narula(2004)在研究跨国公司与东道国公司之间的知识溢出时提出,知识溢出过程和程度是由跨国公司和东道国公司共同决定的。豪、埃万热利斯诺(Hau,Evangelista,2004)发现,学习意图、学习能力对知识溢出有正向影响,而知识产权保护对知识溢出有负面影响。阿尔法罗等(Alfaro,et al.,

2004）实证发现 FDI 知识溢出受东道国金融发达程度的影响,金融市场越发达,溢出效应越强。

4. 知识距离（技术差距）

关于知识距离影响知识溢出的研究,目前争议较大。以芬德利（Findlay,1978）为代表的早期学者认为,知识距离越大,知识溢出效应越大。斯霍姆（Sjohlm,1999）对印度尼西亚的研究也支持这一论断。这些学者认为知识距离越大,接收者能够学习和超越的空间越大,因而知识溢出效应越强。但是,Haddad,Harrson（1993）对委内瑞拉的研究,Kokko（1996）对乌拉圭的研究,刘等（Liu,et al.,2001）对中国台湾的研究得出相反的结论,他们认为知识距离越小,溢出效应越强。博伦泰因（Borentein,1998）、布罗斯多姆（Blomström,1994）、弗洛里斯（Flores,2000）则认为,知识距离必须保持在一定范围内才有利于溢出效应的产生,知识距离太小或太大都不利于知识溢出。

5. 吸收能力

Los,Verspagen（2000）,Audretsch,Feldman（2004）认为知识溢出不仅受知识溢出机制影响,还受接收方的吸收能力的影响。Cohen,Levinthal（1999）,Caniels（2000）,Keilbach（2000）,克劳斯（Klaus,2005）,截维（David,2005）等分别建立知识溢出效应的测度模型,从这些模型来看,知识溢出受吸收能力影响是毋庸置疑的。吸收能力对知识溢出效应的影响,是本书研究的重要内容之一,在后续研究中会有详细说明。

（四）有关知识溢出与创新的研究

以马歇尔为代表的学者认为,同一产业内的知识溢出和垄断的市场结构更有利于区域创新。而以雅各布斯（Jacobs）为代表的学者则认为,不同产业间的知识溢出和竞争的市场结构更有利于区域创新[①]。关于这一争议,学术界也未形成统一。格莱泽（Glaeser,1992）用美国数据进行检验,结果发现多样化有利于就业增加,而专业化减少了就业。弗尔德曼、奥德斯（Feldman,Au-

---

① 赵勇、白永秀:《知识溢出:一个文献综述》,《经济研究》2009 年第 1 期。

dretsch,1999)也用美国数据检验,结果发现互补行业越多,创新产出就越多。此后卡伊内利、里卡尔多(Cainelli,Riccardo,1999),乌萨伊、帕奇(Usai,Paci,2002),钦加诺、斯基瓦尔迪(Cingano,Schivardi,2004)等对北美、欧洲等区域的研究也得到类似的结论。而吴玉鸣(2007)用中国数据检验,结果表明,专业化溢出对区域创新有正向影响,而多样化溢出对创新有不显著的负向影响。可以说,研究对象、测度指标、产业性质以及所选研究时间段不同,研究结论差异较大。

针对相关研究忽略区域间相互作用和空间异质性导致的估计偏误,一些学者还运用了空间计量经济学的相关方法,研究知识溢出的空间效应。林(Lim,2003)用空间计量方法,考察区域内和区域间知识溢出对创新活动的影响,结果表明,美国都市的创新活动高度集中于少数都市区,跨都市区域边界地区也存在知识溢出现象。蔡杰、龙志和(2007),张馨之、何江(2007)的研究结果表明,知识溢出对创新的影响在地级市表现显著,而在省级表现不显著。随着空间计量经济学的发展,知识溢出与创新地理融合研究日益加深,但是,由于选取数据不同,选择的代理指标不同,所获结论也存在差异。

二、吸收能力的相关研究

学术界对吸收能力的研究除了必要的概念界定以外,主要集中在吸收能力的测度及其影响因素。详细的吸收能力测度见第四章,在此,只呈现吸收能力的影响因素。

知识吸收过程是一个将外部知识内部化的过程,经济主体对外部知识的吸收能力除了受知识属性影响外,还受到吸收主体自身条件、内外部知识的匹配程度等因素的影响。

(一)吸收主体自身条件

如果吸收主体是一个企业的话,自身条件就包括企业的先验知识、研发努力程度、人力资本水平、学习机制等。企业的先验知识指企业累积和储备的知识存量。先验知识的存量越大,越容易与外部知识对接。刘常勇、谢洪明

（2003）从知识的广度和深度来刻画吸收能力，广度决定了企业评价、识别外部知识的能力；宽度决定了企业吸收能力提升的速度，因此，企业在开展研发项目时，会根据本身所拥有的先验知识选择外部知识。孙兆刚等（2005）认为，企业对知识溢出的吸收能力受到企业的学习能力、学习机制、研发力度等因素的影响。魏守华等（2017）提出，员工技能、"明星型"企业家都会影响到企业的吸收能力。此外，组织学习机制也会影响到企业的吸收能力。Jensen等（2007）基于丹麦企业的调查数据，考察了选择不同学习战略（科学技术创新模式和实践中创新模式）的企业创新绩效，发现创新性更强的是同时采取两种学习模式的企业。

（二）知识与吸收主体之间的匹配程度

知识与吸收主体之间的匹配程度，主要包括技术相似度和技术差距。Jaffe（1989）在研究大学的研发活动对本地产业创新活动的影响时发现，研究型大学对当地企业的知识溢出效应受研究强度和技术匹配度的影响。Kokko等（1996）认为，技术差距适中才有利于吸收能力提高。卡斯泰拉尼、赞菲（Castellani，Zanfei，2003）则认为，当技术差距较大时才有利于吸收。魏守华等（2009）在研究长三角高技术产业知识溢出效应时，计算了该地区的技术一致性指数，并发现该地区产业研发活动的溢出效应与吸收能力与技术一致性指数高度相关。王向阳等（2011）对中国高技术产业的知识溢出进行研究，结果表明，技术差距与吸收能力呈二次非线性关系。

根据以上知识溢出、吸收能力的相关文献梳理可知：第一，知识溢出是客观存在的；知识溢出的渠道包括通过人才流动、商品流动、研发合作等；知识溢出效果受到知识本身特性、地理距离、吸收能力等因素的影响；知识溢出对于创新具有重要作用。第二，吸收能力是企业从外部获得资源并进行有效学习、转化和应用的关键，其影响因素主要包括吸收主体自身条件、技术相似度、技术差距等。第三，知识溢出与吸收能力是两个密切关联的概念，分别从知识的溢出方和接收方反映知识扩散过程，二者的差异在于：知识溢出偏重于溢出方，而吸收能力偏重于接收方；知识溢出强调知识的公共产品属性，是一种外部性,这样的溢出是免费的、无成本的,而吸收能力强调接收者需具备一定的基础条件,也就是说,一个主体要让外部知识为我所用,这样的吸收不是免费的、无条件的,需要具备一定的基础。

三、汽车产业的相关研究

(一)国外研究

国外学者对汽车产业或企业的研究,与本书主题相关的主要集中在创新和整体效率评价方面。

在创新研究方面,国外学者主要从全球化的角度研究汽车产业发展。如米勒(Miller,1994)分析汽车产业在全球化发展中的研发问题,并提出,大范围的工艺创新、快速的产品开发以及重大技术创新,有利于汽车研发活动向企业总部集聚,但是市场分割阻碍了这种集聚进程。也有学者提出,通过资源整合利用来促进汽车企业研发创新以及核心竞争力提升,代表学者有奥萨托(Or-sato)和韦尔斯(Wells)等。

在效率研究方面,主要采用不同方法、体系、模型对汽车企业的市场绩效进行测算。如克里斯托(Christos,1997)采用 DEA 方法对世界主要汽车企业生产的 121 款车进行性价比分析,结果发现,不同国家不同地区间汽车企业的效率差异较大,同一企业在不同国家和不同地区间的效率也存在差异。夏尔马(Sharma,2004)采用全要素生产指数法,动态分析了印度汽车企业的效率及其影响因素,发现对外开放并没有提高印度汽车制造业的效率。

(二)国内研究

国内学者关于汽车产业或企业的研究,一部分参照国外展开,集中在创新和效率评价上;另一部分,基于我国汽车产业发展中的"市场换技术"战略,许多学者热衷于研究国际知识溢出,尤其是 FDI 知识溢出对中国汽车产业发展的影响。

1. 有关创新和效率方面的研究

(1)一些学者建立指标体系,对汽车企业的创新绩效进行评价。例如,谢光亚、振佳(2009)对我国汽车制造业的技术创新能力进行合理评价,分别从研发投入、人员投入和研发绩效三个方面进行,最终结论是,我国汽车制造业的研发水平远低于国外汽车制造业。陈芳、穆荣平(2011)也评价了我国汽车制造业创新能力与效力,分别从创新投入效力、创新产出效力和创新绩效三个方面进行。

(2)还有一些学者从不同视角,查找汽车企业创新绩效提升的原因。这些原因包括纵向整合、研发活动(研发资金投入、研发人员投入、设立海外研发中心等)、跨国并购、政府补贴等。例如,邓乐天(2011)以2003—2008年我国汽车上市公司为样本,研究了汽车企业纵向整合战略对其创新绩效的提升,结果表明,纵向整合对汽车上市公司创新绩效有明显的促进作用,但是企业性质不同,纵向整合影响创新绩效的表现不同,并且企业规模对创新绩效存在正向影响。岳中刚(2014)从创新资源寻求视角,分析了海外研发合作、设立研发中心和并购等逆向研发外包三个维度的创新效应,并以我国汽车上市公司2007—2012年数据为依据进行实证检验,结果发现,海外研发中心、海外并购均有利于创新绩效提升;但是,进行海外研发合作对创新绩效提升的影响并不显著;吸收能力在其中的调节作用也不同。曾德明等(2014)以2000—2010年我国汽车上市企业为样本进行研究,结果发现,汽车企业在国外设立研发中心有利于其创新绩效的提升,并且网络中心化位置对其存在正向调节作用。彭泽瑶(2015)以2010—2013年我国汽车上市公司数据为依据,研究研发投入、股权结构对创新绩效的影响,结果表明,汽车研发投入对创新绩效存在促进作用,且这种促进作用并没有滞后性,这种促进作用在当年效果最明显,随着滞后时间的增长,促进作用越来越不明显;同时,最终控制人性质与股权集中度在其中存在调节效应。苏蕊蕊(2015)以我国汽车上市公司2009年和2010年数据为依据,研究研发投入对创新绩效的影响,结果发现,研发人员投入对创新绩效存在直接正向影响,研发团队网络密度和网络中心势正向调节这种影响,而研发团队中的小团体问题则负向调节这种影响。彭迪云等(2018)利用2013—2015年我国汽车制造业上市公司数据进行实证检验,结果发现,研发投入、研发人员投入对创新绩效的影响滞后2年,创新产出的中介作用不显著。朱珂(2015)以浙江吉利汽车公司为研究对象进行实证检验,结果发现,跨国并购对汽车企业创新绩效的提升有正向促进作用,而吸收能力的促进作用并不显著。王维等(2017)以我国2010—2015年新能源汽车行业上市公司数据为依据进行实证检验,结果发现,政府的研发补助有利于提高创新绩效,政府的非研发补助有利于提高企业的经营绩效;并且,企业研发投入在政府补助和创新绩效之间存在部分中介作用;更进一步探索发现,政府研发补助对高成长性企业创新绩效提升的促进作用更明显,而对于低成长性企业的影响不显著。

(3)还有学者采用中介效应或门槛效应方法,研究不同因素对汽车企业创新绩效的影响效果。例如,李显君等(2018)以我国6家国有和6家民营汽车企业为研究对象,用中介效应模型检验了开放式创新与吸收能力对创新绩效的影响,结果发现,吸收能力是导致汽车企业创新绩效提升的直接原因,在开放式创新与创新绩效之间起部分中介作用。李显君等(2018)以我国上市的20家整车企业和72家汽车零部件企业2012—2015年数据为依据,以国有、私有、外资和机构四种所有权属性为门槛变量,研究所有权属性和创新投入对创新绩效的影响,结果发现,国有、私有、外资和机构股权比例不同,企业创新投入对创新绩效的影响不同,并且这种影响存在门槛效应,也就是说,在我国上市汽车企业中,创新投入与创新绩效之间是一种非线性关系,而且研发投入与创新绩效之间会因为所有权属性的差异而呈现出显著的区间效应。

2. 有关知识溢出方面的研究

国内关于知识溢出的研究颇多,大多集中于知识溢出与区域创新能力、经济增长、技术进步等关系的研究,针对某一特定产业知识溢出的研究相对较少,原因可能是某一特定产业的数据难获取。目前关于汽车产业知识溢出的研究,大致包括:

(1)有关汽车产业FDI知识溢出存在性的研究。张雪倩(2003)研究了FDI对我国汽车产业知识溢出效应,结果发现,FDI知识溢出效应在汽车产业的产业内和上下游产业间都存在,且产业内FDI知识溢出效应更显著,极大地促进了汽车产业的技术进步和产业结构升级。尹永威(2006)分别从整个汽车产业和内资汽车企业两个层面研究了FDI知识溢出效应,结果发现,FDI知识溢出整体上提高了我国汽车产业技术水平,但是对内资汽车企业的作用并不显著。赵增耀、王喜(2007)等通过实证研究表明,我国汽车产业的发展存在FDI知识溢出效应。孟秀惠(2007)构建了中国汽车产业竞争力综合评价指标体系,用主成分分析法进行定量分析,结果表明,FDI进入我国汽车产业后产生了正向溢出效应,FDI能够以不同方式、从不同角度、在不同程度上对我国汽车产业竞争力提升产生促进作用。胡小娟、温力强(2009)的研究也表明,近10年来我国汽车产业的发展离不开FDI知识溢出,且FDI知识溢出效应会随时期的延长而更显著。姜延书、赵静(2009)的研究表明,由于内资汽车企业对FDI知识溢出的吸收不充分导致了外资汽车企业与内资汽车企业总资产呈现出负相关关系。赵果庆(2010)从企业角度研究,也证明了FDI知识溢出对我国内资汽车企业的挤压作用。吴杰(2010)测度了FDI知识溢出并进行实证研究,结果发现,FDI知识溢出有效提高了我国汽车产业的生产率。王天骄(2011)研究了FDI知识溢出对我国内资汽车企业的影响,结果发现,FDI知识溢出在促进整体汽车企业发展的同时,对内资汽车产业发展产生了抑制作用,但是也极大地提升了内资汽车企业的创新能力。李晓钟、何建莹(2012)检验了我国汽车产业子行业的FDI知识溢出效应,发现整车行业的FDI知识溢出效应并不显著,汽车配件行业的FDI溢出效应最显著。张文科(2014)采用我国汽车行业1992—2011年数据,研究FDI的知识溢出效应,结果发现,FDI知识溢出总体上对我国汽车产业有正向影响,且垂直溢出效应明显高于水平溢出效应。张建勇(2014)测度了我国汽车产业1991—2011年的FDI知识溢出,结果表明,汽车产业的FDI对本土汽车产业有"资金"功效和"技术"功效,且FDI知识溢出功能具有阶段性特征。

(2)有关汽车产业FDI知识溢出效应影响因素的研究。关于我国汽车产业FDI知识溢出的研究,除了关于存在性研究以外,还有学者对影响我国汽车产业FDI知识溢出效应的影响因素进行归纳。王天骄(2011)在研究中指出,我国汽车产业 FDI 知识溢出效应受国家宏观政策和汽车产业政策的影响。赵果庆(2010),李晓钟、何建莹(2012)则认为,我国汽车产业 FDI 知识溢出效应主要受内外资企业间技术差距的影响。张建勇(2014)对我国汽车产业 FDI 知识溢出效应进行测度和分析后提出,影响我国汽车产业 FDI 知识溢出效应发挥的因素主要是吸收能力和外贸政策。

从已有研究可知,多数学者对我国汽车产业 FDI 知识溢出效应的存在持肯定态度。也就是说,多数学者认为 FDI 带来的知识溢出和其他效应有利于我国汽车产业的发展,这里的发展包括产业规模扩大、产品结构完善、产业结构优化、产业竞争力增强、技术水平提高等诸多方面。但是,这里的不足是,关于我国汽车产业知识溢出的研究,学者们都集中在 FDI 知识溢出,而关于产业内、产业间知识溢出的研究尚未被检索到。诚然,这与我国的对外开放政策和汽车产业的"市场换技术"战略相关。但不可否认的是,于汽车产业而言,产业内、产业间知识溢出是存在的。对这方面的研究还需要补充和深化。

四、文献点评与本书切入点

通过对知识溢出、吸收能力、创新绩效以及汽车产业相关文献的梳理、归纳和总结,发现国内外学者对这一主题进行了深入研究,成果非常丰富,但还存在一些不足。

第一,关于知识溢出的研究,现有文献主要集中在研究国际知识溢出,尤其是 FDI 知识溢出对某一地区或某一产业的经济发展、技术进步和创新能力提升等方面的影响,而关于产业内、产业间知识溢的相关研究非常稀缺。事实是,产业内、产业间知识溢出一直存在,且作用不容小觑。

第二,大量文献强调地理接近和知识差距对知识溢出效应的影响,虽有部分学者在研究知识溢出时引入了吸收能力概念,但是对吸收能力的处理比较粗糙,只把它当作影响知识溢出效应的一个调节因素或中介因素,深入探讨处于不同水平的吸收能力影响知识溢出效应的文献尚未被检索到。

第三,现有的关于产业层面知识溢出的研究,更多的是关注外资企业对内资企业的知识溢出,却鲜有学者研究内资企业对外资企业的知识溢出,因为在一般认知里,外资企业的知识水平普遍高于内资企业。但是,一方面,外资企业在中国生产经营,不可避免地与内资企业发生市场行为,人员流动、协同创新、合作研发等会对双方产生知识溢出;另一方面,近年来部分内资企业的技术水平在某些领域出现了赶超,在市场活动中也会对外资企业产生知识溢出。因此,内资企业对外资企业的知识溢出也是值得关注的一个方面。

第四,关于我国汽车产业或企业的相关研究,国内文献主要集中在两个方面:一方面是关于创新与绩效评价;另一方面主要是研究国际知识溢出,尤其是 FDI 知识溢出对汽车产业或企业发展的影响。在这些研究中,将知识溢出与吸收能力置于同一框架,分析二者对汽车产业影响的文献非常稀少。另外,关于我国汽车产业知识溢出、吸收能力与创新绩效三者关系的文献也尚未被检索到,更是缺乏对产业内、产业间、国际知识溢出效应的对比,以及三种溢出效应在不同性质汽车企业的现实表现。

基于这样的判断,本书认为,这里还有以下问题有待深入研究:第一,将产业内、产业间知识溢出引入研究,与国际知识溢出形成对比,拓展和丰富已有的知识溢出、吸收能力影响创新绩效的理论分析框架;第二,将知识溢出与吸收能力置于同一分析框架,分析处于不同知识溢出水平和不同吸收能力水平时,二者对创新绩效的不同影响;第三,以我国汽车产业为研究对象,不仅考虑外资汽车企业对内资汽车企业的知识溢出,也考虑内资汽车企业对外资汽车企业的知识溢出,及其带来的创新绩效变化;第四,以我国汽车产业为研究对象,分析和检验产业内、产业间和国际知识溢出与吸收能力对创新绩效的影响,并考虑企业所有制,分析和检验这三者关系在国有、民营、外资汽车企业的表现是否相同,若不相同,产生差异的原因为何,等等。对这些问题的研究,即是本书的切入点。

小　结

为了更好地对本书主题展开深入研究,本章首先对知识溢出、吸收能力、知识扩散、知识创新、知识转移、创新绩效、产业和汽车产业等相关概念进行界定。本书关注的知识溢出,主要是将企业看作知识溢出的接收方,研究其接收到的不同来源的外部知识对其创新绩效产生的不同影响。因此,本书参考已有概念,从接收方的角度对知识溢出进行界定与区分。考虑到现有文献经常将知识溢出、知识创新、知识扩散、知识转移等概念混同使用,因此在学者研究的基础上,对这些相关、相近、相似的概念也进行了界定。然后梳理了国内外有关知识溢出、吸收能力、创新绩效以及汽车产业的相关文献,对现有文献进行总结和评价,并基于现有文献的不足,找到本书研究的切入点。

第二章　理论基础、机理分析与模型构建

本章首先介绍与知识溢出、吸收能力和创新绩效相关的一些经济学理论,包括内生增长理论、吸收能力理论、创新理论和外部性理论,奠定本书的理论基础;其次,在这些经济学理论和已有研究的基础上,对知识溢出、吸收能力和创新绩效三者之间的关系进行分析,阐明三者之间的作用机理,并考虑不同类型知识溢出、不同水平知识溢出和企业异质性等进行适当拓展和丰富,提出本书的研究假设;最后,以全要素生产率作为创新绩效的代理变量,从企业的 C-D 生产函数出发,构建产业内、产业间、国际知识溢出和吸收能力影响创新绩效的数理模型。本章内容是在第一章基础上的聚焦研究,既是对上文内容的延续和拓展,也为后续的实证检验提供理论基础和数理模型。

第一节　理论基础

一、内生增长理论

内生增长理论(endogenous growth theory),又称新增长理论(new growth theory),它是在新古典增长理论基础上发展起来的宏观经济理论的分支。罗默的研究开启了内生增长理论时代,之后诸多学者如卢卡斯、琼斯、克莱默、阿吉翁等掀起了以"经济内生性增长"为核心的内生增长理论研究热潮。根据这些学者的研究,内生增长理论的核心是,经济长期增长的根源在于内生的技

术进步。内生增长理论区别于传统增长理论的两个重要变化是：第一，关注"知识"，将"知识"因素引入产出模型中，使"知识"内生；第二，把新古典增长模型中的"劳动力"扩展为"人力资本"。

内生增长理论认为，知识与劳动力、资本一样，是一种生产要素，它是投资的副产品，物质资本和人力资本存量的增加，会导致知识存量的相应增加；同时，知识具有"溢出效应"，一个主体知识增加会对其他主体的资本生产率产生贡献①。Arrow(1962)的"干中学"理论模型首先研究了知识溢出效应，他认为资本增加会产生知识积累，而知识具有天然的非排他性(non-exclusive)和非竞争性(non-rival)，从而产生溢出，知识溢出会对其他主体的生产率产生影响，从而增加社会福利，并且这种福利可能超过企业的内部所得。罗默(Romer,1986)在 Arrow 的基础上，将知识纳入经济增长模型中，并提出，知识不仅能够实现自身收益递增，还会使资本、劳动等其他要素的收益递增，从而使长期持续增长成为可能。Romer(1986)还提出，通过研发投入能够获得新知识(新思想和新技术)，在相同的研发投入条件下，知识存量多的企业比知识存量少的企业更能生产出新知识；一个企业创造的新知识，不仅促进企业本身生产率和利润的提高，还会通过知识溢出促使整个社会技术水平的提高；私人研发产生的知识溢出会增加公共知识存量，从而有利于整个社会生产力发展。但是，新增长理论并没有探索知识溢出机制和从知识到商业化的过程(Audretsch,1995；Acs 等,2009)。

总之，内生增长理论强调边际报酬递增、知识溢出以及专业化人力资本积累等，在传统经济增长理论的基础上实现重大突破②。借助该理论，不仅可以对现实中某些国家或地区的经济发展实践进行合理解释，还可以据此为区域、产业、企业的发展提供科学的参考依据。根据内生增长理论，创新绩效与知识溢出之间必然存在一定联系。

①　谭崇台：《发展经济学的新发展》，武汉大学出版社 1999 年版，第 397—398 页。
②　刘剑：《内生增长理论：综合分析与简要评价》，《审计与经济研究》2005 年第 2 期。

二、吸收能力理论

为了强调知识在经济增长中的作用,新增长理论假设知识溢出能够自动发生[阿克斯、普卢默(Acs ,Plummer,2005)]。但是,研发产生的新知识不是都能够发生溢出的,并且,只有很小一部分能够实现商业化(Haifeng Qian, Hyejin Jung,2017),因为,在新知识和商业化之间存在一个"缺失环节"(missing link)[Acs 等,2004;Acs 等,2009;布劳内尔杰姆等(Braunerhjelm,et al.,2010)]。这个"缺失环节"是新增长理论的一个缺陷,也就是说,新增长理论没有解释知识溢出机制(Audretsch,1995;Acs 等,2009)。基于这种考虑,近年来的文献中出现了"知识过滤器"(knowledge filter)这一概念,即"将研发产生的知识转化成商业化知识的障碍"[卡尔森等(Carlsson,et al.,2009)]。实际上,将新知识实现商业化并不是无偿的(Haifeng Qian 和 Hyejin Jung,2017),它依赖于组织的能力[蒂斯(Teece,1998)]、地理因素(geography)和管理制度(regulation/institutions)等诸多因素[Acs,Plummer,2005;吉奥等(Ghio,et al.),2015]。距离较远时,会影响面对面交流的效率,从而对知识溢出产生负向影响(Gertler,2003);而且,成功实现商业化的新知识可能是一系列既难实现标准化又难以广泛传播的技能、才能、洞察力和环境的组合(Acs 等,2004)。

"知识过滤器"挑战了新增长理论的核心理论——知识能够维持长期经济增长,也让投资研发这一经济发展战略蒙上阴影。因此,怎样渗透"知识过滤器"成为深入理解内生增长过程和"知识是经济增长核心动力"的重要问题(Haifeng Qian,Hyejin Jung,2017)。已有学者如 Acs 等(2004),Acs,Plummer(2005),Braunerhjelm 等(2010),卡利等(Carree,et al.,2014)提出,创业(enerepreneurs)是知识渗透过滤器的重要机制,创业在将知识商业化、实现技术创新和经济增长的过程中扮演着重要角色。Haifeng Qian,Hyejin Jung(2017)提出,除了创业,吸收能力也是解决"知识过滤器"问题的一个有效机制。Cohen,Levinthal(1990)将吸收能力定义为"识别外部新知识的价值,同化并将之实现商业化的能力",并强调了先验知识对企业吸收能力的重要影响。这说明,一个企业是能够有效地将与已有的内部知识有关系的外部知识同化的(Lane,Lubatkin,1998)。因此,通过研发活动和学习过程积累知识,能够提高企业理解、评价外部新知识的市场价值并实现商业化的能力。

综上所述,知识过滤器是所有阻碍知识实现商业化的障碍(Carlsson 等,2009),吸收能力能够让企业获得让外部知识实现商业化的"技能"或"远见"(Acs 等,2004)。

此外,吸收能力在外部知识实现商业化的过程中扮演着调节角色(Haifeng Qian,Hyejin Jung,2017)。这一思想也被实践证明过。比如埃斯克里瓦诺等(Escribano,et al.,2009)的研究表明,西班牙企业的吸收能力对于实现外部知识商业化有极大的贡献。必须注意的是,吸收能力并不强调内部知识的商业化,虽然内部知识如研发(Cohen,Levinthal,1990)和人力资本(Mowery,Oxley,1995)对商业化非常重要(Haifeng Qian,Hyejin Jung,2017)。除此之外,阿罗拉等(Aroraet,et al.,2001)认为,普遍的技术交易暗示着外部知识对企业创新的重要性和增强企业吸收能力的重要性。正因为如此,商业化才更有可能出现在具有较高吸收能力的企业中(Haifeng Qian,Hyejin Jung,2017)。因此,创新是经济增长的核心,这已经被新发展理论证实,而吸收能力是知识穿过过滤器并实现经济长远发展的机制(Haifeng Qian,Hyejin Jung,2017)。

三、创新理论

关于创新理论的研究,目前学术界有两条路线。第一条是关于马克思创新理论的研究,另一条是关于西方经济学中以熊彼特等人的创新观点为基础的研究。前一种研究较少,后一种研究较多,应用也更广泛。本书涉及的创新绩效问题,主要应用后一种研究。

熊彼特(1912)在其著作《经济发展理论》中提出,创新包含五种情形:引入新产品或新质量、采用新生产方法、开辟新市场、获得原材料或半成品的新供给源、实行新组织形式。之后,他又在另外两本著作《经济周期》和《资本主义、社会主义和民主主义》中对"创新"进行全面运用和发挥。因此,熊彼特也被称为"创新鼻祖"。

从学术流派来看,在熊彼特之后,创新理论分化成两个研究流派,即以施瓦兹、尼尔森等为代表的技术创新学派和以诺斯、戴维斯等为代表的制度创新学派。技术创新学派主要关注技术与经济发展之间的关系,从技术创新、转移、扩散等角度展开,并形成技术创新理论的三个流派:以阿罗、索洛为代表的技术创新新古典学派,以温特等为代表的技术创新新熊彼特学派,以弗里德曼等为代表的国家创新系统学派。制度创新学派则关注创新与制度的关系,研究制度因素与经济效益的关系,强调制度安排和制度环境对经济发展的重要性,并形成两个代表性流派:以加尔布雷斯等为代表的新制度学派,以科斯、诺斯等为代表的新制度经济学派。

从研究内容来看,学者从不同层面、不同角度对创新理论进行了深入研究。代表性较强的研究主要集中在开放式创新、突破式创新与渐近式创新、技术创新、管理创新等方面。其中,与创新绩效联系密切的是开放式创新。开放式创新模式以资源基础观、学习理论、动态能力理论和吸收能力理论为基础,研究了开放式创新与新产品开发绩效、服务创新绩效、企业创新能力等方面的内容,并得到了正向、负向、倒 U 形等不同结论。一些学者认为,开放度与创新绩效之间呈线性关系,开放度越高,开放程度越深,企业的创新绩效越好。另一些学者则认为,开放式创新与对创新绩效存在负向影响,原因在于:第一,企业在搜寻外部知识、技术的时候会产生高昂的搜寻成本,并承担较高的失败风险;第二,通过外部搜寻所获得的知识、技术往往并非核心技术,并且吸收能力有限,所获知识并不一定有利于企业发展;第三,过度依赖外部知识,容易受制于人,不利于企业自身良性发展。还有一些学者认为,开放式创新、开放度在影响创新绩效时,受到其他因素的调节。有些因素产生正向调节作用,如技术不确定性、行业竞争强度等;有些因素产生负向调节作用,如产品复杂程度等;还有些因素的调节作用不确定,如发展的动态能力;等等。

此外,与知识溢出关系较密切的还有创新扩散理论。傅家骥、程源

（1998）认为，创新扩散就是创新成果在潜在使用者间传播。梁欣如、许庆瑞（2005）认为，创新扩散是创新成果通过不同渠道在组织间传播、推广。王晓岭、武春友（2011）则认为，创新扩散是创新成果通过多次应用最终影响社会经济发展。尽管说法不一致，但是基本内涵一致，即创新扩散就是新知识、新技术通过一定渠道向外传播，扩大影响范围的过程。创新扩散理论也是研究知识溢出的理论基础。

四、外部性理论

根据前文学者们关于知识溢出的概念界定可知，知识溢出是一种外部性。加强对知识溢出的理解，也可以从外部性理论入手。

外部性理论最早可追溯到经济学鼻祖亚当·斯密，他在著作《国富论》中指出，市场经济存在天然缺陷，每个人的行为会被无形的手引导，从而达到一个并非他本意的目的。这是外部性思想的萌芽。马歇尔（1890）在《经济学原理》中提出，企业生产规模扩大的原因包括所属产业的发展和企业自身原因，即"外部经济"和"内部经济"。庇古（1920）在《福利经济学》中对前辈学者的外部性思想进行了补充和完善，正式提出"外部不经济"这一概念，并建立了外部性理论。鲍莫尔（1952）在《福利经济及国家理论》中提出，在某一地区某种资源一定的条件下，在其他厂商情况不变的情况下某一厂商生产扩大，那么该厂商生产扩大会无形中提高其他厂商成本，这就是外部性。

具体到产业方面，学者们一般将外部性分为 Marshall 外部性、Jacobs 外部性和 Porter 外部性进行研究。Marshall 外部性强调产业的专业化，认为产业的专业化程度越高，越有利于产业的空间集聚，通过集聚，一方面能够有效降低运输成本和交易成本；另一方面也有利于同享技术劳动力和人力资源，从而更有效地促进产业内知识、技术和人力资源的扩散和溢出。也就是说，Marshall 外部性认为专业化程度越高，越有利于外部性产生。在市场结构方面，该理论倾向于垄断市场。与 Marshall 外部性不同，Jacobs 外部性强调产业间外部性，认为不同产业间的知识、技术进行溢出、扩散、整合，具有互补性质的知识、技术实现相互交流、融合等,更有利于实现知识和技术创新。也就是说,Jacobs 外部性更看重产业间知识溢出。在市场结构方面,该理论倾向于竞争市场。此外,波尔特斯(Porters,1990)在竞争优势框架下,用管理学方法探讨了产业外部性问题,并提出,一方面,产业专业化比产业多样化更有利于知识、技术溢出,这一观点与 Marshall 外部性重合;另一方面,在开放市场环境下,市场竞争而非垄断更能促进知识、技术外溢以及创新,这一观点与 Jacobs 外部性的观点重合。可以说,Porter 外部性既关注产业内企业间的竞争和知识溢出,也关注产业间企业的竞争和知识溢出。

第二节　机理分析

一、知识溢出影响创新绩效的作用机理

(一)知识溢出促进创新绩效提升

根据创新绩效的定义可知,创新绩效是关于创新活动过程和结果的总体评价。创新的主要来源主要有两个,分别是自己的研发投入和他人的研发投入[哈勒等(Hallet,et al.,2013);陈等(Chenet,et al.,2016)]。于企业而言,接收外部知识溢出是获得他人的研发投入的重要方式。但是,目前学者们关于知识溢出对创新绩效的影响效果的研究,并没有形成统一认识。

部分学者认为,知识溢出会对创新绩效的提升产生促进作用。根据这些学者的观点,知识溢出对创新绩效产生促进作用的机理在于:第一,先进企业的知识溢出会为其他企业的"干中学"提供更多可能[阿吉翁等(Aghionet,et al.,2004)],其他企业通过模仿创新、逆向工程等手段而非自主研发就能实现技术进步,既能减少研发投入,降低研发成本;又不需要独自承担研发失败的后果,降低了研发风险。另外,接收的大多是相对成熟的知识、技术,可直接应用,能够有效缩短创新成果从理论产生到实现商业化的时长,节约时间成本。第二,企业以项目合作、协同创新、人员交流等方式实现知识共享,既有利于增

加彼此的知识储备,提高自身对外部知识的吸收能力,还能有效降低相邻技术领域企业间的重复研发投入而导致的资源浪费,提高创新资源的优化配置效率(朱平芳等,2016),从而促进这些企业的整体创新水平提升。第三,知识溢出还会促进技术分工,促使企业发挥其具有的比较优势,使企业专注于其具有优势的技术领域,从而提高创新活动收益(程晨,2017)。支持这一观点的学者众多。马姆尼斯(Mamuneas,1999)用美国化学、电子产品等 6 个产业内的企业数据进行研究,结果发现,知识溢出对企业的研发活动具有明显的促进作用。Xin 等(2010)的研究发现,知识溢出过程中的外部交互性知识探索会对企业的创新水平产生积极作用。彭向、蒋传海(2011)的研究发现,产业内知识溢出能够显著促进产业创新。克西多、罗米金(Kesidou,Romijn,2008)比较了国内、国际知识溢出对乌拉圭软件产业创新绩效的影响,发现国内知识溢出和国际知识溢出都对创新绩效具有正向作用,因此,为了获得良好的创新绩效,企业需要同时加强国内学习和国际学习。此外,Grossman,Helpman(1993),Feldman(1994),谢尔特、法拉赫(Sherwt,Fallah,2004),布伦纳(Brenner,2000),Dahl,Pedersen(2002),米夏埃尔、格里特(Michael,Grit,2004),马里亚诺、皮拉尔(Mariano,Pilar,2005)等的研究也表明,知识溢出是促进企业创新绩效提高和技术进步的重要原因。

(二)知识溢出阻碍创新绩效的提升

部分学者则认为,知识溢出会对创新绩效的提升产生阻碍作用。其作用机理可以从知识接收方和溢出方两个角度说明。

作为知识溢出的接收方,当甄别、获取、转化、利用外部知识的成本低于自主研发投入时,企业会倾向于接收外部知识溢出,而非进行自主研发。长此以往,一方面,企业研发投入减少,研发积极性持续下降,创新动力不足;另一方面,获取的大多是市场上相对成熟、过时、落后的知识,且不太可能是核心、前沿知识,短期内可能会让企业的创新绩效有所提升,但长期来看,接受知识外溢带来的"收益"会递减,并且企业对外部知识的依赖性会越来越强,创新绩效提升的效果会越来越小甚至停滞或下降。支持这一观点的学者也不少。斯彭斯(Spence,1984)用一个简单的静态模型研究了知识溢出与企业研发活动的关系,结果表明,当企业能够接收大量知识溢出时,企业对研发活动的投资会下降,企业的研发积极性会下降,从而导致创新绩效下降。格鲁克勒(Glückler,2013)认为,当一些企业能够从开放环境中获得知识溢出时,这些企业只是通过简单的模仿、反向工程和知识重组等方式实现知识转移,并未完全吸收所接收到的知识,这会对企业的创新水平产生消极作用。拉维(Lavie,2006)的研究表明,当企业能够较容易获得外部创新资源时,会在一定程度上不再重视自身知识的积累和研发投入的增加。劳尔森、萨尔特(Laursen,Salter,2006)对英国工业企业的研究也表明,外部知识搜集程度与企业的创新呈倒 U 形关系,即过度的外部知识搜集而不重视企业自身知识积累和创新投入的增加会对企业的创新绩效产生负面影响。程晨(2017)以我国 A 股上市公司为样本,研究了行业内知识溢出对全要素生产率的影响,结果发现行业内知识溢出对企业的创新活动具有抑制作用,并降低了企业的全要素生产率,原因在于知识溢出鼓励了企业的模仿行为而抑制了自主创新活动。

另外,市场中的企业既可以是知识接收方,也可以是知识溢出方。在我国知识产权保护机制尚不完善、保护力度较弱的情况下,发生知识溢出,就意味着溢出方难以获得本该属于自己的那部分"收益",创新成本被间接抬高,溢出方的创新积极性也会受损。比斯基、拉曼蒂亚(Bischi,Lamantia,2004)的研究表明,知识溢出降低了竞争企业进入该领域的门槛,加剧了该领域的竞争程度,进而减少了创新企业的创新收益。菲尼尔、塔尔曼(Phene,Tallman,2014)也认为,创新企业的溢出为其他企业降低了进行自主创新的成本和风险,但从知识溢出整体来看,创新企业的研发成本被间接提高,这会抑制创新企业的积极性。

知识溢出对创新绩效产生促进或阻碍作用的机理如图 2-1 所示。

(三)本书的观点

知识溢出对企业的研发活动和研发成果影响巨大(Henderson,Cockburn,1996)。但是,从作用机理和以上学者的研究可知,知识溢出对创新绩效可能

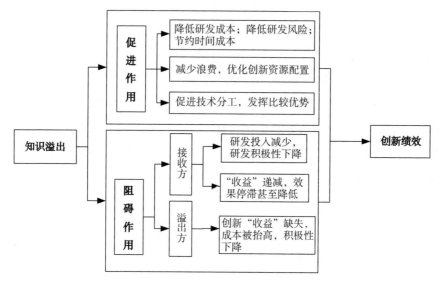

图 2-1　知识溢出影响创新绩效的作用机理

存在促进作用,也可能存在阻碍作用。那么,知识溢出对创新绩效的最终影响
到底效果如何呢? 现有研究并未形成统一。正如 Hall 等(2013)、Chen 等
(2016)的研究,知识溢出会同时对创新绩效产生正向和负向作用,这两方面
共同作用,给企业创新绩效带来的影响并不明朗。莱文、赖斯(Levin,Reiss,
1988)研究美国制造业知识溢出对研发活动影响时也发现,知识溢出对不同
制造业企业研发活动的影响效果是不同的。罗珀等(Roper,et al.,2017)的研
究也认为,知识溢出会为接收企业提供外部资源,有利于提高企业的创新绩
效,但也会带来消极的"门槛效应"。本书支持 Hall 等(2013)、Chen 等
(2016)、Roper 等(2017)的观点,知识溢出对创新绩效的最终影响效果,取决
于正向作用和负向作用的综合。在此,先假设其最终影响效果为正,提出本书
的第一个研究假设 H1:知识溢出对创新绩效的提升具有显著的促进作用。

二、吸收能力的作用

由以上知识溢出影响创新绩效的机理分析可知,知识溢出对创新绩效存在影响,但影响效果并不明确。在吸收能力概念提出来后,学者们认为,吸收能力是实现外部知识内部化不可避免的重要环节。知识溢出、吸收能力与创新绩效三者关系具体如何,学者们也有不同看法。

（一）调节作用

主流观点认为,吸收能力在知识溢出促进或阻碍创新绩效提升的过程中起调节作用。较高的吸收能力意味着较高的知识储备,有利于实现对外部知识的甄别、获取、消化、同化、整合,从而让知识溢出效应发挥得更好,即吸收能力在知识溢出促进创新绩效提升中起正向调节作用。例如,蔡（Tsai,2001）的研究就表明,吸收能力的提高有助于企业从其他组织学习和转移知识,组织内部的吸收能力越高,会越显著地提高各部门的创新效率。尼古拉等（Nicolai, et al.,2005）对丹麦的情况进行研究,结果发现,吸收能力会提高企业对外部知识的获取能力,进而提高企业的创新绩效。涅托、克韦多（Nieto, Quevedo, 2005）以西班牙制造业企业为研究对象,实证了吸收能力对知识溢出和创新关系的调节作用。哈罗多明格斯等（Haro-Dominguez, et al., 2007）以西班牙250家咨询公司为研究对象,实证了吸收能力对企业获取外部知识的促进作用,进而增强企业的获利水平和竞争优势。刘、巴克（Liu, Buck,2007）考察了FDI、进口和出口三种不同类型的国际知识溢出对我国高技术产业创新绩效的影响,结果表明,这三种类型知识溢出的效果受到国内创新程度,尤其是基于人力资本的吸收能力的调节。赵永铭等（2008）研究了七国集团国家纯知识溢出对我国创新产出的影响,结果发现七国集团国家对我国产生大量的知识溢出,但是对这些知识溢出的使用依赖于我国的吸收能力和同化能力。Escribano等（2009）以西班牙国家统计局创新调查委员会的2265家企业为研究对象,实证发现,吸收能力在外部知识溢出与创新绩效之间存在正向调节作用。

（二）中介作用

还有部分学者认为,吸收能力在知识溢出与创新绩效之间起完全中介或部分中介作用。他们认为,吸收能力是知识由外向内的中间环节,是连接知识溢出与创新绩效的桥梁。例如,王伏虎(2006)在研究知识获取、吸收能力对高新技术产业创新能力的影响时发现,吸收能力在获取、消化、转化、利用四个维度中的中介作用均成立,吸收能力在知识获取和创新能力之间存在显著的中介效应。周海涛、张振刚(2015)对我国华南地区119家企业的开放式创新、吸收能力与创新绩效的关系进行研究,结果发现,实际吸收能力在开放式创新和创新绩效之间完全起中介作用。解学梅、左蕾蕾(2013)对我国长三角地区379家企业的协同创新与创新绩效进行研究,发现知识吸收能力在协同创新和创新绩效之间起部分中介作用。

(三)本书的观点

由以上学者关于吸收能力在知识溢出中的调节或中介作用分析可知,由于研究对象、所用数据、研究背景的不同,吸收能力在其中扮演的角色尚未形成统一认知。根据温忠麟等(2014)关于调节效应与中介效应的区别和判断标准①,以及多数学者的研究结果,本书认为,吸收能力在知识溢出与创新绩效之间扮演着调节效应的角色,吸收能力对知识溢出促进或阻碍创新绩效提升的作用起加强或者缓解的效果。在此,提出本书的第二个研究假设 H2:吸收能力对知识溢出促进创新绩效的提升作用具有调节效果。

知识溢出、吸收能力与创新绩效的关系如图 2-2 所示。

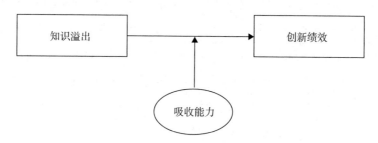

图 2-2　知识溢出、吸收能力与创新绩效的关系

---

①　温忠麟等:《调节效应和中介效应分析》,教育科学出版社 2012 年版,第 71—89 页。

三、进一步分析

(一)线性与非线性分析

1. 知识溢出水平与创新绩效的线性与非线性关系

当出现知识溢出的时候,于溢出方而言,知识溢出可能是无意识的,但是于接收方而言,要合理、高效地利用外部知识,必须具备一定的条件,也就是说,接收方需要支付一定的成本。此时就出现一个权衡。只有当吸收外部知识的成本低于自主创新成本时,或者说利用外部知识的收益高于自主创新带来的收益时,市场主体才会选择接收外部知识。这样,就对外部知识的量和质量提出了要求,只有当外部知识的量和质量达到一定标准或水平时,吸收外部知识才有利于提高创新绩效。如果外部知识溢出水平较低(这里的低包括知识溢出的量和质量),企业需要花费更多成本在搜索、甄别、同化、整合外部知识上,很可能导致成本大于收益,得不偿失;如果外部知识溢出水平过高,企业为了能够利用大量的、高质量的外部知识,不仅自身要有一定的知识积累,以便更好地理解这些知识,也需要花费更多成本消化、转化这些知识,也可能导致成本大于收益。Liu,Buck(2007)在考察 FDI、进口和出口三种不同类型的国际知识溢出对我国高技术产业创新绩效的影响时发现,中国高技术产业创新绩效不仅受吸收能力的影响,还受到这三种不同类型的国际知识溢出量的影响。由此可知,知识溢出水平过低不行,过高也不行,而应当被控制在合理区间。本书认为,知识溢出对创新的影响是非线性,很有可能存在门槛特征。据此,提出本书的第三个研究假设 H3:以知识溢出水平为门槛变量时,知识溢出与吸收能力对创新绩效的影响具有门槛效应。

2. 吸收能力的线性与非线性调节

扎赫拉、海顿(Zahra,Hayton,2008)以 217 家全球化制造业公司进行实证检验,结果表明,以内部研发能力为代表的吸收能力越大,企业越能成功获得外部知识。他们认为吸收能力对知识溢出的影响是一种线性关系,吸收能力越大,吸收知识溢出的效果越好。更多的学者认为,吸收能力对知识溢出的影响是一种非线性关系,或者说存在门槛特征。哈拉比(Harabi,1997)指出,企业不能免费获得外部知识,而是必须在拥有大量知识储备的前提下才能理解、评估、整合、使用外部知识。Griliches(1998)也提出,外部知识是各种交织在一起的、错综复杂的信息流,只有当企业具备一定吸收能力时,才能有效地接近、获得、消化这些知识,进而进行再创新。德拉姆(Durham,2004)考察了80个国家1979—1989年FDI和外商股权组合投资(EFPI)对经济增长的影响,提出,只有当东道国的门槛条件如金融发展、制度设计等达到一定水平时,才能吸收FDI溢出效应。吉尔马(Girma,2005)利用英国数据检验了知识溢出吸收能力的门槛效应,发现企业的知识能力越强,FDI溢出效应就越大,但是其与边际溢出效应存在倒U形关系。张宇(2008)用门槛回归方法,实证了中国FDI知识溢出的多种吸收能力门槛效应。卢炯炯、董楠楠(2017)基于吸收能力视角,研究了美国、英国等35个国家国际知识溢出对技术创新的影响,发现出口和FDI对技术创新起促进作用,吸收能力呈U形调节这一促进作用;进口对技术创新具有抑制作用,吸收能力负向调节这一抑制作用;FDI对技术创新作用不明显,只有与吸收能力结合时才能产生促进作用。本书采纳多数学者的观点,认为吸收能力对知识溢出影响创新绩效的调节作用呈非线性,甚至可能具有门槛特征。据此,提出本书的第四个研究假设H4:以吸收能力为门槛变量时,知识溢出与吸收能力对创新绩效的影响具有门槛效应。

(二)不同类型的知识溢出

已有众多学者验证了FDI知识溢出效应的存在[沈坤荣,1999;魏、刘(Wei,Liu),2001],FDI在行业内的知识溢出效应[李(Li),2001;潘文卿,2003;陈涛涛等,2006],FDI在行业间的知识溢出效应(许和连等,2007)。基本达成共识,FDI知识溢出效应存在,但是必须依赖一定的条件,且在不同地区、不同行业、不同时间段的表现不同。FDI是国际知识溢出的主要形式,是知识溢出相关研究的焦点。也有学者研究了商品进出口、OFDI、代工等不同形式的国际知识溢出。但是,却鲜少有学者研究产业内和产业间知识溢出。事实上,产业内和产业间知识溢出一直存在。以单个企业为例,该企业能够接收到的不同来源的外部知识包括：第一，产业内知识溢出①，即同一产业内的其他企业的研发行为带来的知识溢出；第二，产业间知识溢出，即具有关联效应的其他产业的企业研发行为带来的知识溢出；第三，国际知识溢出，包括产业内国际知识溢出（同一产业内的外资企业带来的知识溢出）和产业间国际知识溢出（具有关联效应的其他产业的外资企业带来的知识溢出）。考虑到，其他产业的知识与该企业知识在类型、编码方式、相关性、交流频率、交流方式等方面存在诸多不同，而国际知识最先影响的应当是处于同一产业的其他企业，因此产业间国际知识溢出对该企业的影响相对间接和微弱。因此，本书的国际知识溢出主要指产业内其他外资企业带来的溢出，尤其以产业内 FDI 知识溢出为代表②。

　　本书认为，产业内、产业间和国际知识溢出对创新绩效的影响效果不同，原因至少包括：第一，知识的编码方式不同。产业内知识溢出与国际知识溢出中的知识虽然处同一产业，但是国际知识与国内知识在语言、表述、质量水平等方面不同，国内企业对二者的吸收能力也不同，影响效果自然存在差异；产业内、产业间知识溢出中的知识是具有一定关联的异质知识，显然，同质知识的溢出幅度、频率不同于异质知识，也就是说，产业内知识溢出的影响效果一般会大于产业间知识溢出。第二，包含的技术水平不同。企业直接吸收国际知识溢出隐藏前提是，国际知识包含的技术水平高于国内知识。若国内和国际知识包含的技术水平相同，企业更宁愿吸收国内知识，毕竟国内知识更熟悉、更便捷、具有更高的本土特征。第三，与吸收能力的匹配不同。企业的知识储备不同，对不同类型的吸收能力不同。外向型企业经常与国外企业交流合作，其储备的知识外向性特征明显，对国际知识的吸收效果更好；内向型企

---

　　①　本书在实际操作过程中，关于产业内和产业间的划分，借鉴亓朋（2008）的做法，由三位数行业编码区分，三位数行业编码相同的企业划分为同一产业，如本书关注的汽车企业，三位数行业编码为 372，行业编码以 372 开头的 3721、3722 等企业属于同一产业，而行业编码以 373、374 等开头的企业属于不同产业。

　　②　根据国际贸易理论，国际知识溢出的渠道包括商品进口、商品出口、FDI 和 OFDI，其中 FDI 知识溢出影响效果最大。本书的国际知识溢出主要指产业内 FDI 知识溢出。

业的主要市场活动在本土,企业储备的知识更偏向于本土,对国际知识与国内知识的吸收能力显然不同。

基于以上分析可知,产业内、产业间和国际知识溢出对创新绩效的影响效果应当是存在差异的。承接上文知识溢出、吸收能力与创新绩效的关系,以及知识溢出水平和吸收能力水平的线性与非线性分析,进一步提出研究假设:

H31:以产业内知识溢出水平为门槛变量时,产业内知识溢出与吸收能力对创新绩效的影响具有门槛效应。

H32:以产业间知识溢出水平为门槛变量时,产业间知识溢出与吸收能力对创新绩效的影响具有门槛效应。

H33:以国际知识溢出水平为门槛变量时,国际知识溢出与吸收能力对创新绩效的影响具有门槛效应。

H41:以吸收能力为门槛变量时,产业内知识溢出与吸收能力对创新绩效的影响具有门槛效应。

H42:以吸收能力为门槛变量时,产业间知识溢出与吸收能力对创新绩效的影响具有门槛效应。

H43:以吸收能力为门槛变量时,国际知识溢出与吸收能力对创新绩效的影响具有门槛效应。

(三)异质性企业

按所有制不同,我国企业有国有企业、民营企业和外资企业之分。国有企业与民营企业、外资企业在经营特点、管理方式等方面存在较大差异。改革开放以来,随着国有企业改革的逐步推进,国有企业在市场化、专业化、国际化等方面已有显著改进,积极参与国际竞争,与先进国家的技术差距全面缩小,甚至在部分领域出现赶超。但不可否认的是,国有企业与民营企业、外资企业相比,在创新体制、创新动力、创新活动等方面还存在较大差异,国有企业的创新效率损失问题长期存在(董晓庆等,2014)。可以说,所有制不同,企业的经营特点、决策方式、创新机制都不同,知识溢出、吸收能力与创新绩效的关系在国有企业、民营企业、外资企业中的表现也会存在差异。

第一，不同性质企业对待外部知识的态度不同，决定其对产业内、产业间和国际知识溢出的吸收、利用效率不同，进而对创新绩效的影响不同。民营企业和外资企业的主要目的是盈利，而不断创新是这些企业掌握先进技术、占领市场、击败对手、获得利润的重要手段。因此，民营企业和外资企业对接收外部知识溢出足够重视，因为合理利用外部知识，可以有效提高创新绩效。而对于国有企业而言，创新只是其获得利润的途径之一，其他途径如获得政策支持、垄断经营等都可为其带来利润。从这个角度看，国有企业并不如民营企业和外资企业那般重视外部知识，对外部知识的态度，影响到其对外部知识的吸收和利用效率，进而影响到创新绩效。

第二，不同性质企业创新机制不同，其对产业内、产业间和国际知识溢出的吸收、利用效率不同，进而导致知识溢出对创新绩效的影响效果不同。国有企业本身实力雄厚，还受国家政策扶持，导致国有企业的创新更多地依靠自身投入，对外部知识可能没那么重视。从这个角度来说，不同类型的知识溢出对国有企业、民营企业和外资企业创新绩效的影响也会存在差异。

第三，不同性质企业的企业家特点不同，风险偏好不同，也会影响到知识溢出对创新绩效的影响效果。国有企业的企业家大多是国家委任的，没有丰富的市场竞争磨砺，没有竞争意识和风险意识，缺乏创新才能和冒险精神（申小林，2001），还要接受监督和追责，导致其难以承受创新的不确定性和失败的风险。这样的企业家特点，使得国企需要创新而又不敢进行突破式创新。从这个角度说，知识溢出对国有企业、民营企业和外资企业创新绩效的影响也会存在差异。

此外，产业内、产业间和国际知识溢出对国有企业、民营企业、外资企业创新绩效的实际影响效果，还与企业的创新开放度、对不同类型知识的吸收能力等相关，具体效果取决于实证检验结果。根据上述分析，承接上文的知识溢出、吸收能力与创新绩效关系，以及知识溢出水平、吸收能力水平的线性与非线性分析，更进一步提出以下假设：

H311：对于国有企业而言，以产业内知识溢出水平为门槛变量时，产业内知识溢出与吸收能力对创新绩效的影响具有门槛效应。

H321:对于国有企业而言,以产业间知识溢出水平为门槛变量时,产业间知识溢出与吸收能力对创新绩效的影响具有门槛效应。

H331:对于国有企业而言,以国际知识溢出水平为门槛变量时,国际知识溢出与吸收能力对创新绩效的影响具有门槛效应。

H411:对于国有企业而言,以吸收能力为门槛变量时,产业内知识溢出与吸收能力对创新绩效的影响具有门槛效应。

H421:对于国有企业而言,以吸收能力为门槛变量时,产业内知识溢出与吸收能力对创新绩效的影响具有门槛效应。

H431:对于国有企业而言,以吸收能力为门槛变量时,国际知识溢出与吸收能力对创新绩效的影响具有门槛效应。

H312:对于民营企业而言,以产业内知识溢出水平为门槛变量时,产业内知识溢出与吸收能力对创新绩效的影响具有门槛效应。

H322:对于民营企业而言,以产业间知识溢出水平为门槛变量时,产业间知识溢出与吸收能力对创新绩效的影响具有门槛效应。

H332:对于民营企业而言,以国际知识溢出水平为门槛变量时,国际知识溢出与吸收能力对创新绩效的影响具有门槛效应。

H412:对于民营企业而言,以吸收能力为门槛变量时,产业内知识溢出与吸收能力对创新绩效的影响具有门槛效应。

H422:对于民营企业而言,以吸收能力为门槛变量时,产业内知识溢出与吸收能力对创新绩效的影响具有门槛效应。

H432:对于民营企业而言,以吸收能力为门槛变量时,国际知识溢出与吸收能力对创新绩效的影响具有门槛效应。

H313:对于外资企业而言,以产业内知识溢出水平为门槛变量时,产业内知识溢出与吸收能力对创新绩效的影响具有门槛效应。

H323:对于外资企业而言,以产业间知识溢出水平为门槛变量时,产业间知识溢出与吸收能力对创新绩效的影响具有门槛效应。

H333：对于外资企业而言，以国际知识溢出水平为门槛变量时，国际知识溢出与吸收能力对创新绩效的影响具有门槛效应。

H413：对于外资企业而言，以吸收能力为门槛变量时，产业内知识溢出与吸收能力对创新绩效的影响具有门槛效应。

H423：对于外资企业而言，以吸收能力为门槛变量时，产业内间知识溢出与吸收能力对创新绩效的影响具有门槛效应。

H433：对于外资企业而言，以吸收能力为门槛变量时，国际知识溢出与吸收能力对创新绩效的影响具有门槛效应。

（四）扩展性研究

早期的文献大量着墨于知识溢出的测度、知识溢出机制以及知识溢出与经济增长、技术进步的关系，在 Cohen 和 Levinthal 的三篇论文发表后，相关研究才逐渐把吸收能力纳入分析框架。但是，此时学者们关于二者关系的研究还停留在"知识溢出效应受到吸收能力影响"这个阶段，正如上文所述吸收能力在知识溢出与创新绩效之间扮演的调节角色。

但是，近年来，关于知识溢出与吸收能力关系的研究，还出现了一些新内容。开始有学者提出，一方面，知识溢出效应受到吸收能力的影响；另一方面，吸收能力的强弱也受知识溢出水平的影响。由文献综述部分吸收能力的影响因素可知，吸收能力不仅受知识属性的影响，还受到吸收主体自身条件和知识匹配程度的影响，其中吸收主体自身条件主要包括先验知识（知识存量）、人力资本水平、学习机制等。一个市场主体接收外部知识溢出并进行内部消化，在一定程度上会提高自身的知识存量和人力资本水平，也会在一定程度上推动和调整内部学习机制，以便加强自身对外部知识利用的广度和深度。从这个层面上说，外部知识溢出的强度越大、频率越高，越会刺激吸收主体增加知识存量、提高人力资本水平、强化学习机制等，从而提高吸收能力。由此可知，外部知识溢出水平越高，企业为了大量、高效获得外部知识，会主动增加储备，使得吸收能力越强；同时，企业的吸收能力越强，对外部知识的利用能力、利用水平就越强，使得知识溢出效果更好。正如 Klaus（2005）的研究，他在知识溢出模型中加入吸收能力参数,结果发现,吸收能力越强,知识溢出效应越明显;知识溢出水平越高,吸收能力相应也会提高。他认为知识溢出与吸收能力之间具有双向影响关系。

据此,本书提出扩展性研究假设 H5:知识溢出与吸收能力之间存在相互影响、相互促进的互动关系。进一步细化为 H51:吸收能力对知识溢出存在促进作用;H52:知识溢出对吸收能力存在促进作用。

第三节　模型构建

根据创新绩效的概念可知,本书的创新绩效是广义的,如果用常用的新产品指标或专利指标衡量,都不太合理。经考虑,最终选用全要素生产率(TFP)衡量创新绩效[①]。本书重点考察产业内、产业间和国际知识溢出这三种知识溢出类型。当然,与知识溢出高度相关的吸收能力也须关注。

不同企业用 $i = 1, 2, \ldots, N$ 表示,时间用 $t = 1, 2, \ldots, T$ 表示,忽略常数项、时间趋势,则得到企业 i 的 C-D 生产函数[②]:

$$Y_{it} = A_{it} F(L_{it}, K_{it}) \tag{2.1}$$

假设 $F(\cdot)$ 的生产要素是同质的,具有边际报酬递减效应。其中,K 表示物质资本,L 表示劳动力,Y 表示产出,A 表示技术进步效率。同时,假设技术进步是希克斯中性的,外部知识主要通过溢出对技术进步起作用,$A(\cdot)$ 表示技术进步函数。根据前文的分析,技术进步受产业内、产业间、国际知识溢出知识溢出以及吸收能力的影响,因此,

$$A_{it} = A(S_{it}^{W}, S_{it}^{B}, S_{it}^{F}, AC_{it}) \tag{2.2}$$

---

①　具体的衡量方法和测算过程在第四章进行详细说明。

②　以 C-D 生产函数为基础的研究是在完全竞争市场假设下展开的,本书的研究对象是汽车产业,目前我国汽车产业的市场类型属于中(上)集中寡占型(第三章有说明),但是,构建一个寡占背景下的知识溢出、吸收能力影响创新绩效的数理模型困难重重,出于简化考虑,本文暂且以 C-D 生产函数为基础展开。

其中，S_{it}^W 表示产业内知识溢出，S_{it}^B 表示产业间知识溢出，S_{it}^F 表示 FDI 知识溢出，AC_{it} 表示吸收能力，但是，此时的吸收能力是一个抽象概念，难以度量。

简化起见，借鉴赫尔滕等（Hulten，et al.，2006），毛其淋、盛斌（2014），上官绪明（2016）等人的做法，假设式（2.2）中的效率项 A（·）及其组成部分是多元的，形式如下：

$$A_{it} = A(S_{it}^W, S_{it}^B, S_{it}^F, AC_{it}) = A_{i0}(S_{it}^W)^{\alpha_i}(S_{it}^B)^{\beta_i}(S_{it}^F)^{\gamma_i}(AC_{it})^{\zeta_i} \qquad (2.3)$$

其中，A_{i0} 表示初始生产率水平，α、β、γ、ς 分别表示产业内、产业间、国际知识溢出以及吸收能力对技术进步的影响参数。将式（2.3）代入式（2.1），得：

$$Y_{it} = A_{i0}(S_{it}^W)^{\alpha_i}(S_{it}^B)^{\beta_i}(S_{it}^F)^{\gamma_i}(AC_{it})^{\zeta_i}F(L_{it}, K_{it}) \qquad (2.4)$$

假设 F（·）是 C-D 生产函数，对于不同企业 i 可得如下生产函数：

$$Y_{it} = A_{i0}(S_{it}^W)^{\alpha_i}(S_{it}^B)^{\beta_i}(S_{it}^F)^{\gamma_i}(AC_{it})^{\zeta_i}(L_{it})^{\varpi_i}(K_{it})^{1-\varpi_i} \qquad (2.5)$$

全要素生产率（TFP）是除物质资本和劳动力之外其他要素投入对产出的影响，即

$$TFP_{it} = \frac{Y_{it}}{(L_{it})^{\varpi_i}(K_{it})^{1-\varpi_i}} \qquad (2.6)$$

将式（2.5）代入式（2.6），得：

$$TFP_{it} = A_{i0}(S_{it}^W)^{\alpha_i}(S_{it}^B)^{\beta_i}(S_{it}^F)^{\gamma_i}(AC_{it})^{\zeta_i} \qquad (2.7)$$

式（2.7）刻画了产业内、产业间、国际知识溢出以及吸收能力对全要素生产率的影响。但是，此时的吸收能力 $(AC_{it})^{\zeta_i}$ 还是抽象概念，需要进一步细化才能度量。借鉴 Zahra 和 George（2002）的观点，吸收能力可分为潜在吸收能力（AC_{it}^P）和实际吸收能力（AC_{it}^T）。将潜在吸收能力和实际吸收能力纳入式（2.2）中，则：

$$A_{it} = A(S_{it}^W, S_{it}^B, S_{it}^F, AC_{it}^P, AC_{it}^T) \qquad (2.8)$$

根据前文的分析，潜在吸收能力是指对外部知识的识别、获取及消化能力，是一种知识储备，根据罗默的内生增长理论及卢卡斯的人力资本理论可知，研发资本存量具有这种特征，因此，为了使模型可操作性更强，在此假设潜在吸收能力（AC_{it}^P）的代理变量是产业内研发资本存量（S_{it}^D），则式（2.8）

变成：

$$A_{it} = A(S_{it}^W, S_{it}^B, S_{it}^F, S_{it}^D, AC_{it}^T) \qquad (2.9)$$

在假设希克斯效率项 $A(\cdot)$ 的组成部分是多元组合下，可得：

$$TFP_{it} = A_{i0}(S_{it}^W)^{\alpha_i}(S_{it}^B)^{\beta_i}(S_{it}^F)^{\gamma_i}(S_{it}^D)^{\eta_i}(AC_{it}^T)^{\zeta_i} \qquad (2.10)$$

对式（2.10）取自然对数，可得

$$\ln TFP_{it} = \ln A_{i0} + \alpha_i \ln S_{it}^W + \beta_i \ln S_{it}^B + \gamma_i \ln S_{it}^F + \eta_i \ln S_{it}^D + \zeta_i \ln AC_{it}^T \qquad (2.11)$$

由前文可知，潜在吸收能力的代理变量是研发资本存量，具有可操作性，但是式（2.11）中的实际吸收能力并不具有可操作性。根据 Zahra 和 George（2002）的观点，实际吸收能力是对外部知识的转化、利用和再创新过程，也就是说，实际吸收能力其实是一个知识生产过程。在假设外部知识来源于产业内、产业间和国际知识溢出的情况下，产业 i 的实际吸收能力为

$$AC_{it}^T = G(S_{it}^W, S_{it}^B, S_{it}^F, AC_{it}^{PW}, AC_{it}^{PB}, AC_{it}^{PF}) \qquad (2.12)$$

其中，AC_{it}^{PW} 表示产业 i 对产业内知识溢出的潜在吸收能力，AC_{it}^{PB} 表示产业 i 对产业间知识的潜在吸收能力，AC_{it}^{PF} 表示产业 i 对国际知识溢出的潜在吸收能力。

简化起见，实际吸收能力的函数形式设为如下指数形式：

$$AC_{it}^T = G(S_{it}^W, S_{it}^B, S_{it}^F, AC_{it}^P) = \lambda_i\, e^{\ln S_{it}^W \times \ln AC_{it}^{PW} + \ln S_{it}^B \times \ln AC_{it}^{PB} + \ln S_{it}^F \times \ln AC_{it}^{PF}} \qquad (2.13)$$

对式（2.13）取自然对数，得：

$$\ln AC_{it}^T = \ln \lambda_i + \ln S_{it}^W \times \ln AC_{it}^{PW} + \ln S_{it}^B \times \ln S_{it}^{PB} + \ln S_{it}^F \times \ln AC_{it}^{PF} \qquad (2.14)$$

将式（2.14）代入式（2.11）得

$$\ln TFP_{it} = \ln A_{i0} + \alpha_i \ln S_{it}^W + \beta_i \ln S_{it}^B + \gamma_i \ln S_{it}^F + \eta_i \ln S_{it}^D + \zeta_i(\ln \lambda_i + \ln S_{it}^W \times \ln AC_{it}^{PW} + \ln S_{it}^B \times \ln AC_{it}^{PB} + \ln S_{it}^F \times \ln AC_{it}^{PF}) \qquad (2.15)$$

潜在吸收能力可以用研发资本存量表示，理论上，对产业内、产业间和国际知识溢出潜在吸收能力是不同时，即 $\ln AC_{it}^{PW}$、$\ln AC_{it}^{PB}$、$\ln AC_{it}^{PF}$ 不相等，但是考虑到后文进行实证时数据的可得性问题，在此假设 $\ln AC_{it}^{PW}$、$\ln AC_{it}^{PB}$、$\ln AC_{it}^{PF}$ 是相同的，都用研发资本存量表示，则式（2.15）可表示为

$$\ln TFP_{it} = \ln A_{i0} + \alpha_i \ln S_{it}^W + \beta_i \ln S_{it}^B + \gamma_i \ln S_{it}^F + \eta_i \ln S_{it}^D + \zeta_i (\ln\lambda_i + \ln S_{it}^W \times \ln S_{it}^D + \ln S_{it}^B \times \ln S_{it}^D + \ln S_{it}^F \times \ln S_{it}^D)$$ (2.16)

将式(2.16)整理得：

$$\ln TFP_{it} = (\ln A_{i0} + \zeta_i \times \ln\lambda_i) + (\alpha_i \ln S_{it}^W + \beta_i \ln S_{it}^B + \gamma_i \ln S_{it}^F) + \eta_i \ln S_{it}^D + \zeta_i \alpha_i \times \ln S_{it}^D \times \ln S_{it}^W + \zeta_i \beta_i \times \ln S_{it}^D \times \ln S_{it}^B + \zeta_i \gamma_i \times \ln S_{it}^D \times \ln S_{it}^F$$ (2.17)

令 $\kappa_{i0} = \ln A_{i0} + \zeta_i \times \ln\lambda_i$，$\delta_i = \zeta_i \alpha_i$，$\chi_i = \zeta_i \beta_i$，$o_i = \zeta_i \gamma_i$，则式(2.17)变成：

$$\ln TFP_{it} = \kappa_{i0} + (\alpha_i \ln S_{it}^W + \beta_i \ln S_{it}^B + \gamma_i \ln S_{it}^F) + \eta_i \ln S_{it}^D + \delta_i \ln S_{it}^D \times \ln S_{it}^W + \chi_i \ln S_{it}^D \times \ln S_{it}^B + o_i \ln S_{it}^D \times \ln S_{it}^F$$ (2.18)

式(2.18)中，$\alpha_i \ln S_{it}^W + \beta_i \ln S_{it}^B + \gamma_i \ln S_{it}^F$ 表示 i 企业能够接收到的产业内、产业间和国际知识溢出直接促进全要素生产率提升，$\eta_i \ln S_{it}^D$ 表示企业的潜在吸收能力直接促进全要素生产率提升，$\delta_i \ln S_{it}^D \times \ln S_{it}^W + \chi_i \ln S_{it}^D \times \ln S_{it}^B + o_i \ln S_{it}^D \times \ln S_{it}^F$ 表示产业内、产业间和国际知识溢出经潜在吸收能力识别、获取、消化后转化为实际吸收能力从而对全要素生产率的影响。该模型也是进行实证检验的基准模型。

上述推导未考虑时间因素，无法反映动态变化，现将时间因素引入希克斯效率项 $A(\cdot)$ 中，则式(2.2)变成：

$$A_{it} = A(S_{it}^W, S_{it}^B, S_{it}^F, AC_{it}, t)$$ (2.19)

假设希克斯效率项 $A(\cdot)$ 的组成部分是多元组合，则可得

$$A_{it} = A(S_{it}^W, S_{it}^B, S_{it}^F, AC_{it}) = A_{i0} e^{\lambda} (S_{it}^W)^{\alpha_i} (S_{it}^B)^{\beta_i} (S_{it}^F)^{\gamma_i} (S_{it}^D)^{\eta_i} (AC_{it}^T)^{\zeta_i}$$ (2.20)

其中，e^{λ} 表示全要素生产率的时间趋势，其他同上。按照上述推导过程，可得动态知识溢出、吸收能力影响全要素生产率的理论模型为

$$\ln TFP_{it} = \kappa_{i0} + \lambda_t + (\alpha_i \ln S_{it}^W + \beta_i \ln S_{it}^B + \gamma_i \ln S_{it}^F) + \eta_i \ln S_{it}^D + \delta_i \ln S_{it}^D \times \ln S_{it}^W + \chi_i \ln S_{it}^D \times \ln S_{it}^B + o_i \ln S_{it}^D \times \ln S_{it}^F$$ (2.21)

式(2.21)是动态模型，其中 λ_t 表示全要素生产率的时间趋势，α_i 表示企

业 i 的全要素生产率受产业间知识溢出的影响，β_i 表示企业 i 的全要素生产率受产业内知识溢出的影响，γ_i 表示企业 i 的全要素生产率受到国际知识溢出的影响，η_i 表示企业 i 的潜在吸收能力对全要素生产率的影响，δ_i、χ_i、o_i 表示企业 i 的实际吸收能力对全要素生产率的影响。

小　结

本章首先介绍了与知识溢出、吸收能力和创新绩效相关的内生增长理论、创新理论、吸收能力理论和外部性理论，这些经济学理论为本书的研究提供了理论基础。其次，重点阐述知识溢出、吸收能力与创新绩效三者之间的关系，并分析和探讨了处于不同水平的知识溢出与创新绩效的线性与非线性关系，以及处于不同水平的吸收能力的线性与非线性调节，还分析和探讨了产业内、产业间和国际知识溢出影响创新绩效在异质性企业可能存在不同，并提出一个拓展性研究观点。在理论分析过程中，提出本书的具体研究假设。最后，从企业 C-D 生产函数出发，综合考虑产业内、产业间、国际知识溢出和吸收能力，构建其影响创新绩效的数理模型，为下文的实证检验打下基础。

第三章 中国汽车产业发展历程及现状分析

本章首先介绍我国汽车产业的发展历程,分初创(1953—1965 年)、成长(1966—1980 年)、全面发展(1981—2001 年)和高速增长(2002 年至今)四个阶段,分别介绍汽车产业发展过程中的重要事件、主要成就和存在的主要问题;其次,对目前我国汽车产业的发展现状进行分析,包括在世界汽车产业体系中地位变化、在我国国民经济中的地位和作用、与外资汽车企业的合作情况、汽车产业的产品结构和市场结构情况、汽车产业主要经济指标变动情况等。本章内容主要是关于本书研究对象的具体描述,也为后续研究提供一个大背景。

第一节 中国汽车产业发展历程

1901 年,匈牙利人李恩思将两辆美国汽车运到上海,这是汽车进入中国的开端。至 1930 年,我国汽车保有量达 38484 辆,但没有一辆是自产汽车。其实,20 世纪 30 年代,中国也尝试过制造自己的汽车,但都没有成功。比较有代表性的是,张学良成立的辽宁民生工厂,以美国"瑞雷号"为样车,试制了一辆"民生牌"汽车,开辟了中国人制造汽车的先河。可惜 20 世纪 30—50 年代,社会动荡,民生凋零,工业颓废,中国的汽车产业一直未发展起来。

中华人民共和国成立后,我国才开始建立和发展汽车产业。回顾中国汽车产业近 70 年的发展,从无到有,从小到大,大致可划分为初创、成长、全面发展和高速增长四个阶段①。

一、初创阶段(1953—1965 年)

1953 年 7 月 15 日,国家在吉林省长春市成立第一汽车制造厂(简称"一汽"),拉开了中国汽车工业筹建的帷幕。长春一汽是我国第一个汽车生产基地,创建之初以生产中型货车、军用车以及改装车(民生救护车、消防车等)为主。1958 年开始,国家实行企业下放政策,各省市争相利用汽车配件厂、修理厂仿制和拼装汽车,掀起了中国汽车发展史上的第一次"热潮",建成了一批汽车制造厂、汽车制配厂和汽车改装厂。

20 世纪 60 年代,国民经济实行"调整、巩固、充实、提高"方略,国家试办汽车工业托拉斯,实施了促进汽车工业发展的诸多举措。但是,20 世纪 60 年代中期,汽车工业托拉斯停办。在此期间,汽车改装业起步,重点发展了一批军用改装车,民用消防车、救护车、自卸车、牵引车也相继问世。

1966 年以前,中国汽车工业共投资 11 亿元,主要成就是形成了"一大四小"5 个汽车制造厂以及一批小型制造厂。截至 1965 年年底,全国民用汽车保有量接近 29 万辆,其中国产汽车 17 万辆,占比为 58.6%,主要由一汽生产。

二、成长阶段(1966—1980 年)

1969 年,国家在湖北省十堰市筹办建立第二汽车制造厂(简称"二汽"),二汽是我国汽车工业的第二个生产基地。而后,国家也相继在湖北省内外安排新建、扩建了 26 个协作配套厂。同时,四川汽车制造厂(简称"川汽")和陕西汽车制造厂(简称"陕汽")、陕西汽车齿轮厂(简称"陕齿")分别在重庆和宝鸡兴建、投产,主要生产重型载货汽车和越野汽车;一汽、南汽、上汽、北汽、

---

① 历史分期是一个非常复杂和困难的问题,本书借鉴中国汽车工业协会和中国汽车工业咨询委员会联合编撰的《中国汽车工业史(1901—1990)》《中国汽车工业史(1991—2010)》的分期标准和方法,将中国汽车产业的发展历程大致划分为四个大阶段。

济汽 5 个老厂分别承担了包建、支援三线汽车厂(二汽、川汽、陕汽、陕齿)的建设任务。

这一期间,国家再次下放企业,掀起了中国汽车工业发展史上的第二次"热潮"。截至 1976 年,全国汽车生产厂达 53 家,专用改装厂达 166 家,但是大多数厂的产量不足千辆。截至 1980 年,中国汽车总产量达 22.2 万辆,是 1965 年的 5.48 倍。

总览中国汽车产业的初创和成长阶段可知,中国的汽车产业始于引进、消化、吸收苏联的汽车技术,经过初创阶段和成长阶段的发展,基本掌握了汽车制造技术和生产组织方式,并初步建立了相对完整的汽车零部件和配套产业供应体系。但是,这段时期,国家实行严格的计划经济,根据国家经济建设和国防安全的要求,偏重于发展载货汽车,重型车、轻型车、乘用车的发展相对落后。所以,在外资进入中国之前,虽然我国已经有了二汽这个主要生产中型卡车的基地,并在此基础上开发了红旗牌、上海牌等轿车品牌,但是全国的汽车年产量仍然较低,不足以满足生产、生活需要。同时,与发达国家相比,中国汽车产业整体技术水平较低,轿车生产技术更低,零部件及配套生产能力薄弱,产品陈旧,在世界汽车工业体系中的地位无足轻重。

三、全面发展阶段(1981—2001 年)

自从中华人民共和国成立,中国的汽车产业一直在相对封闭的环境中摸索前行。改革开放伊始,有关部门提出,能否将引进装配线改为以中外合资经营的方式发展我国的汽车工业。1978 年 11 月 9 日,邓小平同志明确表示,可以,不但轿车可以,重型车也可以。自此结束了中国汽车产业"闭门造车"的时代。从这一刻起,中国汽车产业发展最显著的变化是引进外资,全面展开"市场换技术"战略。

"市场换技术",就是开放中国汽车市场,从国外"引进资金、引进技术、引进产品"。常规做法是让跨国公司与国内汽车企业合资建厂。1983 年,北京汽车制造厂与美国的 AMC 汽车公司①共同建立北京吉普汽车有限公司,生产切诺基(XJ)吉普车;1985 年,上海汽车集团与德国大众汽车公司共同建立上海大众汽车有限公司,生产桑塔纳轿车;1985 年,法国标致汽车公司在广州建立广州标致汽车有限公司,生产标致轿车②;1990 年,德国大众汽车公司与一汽共同建立一汽大众汽车有限公司,生产捷达和高尔夫轿车;1992 年,东风汽车公司③与法国雪铁龙汽车公司共同建立神龙汽车有限公司,生产富康轿车;1993 年,重庆长安汽车公司与日本铃木株式会社、日商岩井株式会社合资组建长安铃木汽车有限公司④,生产骁途、雨燕等轿车。

于跨国公司而言,依托于中国的大型汽车企业,能够将过时的产品转移到中国市场,延长产品生命线;打着中国汽车企业品牌,便于获得中国消费者的青睐,顺利拓展中国市场,建立和推销新品牌;利用中国汽车企业的影响力,便于协调与中国政府的关系。于中国汽车企业而言,与跨国公司合作,不仅获得资金、技术支持,更重要的是通过人才培训、合作交流、先进设备引进和调试等方式,获得跨国公司的知识溢出,包括先进的理念、信息和管理经验、生产管理模式、经营模式等。在这一期间,中国汽车企业先后引进技术 300 多项,汽车生产技术趋于完善;除中型载货车以外,几乎所有车型都有引入,"缺重少轻"的矛盾得到缓解,汽车品种、质量大大提高;同时,通过技术交流与研发合作等,还进行了大量的技术改造,使得中国汽车企业的生产技术和生产能力大幅提升,国产轿车达到规模生产,汽车产销量跨入百万辆时代。同时,在与跨国

---

① AMC 汽车公司是 1954 年由美国的两家汽车企业 Nash Kelvinator Corporation 和 HuDSon Motor Car Company 合并成立的,合并之后的 AMC 达到可以与当时美国三大汽车集团(福特、通用、克莱斯勒)抗衡的地步。1970 年 AMC 并购 Jeep 汽车公司;1980 年,AMC 与法国雷诺汽车公司合作,以求获得资金和小型车的技术支持;1983 年,AMC 与中国合作,推动第二代切诺基(XJ),切诺基是中国汽车市场上具有里程碑意义的汽车。但是,雷诺在取得对 AMC 的控制权以后,于 1987 年将其出售给克莱斯勒公司,AMC 至此消亡。

② 1997 年,法国标致汽车公司撤资,外资部分由日本本田汽车公司持有,即现在的广州本田汽车公司。

③ 东风汽车公司,前身为十堰第二汽制造厂,2017 年更名为东风汽车集团有限公司。

④ 2018 年 9 月,中日双方达成协议,2018 年年底之前中方收购日方持有的 50% 的股份,届时长安铃木将由中日合资企业变成长安汽车全资子公司。

公司合作过程中,中国汽车行业管理体制、企业经营机制等都进行了大规模的改革,越来越适应现代汽车产业的发展。

四、高速增长阶段(2002 年至今)

2001 年 12 月 11 日,中国加入世界贸易组织(WTO),自此,中国汽车产业的发展进入了新纪元。2002 年至今,中国汽车产业进入高速增长阶段,可细分为三个小阶段。

1. 全面开放阶段(2002—2005 年)

2002 年,中国开始落实加入 WTO 的承诺,中国的汽车产业向全世界敞开大门。加入 WTO 后,国家对汽车产业的管理更加开放和国际化,这一时期最突出的特点是"涌入"和"融入"。"涌入"指中国汽车产业扩大对外开放,国外大型汽车企业包括零部件企业争相进入中国;"融入"指中国汽车工业全面融入世界汽车工业体系。

这一期间,跨国公司为了抢占中国汽车市场,国内汽车企业为了在短短的"保护期"内迅速做大做强,中外双方都有强烈的合作意愿和要求,合资合作再次掀起一轮高潮,并且合资合作的广度和深度都进一步加强。过去的合资只是单一车型、项目的合作,这一期间的合资大多为全系列车型、全方位的合作。代表性事件之一,2002 年,一汽与丰田"强强联合",合资成立了天津一汽丰田汽车有限公司、一汽丰越汽车有限公司等合资企业,引进威驰、花冠、皇冠、混合动力轿车普锐斯(PRIUS)等新产品。一汽与丰田合作的项目是全系列产品,而不是单一的轿车,合作领域跨越了长春、天津、成都三个城市,将多个城市跨地区组成有机、紧密的汽车产业基地。这种联合,不仅有利于双方自身发展,也有利于改变中国汽车产业的产品结构和企业布局。代表性事件之二,2003 年,东风与日产合资成立东风汽车有限公司,双方股权各半。东风汽车有限公司成立后,商用车使用东风品牌,乘用车使用日产品牌。东风、日产的合作,是中国汽车产业规模最大、合作层次最深、领域最广的合资项目,注册资本超过国内任何一家中外合资企业;员工达 7 万人,是当时国内汽车人数最多的合资企业。之后,东风还与韩国起亚、日本本田两家公司成立了合资公司。代表性事件之三,北汽与韩国现代、戴姆勒·克莱斯勒的合作。2002年,北汽与韩国现代自动车株式会社签约,对北京轻型汽车有限公司(简称"北轻汽")进行改造,年底第一款产品索纳塔轿车下线,创造了当年建厂、当年出车的新纪录。而后,北京现代发展迅速,产能从5万辆提高到30万辆,销量也从5.2万辆提高到23.3万辆,只用三年时间就挤入了轿车行业前五,创造了令业界惊叹的"现代速度"。2002年,北汽还与戴姆勒·克莱斯勒签署合作,对北京吉普汽车有限公司进行重组,并将奔驰品牌引入中国。2005年,新生的北京奔驰—戴姆勒·克莱斯勒汽车有限公司成立,主要生产奔驰E系列和C系列轿车,以及克莱斯勒轿车和三菱品牌汽车,成为国内又一家生产豪华轿车的骨干企业。此外,还有上汽、通用、五菱三方的合作;华晨中国汽车控股有限公司与德国宝马集团签约成立华晨宝马汽车有限公司;长安集团与美国福特公司合资成立长安福特汽车有限公司等。至此,我国汽车工业新局面出现,一汽、东风、上汽三大集团拥有多个合作伙伴,几乎所有的大型跨国公司都落户中国。

这一时期,中国的汽车工业,尤其是轿车技术水平大幅提升,新车型层出不穷,中国汽车开始走向海外市场,出口大幅增加。汽车出口量从2001年的2.4万辆扩张到2005年的17万辆,华晨、奇瑞等企业甚至开始在海外建厂;与国外汽车企业的生产、营销合作进一步加快,对外资、技术、管理理念的引进不断加深,为后来自主品牌的创建和发展积累了宝贵的资金、制造、管理、技术经验及人力;汽车企业组织结构稳步调整,形成以大集团为主的规模化、集约化新格局。此时,为了保证其技术优势和垄断地位,跨国公司也开始加强对合资企业的控股能力,紧紧握住关键岗位、关键技术。跨国公司市场冲击和技术保密也让国内汽车企业的生存空间越来越小,有实力的大型汽车企业逐渐产生了摆脱外资依赖的心理和行动,自主品牌得到长足的发展。例如,一汽斥资重振红旗品牌,"天一合作"之后,夏利品牌也得到发展;上汽利用罗孚技术打造自主品牌荣威系列乘用车;长安在海外建立研发中心,研发多款自主品牌乘用车;奇瑞先后推出风云、QQ、东方之子、瑞虎等新产品,市场份额扩大,成为自主品牌的生力军;华晨推出中华轿车,但又一波三折;吉利、长城、比亚迪等民营企业也快速发展。

2. 快速增长阶段(2006—2010 年,即"十一五"规划期间)

中国经济经过 30 年的持续增长,进入了"大国崛起"的新阶段。国内宏观经济持续快速增长,居民生活稳步提高,汽车消费保持旺盛需求,给汽车产业提供了良好的外部环境。我国汽车产量从 2005 年的 571 万辆增长到 2010 年的 1826 万辆,年均增长 26.2%,我国汽车产业进入快速增长阶段。这一期间,中国汽车企业坚持"两条腿走路",一手抓合资,一手抓自主创新与自主品牌发展,企业规模与实力明显增强,产业集中度不断提高,产品技术水平明显提升,逐渐形成了以两大阵营①为主力的汽车产业格局,第一阵营汽车集团全部进入世界 500 强,中国汽车工业完成了"从小到大"的历史性转变。

从合资战略来看,跨国公司不断调整在华战略,不仅将中国视为生产基地,还当作采购基地、出口基地,并将区域研发中心迁至中国,向汽车产业链上下游全面渗透。同时,加快了新产品导入速度,开始在研发阶段就考虑中国元素。跨国公司在华战略的调整,主要表现在两个方面:一方面,把过去独立的"中国战略"调整为符合长远利益和整体利益的"全球战略",中国市场成为其"全球战略"的一部分;另一方面,把过去双方平等的"合作型"战略转变成谋求外方主导的"控制型"战略。跨国公司在中国战略的不断调整,使中国汽车工业的国际化程度日益提高,加深了中国汽车工业融入世界汽车工业体系的程度。

从自主创新战略来看,大型汽车集团基本由原来的"合资经营发展为主"转变成"自主研发和合资经营"并举的新阶段。大型汽车集团通过收购海外企业、国外企业的技术或与国外企业进行技术研发合作来进行自主品牌研发。

---

① 第一阵营包括四大汽车集团,即一汽、东风、上汽、长安,第二阵营包括四大汽车企业,即北汽、广汽、中国重汽、奇瑞。

如上汽收购罗孚,发展中高端自主品牌;一汽在引进马自达6技术的基础上开发奔腾轿车;东风2007年开始开发自主品牌汽车,2009年东风风神S30上市;北汽收购萨博技术发展自主乘用车品牌。同时,合资企业也顺应国家政策,开始发展自主品牌汽车。广汽本田、上汽通用五菱、一汽大众、东风本田、东风日产、神龙汽车等合资企业先后宣布开发合资自主品牌车型。如广汽本田的自主品牌"理念",上汽通用五菱的"宝骏",东风日产和一汽大众的"启辰"和"开利"。但是,客观来说,本土自主品牌汽车企业在研发、生产、销售、服务等领域都还处于成长阶段,技术水平有待进一步提升。

这一期间,汽车产业的蓬勃发展,既带来了汽车市场的空前繁荣,也使得能源、环境、交通矛盾日益突出,新能源汽车的研发被提上日程。早在"十五"计划期间,国家"863计划"拨款8.8亿元支持电动车发展。"十一五"规划期间,国家逐渐形成新能源汽车"三纵三横"①的开发布局,并大力开展新能源汽车的推广与示范运行。长安、比亚迪、上汽、北汽、奇瑞、江淮、东风等企业积极开展新能源汽车研发,并取得阶段性成果。

3. 提质增效阶段(2011—2015年,即"十二五"规划期间)

与之前年份相比,这一期间汽车产业发展的内外部环境都发生了显著变化。就外部环境而言,2011—2015年,中国的GDP增速持续下降,从2011年的9.3%下降到2015年的7%。宏观经济增速的放缓直接影响到消费市场,进而影响到整个汽车产业。就内部环境而言,受经济紧缩的影响,汽车产业新建、扩建投资项目开工数量有限,商用车市场继续在下行区间运行,整体形势不如以前乐观。

但是,汽车工业作为我国的支柱产业,在这一期间继续向前发展,发展重心从"速度增长"型转向"质量效益"型,对经济社会的发展推动作用也越来越强。主要表现在:

————————

① "三纵"指燃料电池汽车、混合动力汽车、纯电动汽车;"三横"指多能源动力总成系统、电机驱动系统和控制单元、动力电池和电池组管理系统。

第一,产销量继续增长。中国汽车产销量在这一期间跨上了 2000 万辆的新台阶,年均产销量增速为 6.1%,始终居于世界首位,基本形成了东北、京津冀、华中、西南、长三角和珠三角等六大产业聚集区。

第二,机动车保有量的构成趋于合理。截至 2015 年,全国机动车保有量达 2.79 亿辆,其中汽车 1.72 亿辆(包括三轮汽车和低速货车)。"十二五"规划期间,汽车占机动车保有量的比重从 47.1% 上升到 61.8%,机动车保有量构成趋于合理。

第三,汽车工业对国民经济的贡献度持续增强。截至 2015 年,全国汽车行业规模以上企业累计实现主营业务收入 27.32 万亿元,比 2010 年提高了 70.2%,年均增速 11.2%;利润总额 6274.96 亿元,比 2010 年提高了 73.2%,年均增速 11.6%;创造税收占全国税收的 9%,比 2010 年提高 1.8%;汽车产品零售总额 3.6 万亿元,比 2010 年增长近 1 倍。

第四,企业规模大而趋强。截至 2015 年年底,汽车行业 50 万辆规模企业有 11 家,其中超过 100 万辆的企业 6 家,超过 500 万辆的企业 1 家。国有控股企业 709 家,占全行业的 4.8%,资产总计占全行业的 44.7%,主营业务收入占全行业的 39.8%,利润总额占全行业的 50.5%。进入世界 500 强的中国汽车企业由 2010 年的 3 家增至 2015 年的 6 家。同时,排名前 10 的企业销量占汽车总销量的 89.5%,行业集中度趋于稳定。行业研发投入占营业收入的比重不断提高,截至 2015 年,已达 2%。自主品牌汽车销量增速为 2.9%,销量占全年总销量的比重约 50%。

第五,产业结构进一步优化。随着中国汽车消费环境的成熟和稳定,乘用车的市场主体地位不断加强,市场份额从 2010 年的 76.1% 上升到 2015 年的 86%。乘用车产销量也首次跨上 2000 万辆的新台阶。在乘用车细分市场中,SUV 和 MPV 的比例明显上升,分别从 11%、3.4% 提高到 29.6%、10.1%,轿车和交叉型乘用车的比重下滑,分别从 69.9%、15.6% 下降到 55.2%、5.1%。商用车内部结构基本稳定,2015 年重型载货汽车、中型载货汽车、轻型载货汽车、微型载货汽车的比重分别为 18.9%、7.2%、54.8%、19%;大型客车、中型客车、轻型客车的比重分别为 14.5%、13.2%、72.3%。

第六,新能源汽车和零部件产业快速发展。"十二五"规划期间,中国新能源汽车基本建成了"三纵三横"和"三大平台"的技术创新体系。截至 2015年,新能源汽车累计销售 40 余万辆。零部件产业快速发展,众多零部件企业向专业化方向转变,逐步形成了较完善的各类车型配套体系。2015 年,规模以上汽车零部件企业实现主营业务收入 3.4 万亿元,比 2010 年增长 93%。金融危机爆发后,中国汽车零部件企业国际化步伐加快,海外并购数量增加,涌现出一批知名的自主零部件企业。

此外,中国汽车工业的部分领域已具备与发达国家并跑的能力。在同世界汽车工业不断交锋、磨合、借鉴、吸收和创新之后,中国汽车工业在整车、零部件、新能源、智能网联等方面都取得了重大突破,已有部分领域具备从跟跑到并跑的能力,并持续朝领跑的方向迈进。主要表现在:

第一,产品工程化能力与国际基本持平。在四大制造工艺方面,自主整车企业基本达到合资品牌的自动化制造水平,保障了高效智能生产;在品控管理体系方面,以广汽传祺为代表的自主品牌,将零部件 PPM 值控制在 20 以内,其他自主品牌也基本降低到 150 左右;在涂装工艺方面,采用新一代保护涂料和水性材料静电喷涂工艺,平均自动化率达 70% 以上,同合资品牌以及部分外资品牌相当;在总装工艺方面,采用电子控制系统模块化以及产品结构模块化生产,提升挡风玻璃、轮胎等部件的自动化安装水平,加大液体加注设备的真空化建设,实现力矩智能化控制,同时切实运用柔性化工装和 SPS(随行配料系统)物流。

第二,随着企业研发投入的增加和国际优秀人才的不断引进,部分企业的新产品开发能力已达到全球平均水平。从整车设计,到发动机、变速器、车身系统等关键总成,再到新能源专用部件,以及基础原材料和制造装备,自主龙头企业基本实现了新产品同全球技术的同步迭代。尤其是以吉利、长安、长城等为代表的整车企业,通过设备设立国际化的技术研发中心实现联动,结合国内化市场需求不断优化产品结构,切实提高自主产品水平;以万向集团、福耀玻璃、中信戴卡等为代表的零部件企业,通过兴建海外基地加快产品零距离配套,设立海外设计团队满足国际化市场需求,极大提升了自主品牌的产品配套能力。

第三,全产业链主动转型实现向上突破。自主整车品牌在新一轮产业变革中突破藩篱,追求质变,涌现出吉利博越、长城哈佛、上汽荣威、广汽传祺等一批进军国际市场的民族品牌,尤其是 LYNK&CO 和 WEY 等高端品牌的推进,标志着自主整车实现了参与国际竞争的历史跨越。对于新能源汽车,中国已步入产业成长期,拥有较完整的发展政策和产业配套体系。在整车技术方面,电动化底盘、整车控制与集成等取得了一系列进展;在关键零部件方面,动力电池、驱动电机达到国际性能水平。

目前,跨国汽车企业不仅通过高国产化率抢占市场,而且在热度持续提升的新能源汽车领域与我国汽车企业进行合资合作。继早期比亚迪与戴姆勒、吉利与沃尔沃联姻之后,2017 年江淮与大众、众泰与福特也纷纷强强联合投资建厂生产新能源汽车。中国企业在合资合作中的地位也在悄然变化,中国的话语权正在增强。在新能源汽车领域,传统汽车企业正在积极展开全方位布局,四大互联网巨头京东、阿里巴巴、百度、腾讯也已入局,纷纷转向跨界造车,主要研究智能驾驶和车联网技术。

第二节 中国汽车产业发展现状

一、中国汽车产业的地位变化

(一)中国汽车产业迅速发展,在世界汽车工业体系的地位举足轻重

进入 21 世纪,尤其是加入 WTO 后,中国的汽车产业迎来第四次"热潮"。汽车总产量呈跨越式增长,截至 2017 年,中国汽车产销量已连续 11 年居世界第一位,在世界汽车产业中的地位越来越重要。从年产量上看,2000—2017

年,中国汽车总产量由 206.93 万辆上升到 2901.54 万辆,产量增长了 14 倍,年均增速为 15.80%,而同期世界汽车总产量从 5829.56 万辆增加到 9730.25 万辆,产量增长了 1.67 倍,年均增速仅 9.27%。可以说,在全球汽车整体低迷的背景下,中国仍旧保持着稳健的增长速度。其中,中国乘用车从 60.47 万辆增长到 2480.67 万辆,增长了 41 倍,年均增速 27.91%,而同期世界乘用车从 4121.57 万辆增加到 7345.65 万辆,增长了 2.28 倍,年均增速仅 9.90%;中国商用车从 146.44 万辆增加到 420.87 万辆,增长了 2.87 倍,年均增速 15.97%,而同期世界商用车从 1715.85 万辆增加到 2384.6 万辆,增长了 1.39 倍,年均增速仅 7.70%,具体数据如表 3-1 所示。从占比来看,2000—2017 年,中国汽车总产量占世界汽车总产量的比重从 3.55% 上升到 29.82%,其中乘用车占比从 1.47% 上升到 37.77%,商用车占比从 8.53% 上升到 17.65%,具体情况如图 3-1 所示。

表 3-1   2000—2017 年中国和世界汽车产量情况

年份	中国汽车总产量（万辆）	世界汽车总产量（万辆）	中国乘用车产量（万辆）	世界乘用车产量（万辆）	中国商用车产量（万辆）	世界商用车产量（万辆）
2000	206.93	5829.56	60.47	4121.57	146.44	1715.85
2001	233.18	5632.83	70.35	3982.59	163.09	1647.90
2002	325.12	5884.03	110.17	4135.84	218.51	1763.59
2003	444.37	6061.86	201.89	4196.87	242.48	1869.46
2004	507.05	6416.53	248.02	4455.43	275.43	1994.20
2005	570.77	6646.58	307.82	4686.30	262.95	1961.95
2006	718.87	6925.79	523.31	4991.86	195.56	1930.44
2007	888.25	7315.27	638.11	5320.13	250.13	2006.47
2008	934.51	7052.65	673.77	5272.61	256.14	1779.44
2009	1379.10	6098.68	1038.38	4722.77	340.72	1375.93
2010	1826.47	7760.99	1389.71	5834.17	436.77	1936.23
2011	1841.89	7988.09	1448.53	5989.73	393.36	1998.36
2012	1927.18	8423.94	1552.37	6308.10	374.82	2115.51

续表

年份	中国汽车总产量（万辆）	世界汽车总产量（万辆）	中国乘用车产量（万辆）	世界乘用车产量（万辆）	中国商用车产量（万辆）	世界商用车产量（万辆）
2013	2211.68	8725.40	1808.42	6563.85	403.27	2186.86
2014	2372.29	8974.74	1991.98	6752.53	380.31	2222.21
2015	2450.33	9068.31	2107.94	6853.95	342.39	2224.11
2016	2811.88	9497.66	2442.07	7210.54	369.81	2287.11
2017	2901.54	9730.25	2480.67	7345.65	420.87	2384.60
年均增速（%）	15.80	9.27	27.91	9.90	15.97	7.70

数据来源：根据中国工业协会相关年份数据整理获得。

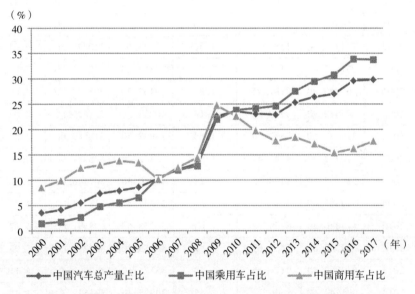

图 3-1 2000—2017 年中国汽车产业在世界汽车产业中的占比情况

数据来源：根据中国工业协会相关年份数据整理获得。

（二）汽车产业成为我国的支柱产业，对经济发展的贡献持续加大

我国汽车工业作为国民经济的支柱产业，以其科技集中性强、产业关联度高、带动就业面广等特点，随着汽车产业的发展，其在我国经济发展中的地位

越来越突出,并对我国经济发展和社会进步产生巨大作用和深远影响。
2000—2017 年,从增加值来看,我国汽车工业增加值从 864.06 亿元上升到
11307.59 亿元,对国民经济的贡献率也从 0.86% 上升到 1.52%,最高年份甚
至达 1.70%(2012 年);从产值来看,我国汽车工业产值从 3612.6 亿元上升到
48120.64 亿元,对工业总产值的贡献率也有所上升,成为仅次于计算机和化
工的中坚产业力量。具体数据如表 3-2 所示。

表 3-2　2000—2016 年我国汽车产业增加值和产值情况

年份	GDP（亿元）	汽车工业增加值（亿元）	汽车工业贡献率（%）	汽车工业总产值（亿元）	工业总产值（亿元）	汽车工业产值占比（%）
2000	100280.10	864.06	0.86	3612.60	85673.70	4.22
2001	110863.10	1055.55	0.95	4433.20	95449.00	4.64
2002	121717.40	1584.75	1.30	6224.60	110776.50	5.62
2003	137422.00	2153.36	1.57	8357.20	142271.20	5.87
2004	161840.20	2187.75	1.35	9463.20	201722.20	4.69
2005	187318.90	2209.93	1.18	10223.30	251619.50	4.06
2006	219438.50	3362.70	1.53	13937.50	316589.00	4.40
2007	270232.30	4141.44	1.53	17242.00	386747.00	4.46
2008	319515.50	4104.13	1.28	18780.50	507448.00	3.70
2009	349081.40	5378.90	1.54	23437.80	548311.00	4.27
2010	413030.30	6759.72	1.64	30248.60	698591.00	4.33
2011	489300.60	7451.69	1.52	33155.20	844269.00	3.93
2012	540367.40	9174.25	1.70	35774.40	869909.50	4.11
2013	595244.00	8606.24	1.45	39225.40	897638.30	4.37
2014	643974.00	9174.25	1.42	42324.20	—	—
2015	689052.10	10577.73	1.54	45014.63	903900.00	4.98
2016	744127.20	11307.59	1.52	48120.64	—	—

数据来源:根据相关年份《中国汽车工业年鉴》和《中国统计年鉴》整理获得。

（三）持续引进外资和对外投资,汽车产业成为中国对外合作的主战场

随着中国汽车工业在世界地位的攀升,以整车企业、零部件企业为代表的产业群体不断加强国际交流和对外合作,并借助海外布局和国际兼并逐步亮相世界舞台,持续推动中国汽车工业的国际化进程。20世纪80年代开始,随着我国轿车工业的起步和快速发展,外资汽车企业陆续在华成立合资公司,极大促进了中国汽车工业的成长。截至2017年年底,国际主流品牌几乎全部在华投资落户,具体如表3-5所示。大众、福特、宝马等新能源领域也加大资金投入;同时,75%以上国际知名零部件集团也已在华布局研发中心和生产基地,并将最先进的技术、产品引入中国,部分在华企业甚至成为其辐射亚太地区的中心,具体历程如表3-4所示。另外,中国的自主整车企业也在海外建成研发中心近40家,基本聚集在欧洲、美国、日本等汽车工业发达的地区;并设立90余家制造基地,以半散件组装、全散件组装为主生产中低端汽车,面向拉丁美洲、东南亚、东欧、中东等地区供应,具体如表3-5所示。

表3-3 2018年世界500强上榜汽车公司在中国的主要合资企业

排名	上年排名	企业名称	所在国家	在中国主要的合资企业	合资企业成立年份	营业收入（亿元）	利润（亿元）
6	5	丰田汽车	日本	天津一汽丰田	2002	265172	22510.1
16	17	戴姆勒股份	德国	北京奔驰一戴姆勒	2005	185235	11863.9
19	20	EXOR集团	荷兰	南京菲亚特	1999	161676	1569.1
21	18	通用汽车	美国	上海通用	1997	157311	-3864
22	21	福特汽车	美国	江铃汽车、长安福特	1993、2001	156776	7602
30	29	本田汽车	日本	广州本田	1998	138645	9561.3
51	52	宝马集团	德国	华晨宝马	2003	111231	9716.6
54	44	日产汽车	日本	郑州日产	1993	107868	6741.3
78	78	现代汽车	韩国	北京现代	2002	85259	3567.6
108	140	标致	法国	广州标致	1985	73505.7	2174.4

续表

排名	上年排名	企业名称	所在国家	在中国主要的合资企业	合资企业成立年份	营业收入（亿元）	利润（亿元）
134	157	雷诺	法国	东风雷诺	2013	66246.5	5764.6
219	209	起亚汽车	韩国	起亚汽车	2006	47360.3	856.4
286	301	沃尔沃集团	瑞典	西安西沃客车、上海申沃客车	1994、1998	39171.9	2455.2
348	373	铃木汽车	日本	重庆长安	1993	33911.7	1947.1
378	367	马自达	日本	一汽海南	1996	31355.7	1011.4

数据来源：2018年财富世界500强排行榜。

表3-4 在华合资整车及零部件企业发展历程

在华合资整车企业成立历程							
1983年	北京吉普	1993年	江铃汽车	2002年	北京现代	2010年	广汽菲亚特
1984年	上海大众	1997年	上海通用		东风起亚		腾势汽车
1985年	广州标致	1998年	四川一汽丰田	2003年	华晨宝马	2012年	奇瑞捷豹路虎
1991年	一汽大众	1999年	广州本田	2004年	东风本田	2013年	广汽三菱
1992年	神龙汽车	2000年	南京菲亚特	2007年	东风日产	2017年	东风雷诺
1993年	金杯通用	2001年	天津一汽丰田		广州丰田		江淮大众
	长安铃木		长安福特		福建奔驰		众泰福特
在华国际零部件亚太技术中心							
博世	采埃孚	大陆	佛吉亚	李尔	法雷奥	德尔福	舍弗勒
博格华纳	马瑞利	天纳克	海拉	德纳	辉门	耐世特	固特异

数据来源：《中国汽车工业年鉴（2018）》。

表3-5 自主整车汽车企业已建的海外研发中心

企业名称	海外研发中心	企业名称	海外研发中心
吉利汽车	瑞典、英国、西班牙、美国	上汽集团	美国、以色列
长安汽车	意大利、日本、英国、美国	北汽集团	美国、德国、意大利、日本
比亚迪	美国、巴西、荷兰	江淮汽车	意大利、日本

企业名称	海外研发中心	企业名称	海外研发中心
长城汽车	奥地利、日本、印度、北美、德国	蔚来汽车	德国、美国、英国
奇瑞汽车	意大利、澳大利亚、日本	众泰汽车	意大利、日本
广汽传祺	美国	——	——

数据来源：《中国汽车工业年鉴（2018）》。

二、中国汽车产业发展情况

（一）产品结构情况

1. 汽车产业内部结构变化，乘用车成为汽车产业的主导

随着汽车产业的发展，其内部结构也有所改变。2000—2017 年，汽车总量呈跨越式增长，产量增长了 14 倍。其中增长的主力是乘用车①，从 60.47 万辆上升到 2480.67 万辆，乘用车产量占汽车总产量的比重从 29.22% 上升到 85.49%；商用车②产量稳步增长，由 146.44 万辆上升到 420.87 万辆，但商用车产量占汽车总产量的比重从 70.78% 下降到 14.51%，具体数据如表 3-6 和图 3-2 所示。总产量的迅速增长说明，这一时期我国汽车产业高速发展，生产力水平、技术水平持续上升，对国民经济和人民生活的影响力持续扩大。乘用车、商用车产量的迅速增长，说明我国"缺重少轻"的汽车产业格局彻底改变。乘用车的产量呈跨越式增长，这与我国的现实情况吻合，这一时期随着经济的迅速发展，居民收入持续增加，温饱问题解决以后，人们会提出对发展型、享受型产品的需求，汽车逐渐成为生活必需品。需求的扩张拉动了汽车尤其

---

①　根据 ISO3833 修订本，乘用车（passenger vehicle），指的是其设计和技术特征上主要用于载运乘客及其随身行李或临时物品的汽车，包括驾驶员座位在内不超过 9 个座位，涵盖了轿车、微型客车以及不超过 9 座的轻型客车。细分类别包括基本型乘用车（轿车）、多用途车（MPV）、运动型多用途车（SUV）、专用乘用车以及交叉乘用车。

②　根据 ISO3833 修订本，商用车（commercial vehicle），指的是其设计和技术特征上是用于运送人员和货物的汽车，包括所有的载货汽车和 9 座以上的客车。细分类别包括客车、货车、半挂牵引车、客车非完整车辆和货车非完整车辆。

是乘用车的生产和销售。商用车的产量增长相对缓慢，2005 年开始，其占比持续低于乘用车，这一变化充分说明乘用车成为我国汽车产业发展的主导行业。

表 3-6　2000—2017 年中国汽车产业产品结构

年份	汽车总产量（万辆）	乘用车产量（万辆）	商用车产量（万辆）	乘用车占比（%）	商用车占比（%）
2000	206. 93	60. 47	146. 44	29. 22	70. 77
2001	233. 18	70. 35	163. 09	30. 17	69. 94
2002	325. 12	110. 17	218. 51	33. 89	67. 21
2003	444. 37	201. 89	242. 48	45. 43	54. 57
2004	507. 05	248. 02	275. 43	48. 91	54. 32
2005	570. 77	307. 82	262. 95	53. 93	46. 07
2006	718. 87	523. 31	195. 56	72. 80	27. 20
2007	888. 25	638. 11	250. 13	71. 84	28. 16
2008	934. 51	673. 77	256. 14	72. 10	27. 41
2009	1379. 10	1038. 38	340. 72	75. 29	24. 71
2010	1826. 47	1389. 71	436. 77	76. 09	23. 91
2011	1841. 89	1448. 53	393. 36	78. 64	21. 36
2012	1927. 18	1552. 37	374. 82	80. 55	19. 45
2013	2211. 68	1808. 42	403. 27	81. 77	18. 23
2014	2372. 29	1991. 98	380. 31	83. 97	16. 03
2015	2450. 33	2107. 94	342. 39	86. 03	13. 97
2016	2811. 88	2442. 07	369. 81	86. 85	13. 15
2017	2901. 54	2480. 67	420. 87	85. 49	14. 51

数据来源：中国汽车工业协会。

2. 细分市场产品结构不断调整，SUV 与 MPV 份额不断上升

从产品结构来看，受商用车市场销量反弹的影响，商用车市场份额有所提升，但是总体上乘用车依然占据市场主导地位，这与上文的汽车产量相呼应。从细分产品类别来看，乘用车市场除 SUV 市场份额持续增长外，其他车型均

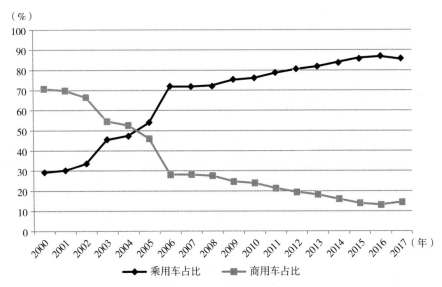

图 3-2 2000—2017 年中国乘用车和商用车占比情况

数据来源：中国汽车工业协会。

出现下滑，特别是交叉型乘用车市场需求向轿车和 MPV 转移，全年销量降幅
达 20%。从近几年汽车产品结构的变化趋势及消费需求来看，未来 SUV 的市
场份额有望超过轿车，MPV 市场份额预计会稳中有升。受航空和高铁市场的
不断扩张及票价促销影响，商用车市场中客车的市场份额呈下滑态势，具体数
据如表 3-7 所示。

表 3-7 2015 年、2017 年汽车产业市场份额变动情况　　　单位：%

分类	2017 年市场份额	2015 年市场份额
乘用车	85.60	85.97
基本型乘用车（轿车）	41.00	47.65
多功能乘用车（MPV）	7.20	8.56
运动型乘用车（SUV）	35.50	25.29
交叉型乘用车	1.90	4.47
商用车	14.40	14.03

续表

分类	2017 年市场份额	2015 年市场份额
客车	1.70	2.42
载货车	12.80	11.61

数据来源：《中国汽车工业年鉴（2018）》。

（二）市场结构情况

1. 行业内大企业持续发展，影响力不断增强

经过改革开放 40 年来的持续发展，我国汽车产业内部产生了数个规模庞大、体系健全、影响深远的汽车企业。其中，从 2018 年世界 500 强排名来看，进入世界 500 强的中国汽车企业有 6 家，分别是上汽、东风、北汽、一汽、广汽、吉利。这 6 家企业不仅营业收入、利润额巨大，而且在世界 500 强中的排名较 2017 年有所上升，具体数据如表 3-8 所示。这说明，近年来我国汽车产业内的大企业不断发展壮大，影响力也在不断增强。

表 3-8　2018 年世界 500 强上榜的中国汽车公司　　单位：亿美元

排名	上年排名	企业名称	营业收入	利润
36	41	上海汽车集团股份有限公司	128819	5091.3
65	68	东风汽车公司	93294	1400
124	137	北京汽车集团	69591	1554.5
125	125	中国第一汽车集团	69524	2855.8
202	238	广州汽车工业集团	50323	989.2
267	343	浙江吉利控股集团	41172	1820.3

数据来源：《2018 年财富世界 500 强排行榜》以及历年《汽车工业统计年鉴》。

2. 行业内重点企业持续发展，市场集中度趋于稳定

2017 年国内主要汽车企业销量出现分化，上汽、东风、一汽、长安、北汽、广汽继续稳居销量排行榜前 6 名，但是仅上汽、一汽和广汽的销量实现正增长，同比增速分别为 7.1%、7.7%、21.3%。销量排名第 7—10 名的企业中，吉

利、长城汽车表现抢眼,销量双双突破 100 万辆。华晨汽车与奇瑞汽车近几年处于战略调整状态,市场销量时有起伏。与 2013 年、2015 年相比,排名前 6 的汽车企业比较稳定,排名第 7—10 名的企业略有变化。另外,2017 年,排名前 10 的汽车企业累计销售汽车 2551.8 万辆,占全年总销量的 88.36%,与 2013 年、2015 年相比变动不大,整个汽车产业的产业集中度趋于稳定,具体数据如表 3-8 所示。

表 3-9　2013 年、2015 年、2017 年销量前 10 的汽车集团

排名	2017 年	销量（万辆）	2015 年	销量（万辆）	2013 年	销量（万辆）
1	上汽集团	693.01	上汽集团	586.35	上汽集团	514.80
2	东风公司	412.07	东风公司	387.25	东风公司	353.23
3	一汽集团	334.60	一汽集团	284.38	一汽集团	293.53
4	长安汽车	287.25	长安汽车	277.65	长安汽车	219.14
5	北汽集团	251.20	北汽集团	248.90	北汽集团	212.31
6	广汽集团	200.10	广汽集团	130.31	广汽集团	100.70
7	吉利汽车	124.71	华晨汽车	85.61	华晨汽车	79.79
8	长城汽车	107.02	长城汽车	85.27	长城汽车	75.76
9	华晨汽车	74.57	江淮汽车	58.79	吉利汽车	54.88
10	奇瑞汽车	67.27	吉利汽车	56.19	比亚迪汽车	51.14
前 10 汽车企业累计销量（万辆）	2551.80			2200.70		1955.29
当年汽车总销量（万辆）	2887.90			2459.76		2198.41
前 10 汽车企业占总销量的比重（%）	88.36			89.47		88.94

数据来源:《中国汽车工业年鉴(2018)》。

3. 中国汽车产业的市场类型为中(上)集中寡占型

市场集中度是企业数量和相对规模的差异表示,一般用来衡量市场势力。根据 2010—2017 年中国汽车产业市场集中度情况可知,我国排名前 4(CR4)

的汽车企业销量占整个市场销量的比重一直在60%上下徘徊,我国汽车产业市场属于寡占III型,即中(上)集中寡占型。与发达国家如美国的99%和日本的97%相比,相对较低。具体数据如表3-10所示。

表3-10 2010—2017年中国汽车产业市场集中度　　　　单位:%

年份	CR4
2010	61.60
2011	62.90
2012	63.10
2013	62.00
2014	63.90
2015	62.40
2016	——
2017	59.80

数据来源:历年《中国汽车工业年鉴》。

（三）主要指标情况

1. 主营业务收入增长较快,但增幅有所回落

2017年,全国汽车行业规模以上企业累计实现主营业务收入85058.11亿元,同比增长10.8%,增幅同比回落3.0%。从细分行业来看,汽车整车制造业、改装汽车制造业、汽车零部件制造业主营业务收入均高于2016年,同比分别增长11.0%、16.3%。10.2%。具体数据如表3-11所示。

表3-11 2017年汽车产业各细分行业主营业务收入情况

汽车细分行业	规模以上企业数(家)	2017年营业收入(%)	2016年营业收入(%)	同比增长(%)
汽车整车制造业	564	42929.52	38688.21	11.0
改装车制造业	846	3328.20	2861.80	16.3
汽车零部件制造业	13333	38800.39	35198.5	10.2
合计	14743	85058.11	76748.51	10.8

数据来源:《中国汽车工业年鉴(2018)》。

2. 利润总额增势趋于平缓

2017 年,全国汽车规模以上企业实现利润总额 6820.25 亿元,同比增长 5.7%,增幅同比回落 4.9%。从全国汽车行业细分市场来看,2017 年 5 个细分行业,汽车整车制造业受汽车市场销售量增速下滑的影响,由 2016 年的正增长转为负增长,同比下降 0.7%。改装车制造业、汽车零部件制造业利润总额增长率分别为 26.4%、13.7%。具体数据如表 3-12 所示。

表 3-12 2017 年汽车产业各细分行业利润总额情况

汽车细分行业	规模以上企业数(家)	2017 年利润总额(亿元)	2016 年利润总额(亿元)	同比增长(%)
汽车整车制造业	564	3638.88	3665.63	-0.7
改装车制造业	846	168.74	133.48	26.4
汽车零部件制造业	13333	3012.63	2650.58	13.7
合计	14743	6820.25	6449.69	5.7

数据来源:《中国汽车工业年鉴(2018)》。

3. 固定资产投资增速总体提高,基本呈起伏式回落,亏损企业增加

2017 年,全国汽车行业规模以上企业累计完成固定资产投资 13066.93 亿元,同比增长 9.35%,增幅同比提高 5.2%。从各月累计增长率来看,呈起伏式回落,具体数据如表 3-13 所示。另外,受经济下滑影响,全国汽车行业规模以上亏损企业为 1984 家,亏损总额达 421.2 亿元,同比增长 25.16%,增加了近 200 家亏损企业,具体数据如表 3-14 所示。

表 3-13 2017 年汽车产业各细分行业完成固定资产投资情况

汽车细分行业	规模以上企业数(家)	2017 年固定资产投资(亿元)	2016 年固定资产投资(亿元)	同比增长(%)
汽车整车制造业	564	2677.06	2724.16	-1.70
改装车制造业	846	478.52	539.42	-11.30

续表

汽车细分 行业	规模以上 企业数(家)	2017 年固定 资产投资 (亿元)	2016 年固定 资产投资 (亿元)	同比增长 (%)
汽车零部件制造业	13333	9911.35	8685.49	14.10
合计	14743	13066.93	11949.07	9.35

数据来源:《中国汽车工业年鉴(2018)》。

表 3-14　2017 年汽车产业各细分行业亏损情况

汽车细分 行业	规模以上 企业数(家)	2017 年亏损 (亿元)	2016 年亏损 (亿元)	同比增长 (%)
汽车整车制造业	564	243.24	183.27	32.72
改装车制造业	846	26.13	30.66	-14.78
汽车零部件制造业	13333	151.83	122.6	23.84
合计	14743	421.2	336.53	25.16

数据来源:《中国汽车工业年鉴(2018)》。

4. 汽车进出口市场回暖,逆差扩大

根据海关数据统计,2017 年中国汽车产品进出口总额达 1723.93 亿美元,同比增长 14.3%。汽车产品进口金额为 898.39 亿美元,同比增长 10.5%,如表 3-15 所示。其中整车进口 124.65 万辆,同比增长 15.7%,进口金额 510.18 亿美元,同比增长 13.5%。日本、美国、德国是中国进口汽车来源前 3 位的国家,进口量排名前 5 位的品牌是宝马、奔驰、雷克萨斯、丰田、保时捷。受国内汽车产销量增长的带动,全年汽车零部件进口金额 388.21 亿美元,同比增长 6.8%。德国、日本、韩国是中国汽车零部件进口金额最大的 3 个来源国。

受世界经济缓慢,"一带一路"沿线国家和地区及新兴市场需求回暖等因素的影响,2017 年,中国汽车产品出口呈现快速回升态势。根据海关数据统计,2017 年,中国汽车产品出口 824.54 亿美元,同比增长 8.8%。其中,整车出口 92.28 万辆,同比增长 31%;出口金额 139.54 亿美元,同比增长 23.5%,

出口排名前 5 位的企业分别是上汽集团、奇瑞汽车、北汽集团、江淮汽车、华晨汽车。中国整车出口目的地仍主要集中在中东、南美、东南亚等发展中地区。此外,"一带一路"建设带动沿线市场部分国家需求增长,对缅甸、菲律宾、巴基斯坦的出口同比分别增长 8%、27.8%、48.5%。汽车零部件出口金额达685.95 亿美元,同比增长 6.2%,其中对欧洲、北美地区、日本、韩国出口额占出口额比重超过 60%。

表 3--15　2000—2017 年中国汽车产品进出口情况

年份	进出口总额（亿美元）	进口总额（亿美元）	出口总额（亿美元）	进出口增幅（％）	进口增幅（％）	出口增幅（％）
2000	65.26	40.48	24.79	——	——	——
2001	74.16	47.03	27.12	13.63	16.20	9.43
2002	99.59	66.00	33.59	34.30	40.33	23.84
2003	228.66	148.40	80.26	129.61	124.85	138.96
2004	292.79	168.60	124.19	28.05	13.61	54.73
2005	322.04	154.34	167.70	9.99	-8.46	35.04
2006	501.84	212.74	289.10	55.83	37.84	72.39
2007	680.31	267.68	412.63	35.56	25.82	42.73
2008	798.55	322.30	476.25	17.38	20.41	15.42
2009	725.50	341.98	383.52	-9.15	6.11	-19.47
2010	1123.10	581.71	541.39	54.80	70.10	41.17
2011	1479.50	759.85	719.65	31.73	30.62	32.93
2012	1599.76	799.24	800.51	8.13	5.18	11.24
2013	1692.97	842.23	850.74	5.83	5.38	6.27
2014	1919.03	1004.07	914.96	13.35	19.22	7.55
2015	1576.31	787.61	788.70	-17.86	-21.56	-13.80
2016	1508.25	813.02	757.85	-4.32	3.23	-3.91
2017	1723.93	898.39	824.54	14.30	10.50	8.80

数据来源:根据历年《中国汽车工业年鉴》整理获得。

5. 新能源汽车进入快速发展期

2017 年,中国新能源汽车产销量分别为 79.4 万辆和 77.7 万辆,同比增长 53.8% 和 53.3%,中国新能源汽车产销量及保有量双双居世界第 1 位。根据车辆保险数据来看,深圳、上海、北京分别以 71292 辆、66271 辆和 60600 辆占据新能源汽车推广城市中的前 3 名,并且累计推广量均已超过 10 万辆。其中,上海成为新能源汽车推广量全球第一的城市,杭州、天津、广州推广量分别为 40944 辆、35797 辆、22471 辆。非限购城市中,郑州、长沙、青岛、潍坊四个城市分别以 20637 辆、16686 辆、16644 辆和 15900 辆的成绩挤入新能源汽车推广城市前 10 名。具体情况如表 3-16 所示。而在新能源汽车中,乘用车仍占据市场主体,并且份额有增加趋势,具体如表 3-17 所示。

表 3-16　2017 年中国新能源汽车推广量前 10 名城市　　单位:辆

排名	城市	推广量
1	深圳	71292
2	上海	66271
3	北京	60600
4	杭州	40944
5	天津	35797
6	广州	22471
7	郑州	20637
8	长沙	16686
9	青岛	16644
10	潍坊	15900

数据来源:《中国汽车工业年鉴(2018)》。

表 3-17　2017 年中国新能源汽车产销量情况　　　　单位:万辆

年份	乘用车			商用车			合计
	EV①	PHEV②	小计	EV	PHEV	小计	
2011	0.50	0.03	0.53	0.11	0.15	0.26	0.79
2012	1.05	0.03	1.07	0.21	0.03	0.24	1.31
2013	1.34	0.07	1.41	0.19	0.35	0.53	1.94
2014	4.57	1.66	6.22	1.28	1.35	2.63	8.85
2015	14.33	6.38	20.70	8.82	2.40	11.23	31.93
2016	26.31	8.13	34.10	15.38	1.86	17.21	51.68
2017	47.80	11.40	59.30	18.80	1.40	20.20	79.40

数据来源:根据历年《中国汽车工业年鉴》整理获得。

小　结

本章首先对我国汽车产业的发展历程进行介绍,分初创(1953—1965年)、成长(1966—1980 年)、全面发展(1981—2001 年)和高速增长(2002 年至今),分别介绍了各阶段的发展情况,包括取得的成就和存在的问题。其次,以数据分析的形式对我国汽车产业的地位和作用进行分析,由分析可知:第一,进入 21 世纪以来,我国汽车工业在世界汽车工业体系中的作用越来越大;汽车产业成为我国的支柱产业,对国民经济影响越来越大;汽车产业不断引进外资和进行对外投资,成为中外合作的主战场。第二,由我国汽车产业发展的内部情况分析可知,就产品结构来看,乘用车成为汽车产业的主导;就市场结构来看,行业集中度趋于稳定,我国汽车产业属于中(上)集中寡占型;近年来汽车产业的发展速度放缓,主要经济指标如主营业务收入、利润总额、固定资产

---

① EV 指纯电动汽车。
② PHEV 指插电式混合动力汽车。

投资等指标的增幅回落等。本章关于汽车产业发展历程和现状的分析,交代了本书的研究对象——我国汽车产业发展的基本情况,让本书的研究对象更清晰、具体。

第四章　数据说明与指标测算

第二章阐述了知识溢出、吸收能力与创新绩效之间的作用机理,并构建了本书的数理模型,第三章交代了中国汽车产业发展历程和发展现状,本章首先以机理分析、数理模型为依据,考虑数据可得性和指标测算等具体问题,选择工业企业数据库 2005—2007 年数据作为实证检验的基础数据,并进行数据预处理;其次介绍本书的主要指标知识溢出、吸收能力和创新绩效的常用测算方法,并以工业企业数据库的数据为依据,计算获得具体指标;最后对测算出的关键变量和控制变量进行描述性统计和相关性分析,为后续实证检验提供数据支撑。

第一节　数据说明

在介绍本书具体采用的知识溢出、吸收能力和创新绩效的测算方法和测算结果之前,先对本书所采用的数据进行处理。本书主要采用中国工业企业数据库 2005—2007 年数据进行研究,以下是关于该数据库的相关介绍和数据预处理。

一、中国工业企业数据库简介与数据预处理

(一)中国工业企业数据库简介

本书所使用的原始数据大部分来源于中国国家统计局提供和维护的"全国国有及规模以上非国有工业企业数据库",简称"中国工业企业数据库"。该数据库中的"工业"包括《国民经济行业分类》(GB/T 4753—2017)中的"采

矿业""制造业""电力、燃气及水的生产和供应"三个门类,其中90%以上的企业属于制造业。该数据库的覆盖范围是规模以上工业法人企业。需注意的是,2011年以前,"规模以上"的标准是企业每年的主营业务收入在500万元及以上,2011年起该标准调整为"每年的主营业务收入在2000万元及以上"。该数据库提供企业的基本信息如企业名称、所属行业、地址、法人代表等,生产信息如主要产品、员工人数、工业总产值、工业增加值等,以及财务信息如销售额、资产、负债、营业收入、营业支出、利润等相关信息,内容丰富,是目前国内最全面、最权威的企业层面数据库。

(二)数据预处理

工业企业数据库的特点是样本量大、指标多,但是也存在样本匹配混乱、部分数据不全、指标值异常、存在统计误差以及变量定义模糊等问题(聂辉华等,2012)。针对这些问题,勃兰特等(Brandt,et al.,2012)、聂辉华等(2012)、杨汝岱(2015)等都对该数据库的清理做了详细介绍。在这些学者研究的基础上,结合本书的研究目的,对数据进行预处理。

本书所使用的关键指标是"研究开发费用",经查询,中国工业企业数据库只有2005—2007年提供相对全面的研究开发费用数据,因此,本书以2005—2007年工业企业数据为原始数据。同时,考虑到解释变量、被解释变量以及控制变量的使用,需进一步对原始数据进行筛选。借鉴Brandt等(2012)、聂辉华等(2012)、杨汝岱(2015)的做法,本书数据预处理步骤包括:

1. 本书采用ACF方法和LP方法测算企业层面的全要素生产率,假设生产函数原型为C-D生产函数,但是矿产、石油等行业以及服务业不适用这种生产函数(杨汝岱,2015),因此,剔除行业代码以6、7、8、9、10、11以及43、44、45、46开头的采掘业、电力燃气及水的生产和供应等非制造业企业。

2. 由于西藏自治区拥有的制造业企业极少,研究价值不大,再考虑到进行数据平减时会用到各类价格指数,而西藏自治区2005—2007年固定资产价格指数、居民消费价格指数、工业品出厂价格指数并不完整,故剔除隶属于西藏自治区的企业。

3. 工业企业数据库以 1、2、3、4、9 表示营业、停业、筹建、撤销、其他企业状态，剔除营业状态异常的企业，只保留处于营业状态的企业。

4. 剔除关键变量为空值、0 值、负值的企业。根据本书所用指标进行计算时需要用到的数据，具体剔除步骤包括：第一，剔除从业人员小于 8 的企业，以保证研究的企业具有一定规模和完整的会计制度；第二，剔除工业总产值、工业增加值、资产总额、负债总额、实收资本、工业中间品为 0 或空值的企业，以保证被解释变量、解释变量以及控制变量的正常计算；第三，剔除工业销售额小于 500 万元的企业，以保证样本中的企业属于"规模以上"；第四，剔除总资产小于流动资产、总资产小于固定资产净额或累计折旧小于当期折旧的企业，这些企业的财务信息明显反常；第五，剔除利润率小于 0.1% 或大于 99% 的企业，这些企业的利润率明显反常；第六，剔除研究开发费用与销售收入之比、研究开发费用与总资产之比、利润总额与销售收入之比大于 1 的企业，这些企业的数据明显不合常理。

进行数据预处理后，保留 2005—2007 年完整的数据，要进行实证研究，还需进一步进行构建面板数据、资本变量处理和价格处理。借鉴 Brandt 等（2012）、杨汝岱（2015）的做法，构建面板数据的基本方法是进行序贯识别：先用"法人代码+企业名称"，再用"地区代码（城市）+电话号码（后 7 位）+成立年份+法人代表"进行匹配。资本变量处理的重点是对固定资产进行处理。本书采用一般做法，用 2005 年固定资产净值按各地区固定资产投资价格指数平减后的实际值作为企业的初始资本存量；相邻两年固定资产原值的差额按固定资产投资价格指数平减后的实际值作为企业实际投资额，企业的实际资本存量=初始资本存量+实际投资额−折旧（按各地区固定资产投资价格指数平减）。本书在选择平减指数时，与 Brandt 等（2012）、杨汝岱（2015）的做法略有差异。Brandt 等（2012）在进行平减时，1998—2013 年产出价格指数根据企业报表中真实产出和名义产出加权加总；杨汝岱（2015）在 Brandt 等（2012）的基础上对权重进行更细致的处理，1998—2000 年的权重根据 1997 年 124 个部门的投入产出表计算，2001—2005 年的权重根据 2002 年 122 个部门的投入产出表计算，2003—2009 年的权重根据 2007 年 135 个部门的投入产出表计算。

本书借鉴鲁晓东、连玉君(2012)的做法,固定资产等资产类指标,用各地区固定资产投资价格指数平减;工业增加值、工业总产值等产值类指标,用各地区工业品出厂价格指数平减;中间品投入借鉴苏锦红等(2015)的做法,用原材料价格指数进行平减;研究开发费用,用研究开发指数进行平减,借鉴朱伟芳、徐利民(2003)的做法,研究开发支出主要由研发固定资产和研发活动人员消费构成,因此研究开发支出指数由各地区的固定资产投资价格指数和消费价格指数加权合成,其中固定资产投资价格指数的权重为 0.45,消费价格指数的权重为 0.55;实收资本等用固定资产投资价格指数和居民消费价格指数的合成指数进行平减。

二、数据预处理结果

经数据预处理后,2005 年、2006 年、2007 年数值完整、合理的企业分别为17602 家、20847 家、25299 家。根据序贯匹配生成 2005—2007 年的平衡面板数据,企业个数为 22320 家,每年的观测值为 7440 个。从分布区域来看,这些企业主要分布在经济发达的东部地区,尤其是江苏、浙江两省,具体分布如表4-1 所示。从分布行业来看,这些企业主要分布在化学原料及化学制品制造业、医药制造业、通用设备制造业、专用设备制造业、交通运输设备制造业等行业,具体分布如表 4-2 所示。

表 4-1　2005—2007 年工业企业数据库企业的区域分布①

东部地区		中部地区		西部地区	
省份	企业数量(家)	省份	企业数量(家)	省份	企业数量(家)
北京	416	山西	67	内蒙古	49
天津	142	吉林	88	广西	81
河北	183	黑龙江	122	重庆	264

---

①　明确企业所处的省份,是考虑到对知识溢出进行测算时需要加权,其中地理距离是权重的一个重要方面。

续表

东部地区		中部地区		西部地区	
省份	企业数量（家）	省份	企业数量（家）	省份	企业数量（家）
辽宁	229	安徽	147	四川	648
上海	466	江西	52	贵州	23
江苏	1049	河南	204	云南	60
浙江	1136	湖北	211	陕西	79
福建	257	湖南	138	甘肃	26
山东	502			青海	3
广东	783		/	宁夏	7
/				新疆	8
合计	5163		1029		1248

数据来源：2005—2007年中国工业企业数据库处理后获得。

表4-2　2005—2007年工业企业数据库企业的行业分布①

行业代码	行业名称	企业数量（家）	行业代码	行业名称	企业数量（家）
13	农副食品加工业	182	28	化学纤维制造业	23
14	食品制造业	188	29	橡胶制造业	84
15	饮料制造业	91	30	塑料制造业	176
16	烟草制造业	23	31	非金属矿物制品业	387
17	纺织业	276	32	黑色金属冶炼及压延加工业	101
18	纺织服装、鞋、帽制造业	102	33	有色金属冶炼及压延加工业	111
19	皮革、毛皮、羽毛（绒）及其制造业	77	34	金属制品业	229
20	木材加工及木、竹、藤、棕、草制造业	32	35	通用设备制造业	779

---

　　① 明确企业的行业分布，是考虑到对产业间知识溢出进行测算时，处于不同行业的企业会使用直接消耗系数作为权重的一个方面。

续表

行业代码	行业名称	企业数量（家）	行业代码	行业名称	企业数量（家）
21	家具制造业	40	36	专用设备制造业	556
22	造纸及纸制品业	61	37	交通运输设备制造业	628
23	印刷业和记录媒介的复制	61	39	电气机械及器材制造业	752
24	文教体育用品制造业	61	40	通信设备、计算机及其他电子设备制造业	692
25	石油加工、炼焦及核燃料加工业	33	41	仪器仪表及文化、办公用机械制造业	362
26	化学原料及化学制品制造业	730	42	工艺品及其他制造业	89
27	医药制造业	514	/		

数据来源：2005—2007 年中国工业企业数据库处理后获得。

在经处理后获得的平衡面板数据中，本书研究的汽车产业包含的企业数量为 1188 家，每年 396 家。这些汽车企业，从细分行业来看，主要分布在汽车整车制造、改装汽车制造业和零部件及配件制造业，具体分布如表 4-3 所示。此外，为了便于后续章节的展开和对比，按企业所有制性质，将这些汽车企业划分为国有企业、民营企业和外资企业三类。现有文献在判断企业性质时，通常采用两种方法：注册类型和实收资本。本书借鉴路江涌（2008）的做法，根据实收资本中各类资本所占比例划分企业性质。在实收资本中，国有资本占比超过 50% 的划分为国有企业，港澳台和外商资本占比大于等于 25% 的划分为外资企业①，其他企业划分为民营企业。从企业性质来看，我国的汽车企业主要是内资企业，其中民营企业占比最大，具体情况如表 4-3 所示。从汽车企业的区域分布来看，主要分布在东部地区，尤其是辽宁、上海等汽车工业发展较早的省份，具体情况如表 4-4 所示。

---

① 根据我国《中外合资经营企业法》规定，外资达到 25% 以上的企业才可被认定为中外合资企业。

表 4-3 汽车产业细分行业的企业数量及所有制情况 单位:家

行业代码	行业名称	企业数量	国有企业	民营企业	外资企业
3721	汽车整车制造业	52	12	38	2
3722	改装汽车制造业	45	11	31	3
3723	电车制造业	1	0	1	0
3724	汽车车身及挂车制造业	8	0	8	0
3725	汽车零部件及配件制造业	289	18	248	23
3726	汽车修理业	1	0	1	0
合计	/	396	41	327	28

数据来源:2005—2007 年中国工业企业数据库处理后获得。

表 4-4 汽车企业的区域分布情况 单位:家

东部地区			中部地区			西部地区		
省份	内资企业	外资企业	省份	内资企业	外资企业	省份	内资企业	外资企业
北京	9	0	山西	3	0	广西	16	0
天津	10	0	吉林	30	3	重庆	5	0
河北	39	1	黑龙江	36	7	四川	6	0
辽宁	72	7	安徽	1	0	云南	2	0
上海	50	8	河南	1	0	陕西	1	0
江苏	23	0	湖北	7	0	山西	0	1
浙江	29	0	湖南	6	0	/	/	/
福建	2	1	/	/	/	/	/	/
山东	16	0	/	/	/	/	/	/
广东	4	0	/	/	/	/	/	/
总计	254	17	/	84	10	/	30	1

数据来源:2005—2007 年中国工业企业数据库处理后获得。

第二节　主要指标的测算方法与结果

在对知识溢出、吸收能力和创新绩效进行测算之前,需要明确这些指标的常用测算方法,再根据研究的需要选择合理的测算方法。

一、知识溢出的测算

(一)知识溢出的测算方法

关注知识溢出对创新绩效的影响,首先要解决两个问题:一个是明确知识溢出是如何影响创新绩效的,即知识溢出提高或降低创新绩效的作用机理;另一个重点和难点问题就是,知识溢出能否被衡量以及如何衡量。

关于知识溢出的测度,不少学者提出自己的看法。克鲁格曼(Krugman,1991)认为,由于知识的流动是无迹可寻、难以追踪的,因此知识溢出是无法测度的。但是 Jaffe(1986,1989,1993)、亚当斯(Adams,1996)、Audretsch(1996)等学者都认为,知识溢出是可以测度的,并在各自的研究中采用不同指标进行了实际测算。根据现有文献对知识溢出的测度,从测度对象或测度范围来看,有国家之间、产业之间、企业之间以及高校与企业之间知识溢出的测度;从测度指标选择来看,有专利数量、创新记录、专利引用等指标。而从测度方法来看,有技术流量法、成本函数法、生产函数法、文献追踪法等,具体如下:

1. 技术流量法

技术流量法根据投入产出关系构建矩阵,确定企业或产业的位置,考察知识溢出从创新企业、产业流到其他企业、产业。泰勒克吉(Terleckyj,1974,1980)是最先使用技术流量矩阵来测算知识溢出的,他提出"借用的研发"(borrowed R&D)这一概念,用"借用的研发"来表示溢出方与接收方之间的知识溢出,并进行了实证检验,发现制造业的收益率中"借用的研发"贡献率达45%,而"自己的研发"仅贡献了28%。谢勒(Scherer,1982,1984)的研究发现,"进口的研发"对收益率的贡献达70%以上,而"自己的研发"贡献率极小。

Jaffe(1986,1988)利用 NBER 提供的美国制造业企业数据,根据企业在不同专利类别下的专利申请数和不同类别产品市场上的销售收入,把美国制造业企业分成两个产业束,利用每个企业的技术位置向量和市场位置向量构建每个企业的溢出指标,并研究这一指标对企业的研发投资、专利申请数和企业绩效的影响。Jaffe(1986,1988)的论文影响深远,至此,有关知识溢出能否被测度的问题盖棺定论。

技术流量法关于知识溢出的测算,核心思想是采用不同的权重对"借用"的知识进行加权。库伊(Kooj,2002)提出了一个测算产业 i 在 j 区域创造的知识溢出的测算方法。如果用 KS_{ij} 表示产业 i 在地区 j 创造的知识溢出,用 W_{ik} 表示产业 i 用于产业 k 的研发支出,w_{ik} 表示产业 i 的研发支出中用于产业 k 的比例,E_{kj} 表示 j 区域产业 k 的就业人数,E_j 表示 j 区域的总就业人数,则 $K_{ij} = \sum_{k=1}^{n} W_{ik} w_{ik} \dfrac{E_{kj}}{E_j}$。这里用就业人数表示地方知识溢出,隐含的假设是就业人数较多的产业可能从相关产业的研发活动中受益越多。凯塞(Kaise,2002)提出了一个企业或产业能够接收到的外部知识溢出的测算方法。他认为,虽然知识溢出不能直接衡量,但是可以用企业、部门或地区之间的邻近性、技术距离等间接衡量。如果用 KS_{it} 表示企业 i 能够接收到的知识溢出,用 K_j 表示其他企业拥有的知识,则 $KS_{it} = \sum_{i=j}^{N} w_{ij} K_j$。其中,$w_{ij}$ 就是权重,代表着企业 i 能够将其他企业的知识进行内部化的能力,权重的选择尚未统一,可以用技术差距、地理距离以及基于创新数据直接测度等。

采用技术流量法对知识溢出进行测度的文献较多。Coe,Helpman(1995)用技术流动矩阵方法分析了国际技术溢出,并认为国内生产率的提升与国外研发资本存量存在正向关系,且经济系统越开放,这种正向效果越强。Verspagen(1997,1999)改进了 Scherer 的方法,在矩阵中加入时间因素,测算了欧洲专利局 22 个行业间的知识溢出关系。迪森巴赫(Didtzenbacher,2000)用知识流矩阵分析多部门下产品创新、过程创新产生的知识溢出,用研发投入产出数据代替专利数据。Levin, Reiss（1988），维格勒、卡西曼（Cassiman, Veugelers, 1999），英克曼（Inkmann, 1998），凯泽、利希泽（Kaiser, Licht, 1998）等用创新调查数据为权重，来测算企业接收到的总知识溢出。亓朋等（2008）用外资企业职工人数占总职工人数的比重和外资企业销售产值占总销售产值的比重为权重，来衡量外资企业对内资企业的知识溢出。

技术流量法是较早也是应用较广的知识溢出测度方法。但是该方法也存在缺陷：第一，基于投入产出关系的产业或企业间的信息是时点信息，忽略了跨时因素，在后来的研究中，学者们进行了改进，用知识资本存量作为"借用知识"的代理变量，或者直接基于"交易"构建技术流动矩阵（Verspagen, 1997）；第二，关于权重的选择莫衷一是，有采用地理距离加权、技术差距加权等诸多方法，这些方法有其合理之处，但也有遭人诟病的地方。可以说，在实际工作中选择合理的权重至关重要。

2. 成本函数法

降低成本是知识接收方能够获得的直接收益，因此，也有学者用成本函数观察产出和投入品的相对价格变动，来分析知识溢出的成本削减效应。贝姆斯坦（Bemstein, 1988）设企业的成本函数为 $c = C(y, w, ks)$，其中 c 表示企业的生产成本，y 表示企业的产出数量向量，w 表示投入要素价格向量，ks 表示知识溢出向量。根据他的研究，产业内和产业间的知识溢出与成本变量相关，知识溢出明显降低了劳动力等生产要素的需求，从而降低了生产成本。既然知识溢出能够降低企业的生产成本，那么在某种程度上，吸收外部知识溢出可能会替代内部研发投入，从而导致"搭便车"现象的出现，这种现象既损害溢出方的利益，让溢出方的知识未得到应有补偿；也影响接收方的研发积极性，让接收方因为能够获得"免费"知识而不再专注于研发。但是，Cohen, Levinthal（1989）等认为，企业只有保证足够的研发投入，才能具备足够的吸收能力，才能有效识别、吸收、转化接收到的外部知识并进行再创新和商业化。这类研究的结论是，在产业内和产业间存在大量的知识溢出，知识溢出不仅会对生产率产生影响，也会对要素使用模式产生影响。此外，知识溢出对企业的研发行为存在双向影响，既有可能鼓励企业从事研发,也有可能阻止企业从事研发活动。

成本函数法的优点是,既考虑了知识溢出对成本的影响,也考虑了知识溢出对劳动、中间产品需求的影响。不足之处在于,实践中很难获取成本函数中投入品价格的相关数据,也不能反映知识溢出的发生渠道。

3. 生产函数方法

生产函数法运用计量模型来估算知识溢出对全要素生产率的影响。该方法由 Griliches(1979)最早提出,他构建了一个包括研发经费支出、大学研发经费支出以及大学与企业研发活动地理一致性在内的知识生产函数,并以此为基础对研发活动的知识溢出效应展开研究。Griliches 的知识生产函数模型是 $Y = F(X, K, \mu)$,其中 Y 表示总产出(宏观或微观),X 表示生产要素投入(一般是资本和劳动力),K 表示现有的知识水平,他认为现有的知识水平"部分地由现在和过去研发投入(主要是研发经费支出)决定",μ 表示随机误差项。假设现有的知识水平由现在和过去的研发投入决定,则 $K = H[W(B) R, V]$,其中 $W(B)$ 是一个滞后多项式,表示过去和现在的研发投入对现有知识水平的影响,B 是滞后算子,R 表示研发投入,V 是随机误差项。假定生产函数是 C–D 生产函数: $Y = D C^{\alpha} L^{\beta} K^{\gamma} e^{\theta t + \mu}$,其中 D 表示常数,t 表示时间,e 表示自然对数,α、β、γ、θ 是待估参数。则外部知识对产业内产生的知识溢出可表示为 $Y_i = B X_i^{1-\gamma} K_i^{\gamma} K_{\alpha}^{\mu}$,其中 Y_i 表示第 i 个企业的产出,依赖于一般要素投入 X_i、特定的知识资本 K_i、产业中的总知识资本 K_{α}。

Jaffe(1989)在 Griliches 的基础上进行了改进,把空间因素引入知识生产函数,对高校的科研活动与企业创新活动进行研究,结果发现企业的专利申请情况不仅与自身的研发投入相关,还与当地大学的研发投入相关。Jaffe 的知识生产函数为 $P_{ikt} = \alpha I_{ikt}^{\beta_{1k}} \times U_{ikt}^{\beta_{2k}} \times (U_{ikt} C_{ikt}^{\beta_{3k}}) \times \varphi_{ikt}$,其中,$i$ 表示观测对象(省、企业),k 表示技术领域,t 表示时间,P 表示创新产出(用企业专利申请数衡量),I 表示企业的研发费用,C 表示区域内高校与企业研发活动的地理相融指数,也叫地理一致性指数(geographic coincidence index)。对生产函数两边取对数得: $\log(P_{ikt}) = \ln\alpha + \beta_{1k}\log(I_{ikt}) + \beta_{2k}\log(U_{ikt}) + \beta_{3k}[\log(U_{ikt}) \log(C_{ikt})] + \varepsilon_{ikt}$。另

外,Jaffe 还认为产业研发与高校科研技术的关系是:高校科研依赖于产业研发以及特定的区域特征 Z_1;产业研发依赖于其交叠部分和其他区域特征 Z_2 以及高校科研。他用模型表示这种关系:$\log(U_{ikt}) = \beta_{4k}\log(I_{ikt}) + \delta_1 Z_1 + \varepsilon_{ikt}$; $\log(I_{ikt}) = \beta_{5k}\log(U_{ikt}) + \delta_2 Z_2 + \mu_{ikt}$。地 理 一 致 性 指 数:$C_i =$

$$\frac{\sum_s U_{is} TP_{is}}{\left[\sum_s U_{is}^2\right]^{1/2}\left[\sum_s TP_{is}^2\right]^{1/2}}$$,其中 U_{is} 表示特定地理空间内大学在同一技术领域

所拥有的研发人员数量,TP_{is} 表示特定地理空间内产业在同一技术领域所拥有的研发人员数量。Jaffe(1989)的实证结果表明 β_{1k}、β_{2k}、β_{3k} 都大于 0,证明了知识溢出的存在。

此后,Acs 等(1991),安瑟兰等(Anselin, et al., 1997),瓦尔加(Varga, 2000),卡佩洛(Capello, 2001, 2003),弗里奇(Fritsch, 2002),安德松、埃杰莫(Andersson, Ejermo, 2002),格伦茨(Greunz, 2002, 2003)等分别使用该方法对美国、意大利、法国、澳大利亚、德国、瑞典及欧洲的知识溢出进行了测算。

生产函数法为知识溢出的存在提供了有力证据,证实了知识溢出对区域、产业发展的影响,但是,该方法也无法明确知识溢出的传导机制。

4. 文献追踪法

前三种方法都是间接测算知识溢出的方法,文献追踪法利用微观的专利、专利引用数据来测算知识溢出,是一种直接测算知识溢出的方法。Jaffe 等(1993)提出,知识流动会以发明专利的形式留下踪迹,因此,可以用专利引用数据来衡量企业之间的知识溢出。Acs 等(2002)也进行了实证研究,证明了专利引用作为衡量知识溢出、技术变迁的有效性。

文献追踪法的优点是,能够较好地刻画出知识溢出的真实路径。但是,文献追踪法在实践中应用得极少,原因在于:第一,微观层面的专利引用数据很难获得;第二,只考虑专利引用指标,忽略了技术许可、出版物等常见的知识溢出指标。

除了以上四种方法之外,费希尔等(Fischer, et al., 2006),勒萨热等

（Lesage, et al., 2007），帕朗、勒萨热（Parent, LeSage, 2008）等采用贝叶斯等级泊松空间相互作用模型，为进一步测度知识溢出效应和明确知识溢出机制开辟了新方向。总的来说，目前知识溢出的测算方法各有利弊，在实际使用中要根据具体情况选择合适的测算方法。

（二）知识溢出的测算结果

本书研究知识溢出对我国汽车产业创新绩效的影响，根据前文的理论分析，汽车企业接收到的知识溢出，按来源可分为产业内、产业间和国际知识溢出，因此，须分别对我国汽车产业接收到的产业内、产业间和国际知识溢出进行测算。根据上文工业企业数据库的处理结果，样本中内资汽车企业 368 个，外资汽车企业 28 个，本书要测算的是每一个内资汽车企业能够接收到的其他内资汽车企业的知识溢出，其他产业企业带来的知识溢出，以及外资汽车企业带来的知识溢出，还有每一个外资汽车企业能够接收到的其他内资汽车企业的知识溢出、其他产业企业带来的知识溢出、其他外资汽车企业带来的知识溢出。

1. 权重的选择与计算

根据基斯列夫、埃旺松（Kislev, Evenson, 1975），Kaise（2002）以及 Fischer 等（2009）的观点，一个地区或企业接收到的知识溢出，相当于该地区或企业从其他地区或企业的"知识池"（knowledge pool）中"借入"（borrow）的知识。因此，一个地区或企业接收的知识溢出由其他地区或企业的知识资本进行加权计算：

$$KS_{it} = \sum_{i \neq j}^{N} w_{ij} K_{jt} \tag{4.1}$$

式中，KS_{it} 表示 i 地区或企业从其他地区或企业中获得的知识溢出，t 表示时间，K_{jt} 表示除 i 地区或企业以外其他地区或企业的"知识池"，w_{ij} 表示权重。

在选择权重时，阿耶洛、卡尔达莫内（Aiello, Cardamone, 2009）的研究是基于企业间知识相似性进行测算的；陈丽娴（2017）在 Aiello, Cardamone（2009）的基础上加入了以人力资本权重，将知识相似性和人力资本权重进行简单平均,作为测算企业间知识溢出的权重。考虑到本书研究的是中国汽车企业,企业间的知识相似性较高,如果再用知识相似性赋权,难以体现差异。借鉴 Jaffe 等(1993)以"专利引用"作为知识溢出的代理变量时提出的"知识扩散的地理衰减"(knowledge diffusion decay)规律,认为权重主要受"地理距离"的影响,考虑用"地理距离"赋权。Jaffe 等人关于权重的计算是

$$w_{ij} = exp(-\delta d_{ij})\qquad(4.2)$$

式中,d_{ij} 表示地理距离,δ 表示知识对地理距离的敏感性,但是 Fisher 等(2009)使用的 δ 测算异常复杂,操作不方便。

本书借鉴空间计量经济学的做法,构建经济地理距离空间权重来表示 w_{ij}。由表 4-4 可知,我国的内资汽车企业和外资汽车企业分散在全国各地,企业与企业之间空间距离不同,彼此之间的知识溢出强度也不同。根据 Jaffe 等人的观点,知识溢出地理距离衰减规律的实质是溢出方与接收方之间的相互作用与地理距离相关。本书首先构建基于省市地理距离的空间权重(W_1):

$$w_{ij} = \frac{1}{d_{ij}^2}\qquad(4.3)$$

式中,d_{ij} 表示 i 省与 j 省之间的地理距离,本书采用欧式距离算法①,使用经纬度转化的地理坐标,在二维空间里计算地理距离。

事实上,地理距离空间权重并不能完全体现省份之间经济的交互性和依赖性。随着交通通信等基础设施建设的进一步完善,省份之间的空间交互性和依赖性加强,对地理距离的依赖性减弱。为了解决这一问题,一些学者转而采纳"经济距离"概念。本书借鉴林光平等(2004)的思想,并在此基础上进行改进,构建本书的经济地理距离空间权重。与林光平等(2004)的做法不同的

①　欧氏距离(Euclidean Distance),也称欧几里得距离,指在 m 维空间两个点之间的真实距离,两个 n 维向量 $a(x_{11}, x_{12}, \dots, x_{1n})$ 与 $b(x_{21}, x_{22}, \dots, x_{2n})$ 之间的欧氏距离计算公式为 $d_{12} = \left[\sum_{k=1}^{n}(x_{1k} - x_{2k})^2\right]^{1/2}$。

是,考虑到两省之间人均实际 GDP 差别很小甚至为 0 时,矩阵会出现奇异值。因此,本书在计算经济差距倒数时采用如下公式:

$$g_{ij} = \frac{1}{|T_i - T_j|} \tag{4.4}$$

式中,g_{ij} 表示 i 省与 j 省之间经济距离的倒数,T_i 和 T_j 表示 i 省和 j 省平均经济水平,用实际人均 GDP 作为代理变量。当 $i = j$ 时,自己与自己的经济差距为 0,当分母为 0 时,g_{it} 取 1。其中 T_i 和 T_j 的计算:

$$T_i = \frac{1}{t_T - t_0 - 1} \sum_{t = t_0}^{t_T} T_{it} \tag{4.5}$$

$$T_j = \frac{1}{t_T - t_0 - 1} \sum_{t = t_0}^{t_T} T_{jt} \tag{4.6}$$

经济地理距离空间权重矩阵将地理距离和经济距离加权后引入空间权重,即 $W_2 = \frac{1}{d_{ij} g_{ij}}$。由此可知,经济地理距离空间权重同时考虑了地理和经济因素,避免了采用地理距离空间权重矩阵认为相邻或相同距离下的省份空间交互性和依赖性相同的过强假设;同时,经济地理距离空间权重 W_2 是一个动态矩阵,不仅在截面上反映省与省之间经济的交互性和依赖性,还反映了随着时间变化导致省与省之间经济交互性和依赖性的强度的变化。

综上所述,本书在计算汽车企业接收到的知识溢出时,采用经济地理距离空间权重对“知识池”加权。

2. 关于“知识池”的衡量

根据 Jaffe 和 Fisher 等诸多学者的做法,知识溢出计算公式中“知识池”的定义是“除本地区或本企业以外的其他地区或企业的知识资本存量”,一般用研发支出作为代理变量计算知识资本存量。但是,为了便于对比和基于稳健性分析,本书从知识溢出的渠道出发,分别采用四类指标计算。具体包括:

(1)基于研发活动的知识溢出。研发活动最直接的表现是产生研发经费支出。一般来说,研发经费支出越多的地区或企业,其产生或创造的知识资本存量越多。以研发经费支出为代理变量,进行存量计算是衡量知识资本存量最常见、最合理的做法。

（2）基于人才流动的知识溢出。知识根植于人才，人才的流动是知识溢出尤其是纯知识溢出的重要途径。但是地区或企业的人才流动难以追踪，很难得到直接的人才流动数据，一般采用间接的方式衡量。一般来说，地区或企业的地理距离越接近，经济交互性和依赖性越强，二者之间的人才流动就越频繁和便利。因此，用经济地理距离空间权重乘以地区或企业的人才数量，来衡量基于人才流动的知识溢出具有一定的合理性。

（3）基于市场活动的知识溢出。企业最主要的市场活动是进行产品销售，在产品销售的过程中，其他企业可以从其技术含量高的产品及先进的销售策略中获得知识，从而提高自身生产率水平和知识储备。因此，用市场销售额作为"知识池"的一个衡量指标也具有一定合理性。

（4）基于企业规模的知识溢出。一般来说，企业规模越大，在行业内的影响力越大，被其他企业学习和模仿的可能性也越大，即产生的知识溢出效应越强。因此，企业规模也是衡量"知识池"的一个合理指标，一般用企业的实际总资产表示。

3. 具体测算结果

（1）产业内知识溢出。第一，基于研发活动的知识溢出。经过预处理，所获得的396家汽车企业都提供"研发经费支出"这一指标。一般来说，研发经费具有一定的累积效应，应当计算其存量指标。但是，本书只有2005—2007年的数据，计算存量指标意义不大，因此，直接用以各地区研发支出指数平减后的"实际研发支出"作为衡量知识溢出指标之一。以天津一汽夏利汽车股份有限公司为例，该企业隶属天津，2005—2007年实际研发支出分别为29127万元、27100.3万元和43252.5万元，该企业会接收到其他367家内资汽车企业的知识溢出，但是这些汽车企业分散在北京、上海、江苏、浙江等地，其研发活动所产生的知识溢出效应，受省份之间地理距离和经济交互性、依赖性的影响。因此，采用上文提出的经济地理距离空间权重对这些企业的研发支出进行加权，最后获得天津一汽夏利汽车股份有限公司所接收到的基于研发活动的产业内知识溢出。第二,基于人才流动的知识溢出。工业企业数据库并没有提供有关人力资源方面的相关信息,也没有提供企业从业人员中与学历相关的信息,只提供了各企业的年末从业人数这一指标,暂且以企业年末从业人数大致衡量企业的人力资源水平,并用经济地理距离空间权重进行加权,分别计算各汽车企业能够接收到的基于人才流动的产业内知识溢出。第三,基于市场活动的知识溢出。工业企业数据库提供了企业每年的名义销售额,用各地区工业品出厂价格指数平减后的实际销售额,作为汽车企业市场活动的衡量指标,并用经济地理距离空间权重进行加权,计算各汽车企业能够接收到的基于市场活动的产业内知识溢出。第四,基于企业规模的知识溢出。工业企业数据库提供企业每年的名义总资产,用以各地区居民消费价格指数(CPI)和工业品出厂价格指数(PPI)平减后的实际总资产,作为汽车企业规模的衡量指标,并用经济地理距离空间权重进行加权,计算出各汽车企业能够接收到的基于企业规模的产业内知识溢出。

(2)产业间知识溢出。在对中国工业企业数据库的数据进行预处理后,生成平衡面板数据,3年共计22320个企业,其中1188个企业为汽车企业,其他21132个企业为非汽车企业,每年的非汽车企业为7044个。汽车企业接收到的产业间知识溢出,就是这7044个非汽车企业的知识资本对汽车企业产生的知识溢出,在此不再区分内资企业和外资企业。如果继续采用上述的"经济地理距离空间权重×知识池"的计算方法,隐藏的假设是,这些非汽车企业的知识与汽车企业的知识相似度极高,知识溢出的衰减只受到地理距离和经济距离的影响,这个假设过强,不符合实际情况。改进方法是,利用2012年139个部门的投入产出表中的产业关联数据进行二次加权。具体做法是,对投入产出表和中国工业企业数据库二位数行业编码进行匹配,得到各二位数行业编码与汽车产业的直接消耗系数,以此为权重,在原计算方法的基础上再加权。匹配所得的与汽车产业的直接消耗系数如表4-5所示。因此,行业间知识溢出的计算公式是 $KS_{inter} = $ 直接消耗系数×地理经济距离权重×知识资本存量。

表 4-5　二位数据行业编码匹配的直接消耗系数

二位数行业代码	相关系数	二位数行业代码	相关系数
13	0.000170	29	0.000107
14	0.000170	30	0.000117
15	0.000075	31	0.000115
17	0.000050	32	0.000072
18	0.000064	33	0.000072
19	0.000092	34	0.001226
21	0.000079	35	0.001408
22	0.000134	36	0.028208
23	0.000162	37	0.002919
24	0.000273	39	0.000094
25	0.000289	40	0.000944
26	0.000116	41	0.001718
27	0.000067	42	0.000884
28	0.000111	/	/

说明:表中所示直接消耗系数指的是按二位数行业编码分类的其他行业与汽车产业(包括汽车整车、汽车零部件及配件等)的直接消耗系数。
数据来源:用 2012 年 139 部门投入产出表和工业企业数据库二位数行业编码匹配获得。

(3)国际知识溢出。FDI 集资本、技术、管理经验于一体,是直接输入资本和间接知识溢出的重要源泉(Balasubramanyam 等,1996)。我国每一个汽车企业(包括内资企业和外资企业)都会接收到外资汽车企业的知识溢出,比照上述行业内知识溢出的测算方法,分别计算四种途径外资汽车企业对内资汽车企业产生的知识溢出。

4. 知识溢出指标的描述性统计

按以上测算方法,可获得我国汽车企业接收到的产业内、产业间和国际知识溢出。变量特征如表 4-6 所示。由表 4-6 可知,在三种不同的知识溢出中,从中间值和最值分布情况可知,产业内知识溢出较大,其次为国际知识溢出,最小的是产业间知识溢出;从标准误分布情况可知,国际知识溢出的分散程度最大,其次为产业内知识溢出,分散程度最小的是产业间知识溢出。此外,由表 4-6 还可知,无论是产业内、产业间知识溢出,还是国际知识溢出,基于市场活动和企业规模计算的知识溢出值都大于基于研发活动和人才流动的知识溢出。从相关性检验结果来看,无论是产业内、产业间知识溢出,还是国际知识溢出,以四种不同方法衡量"知识池"计算获得的知识溢出指标相关性较强,相关系数几乎都在 0.8 以上。这说明,一方面,本书的知识溢出测算结果比较稳健;另一方面,在后续的实证检验中以不同方法计算的知识溢出不能同时进入模型,每一种类型的知识溢出只能选择其中之一进入模型,否则会加重模型的多重共线性问题。由相关性检验结果还可知,产业内、产业间和国际知识溢出相关性较弱,相关系数都在 0.5 以下,这说明在后续的研究中,三种不同类型的知识溢出可以同时进入模型,具体情况见表 4-7。

表 4-6　产业内、产业间和国际知识溢出数据的描述性统计

变量名	观测值	中间值	标准误	最小值	最大值
ks1	1188	12.6118	1.1921	7.6884	15.1374
ks2	1188	10.4695	0.9456	5.9420	11.5748
ks3	1188	17.3036	1.3207	12.2561	18.9286
ks4	1188	17.2521	1.2589	12.5456	18.9955
interks1	1188	6.5217	1.0248	1.1261	7.9816
interks2	1188	6.1839	1.0433	3.3995	7.9893
interks3	1188	12.3645	1.1622	9.7420	14.4629
interks4	1188	12.4522	1.1387	9.6099	14.6192
fdi1	1188	8.1690	1.7973	3.5564	12.0086
fdi2	1188	6.3891	2.0598	1.1953	8.7474
fdi3	1188	13.1352	2.0323	7.8828	15.9372
fdi4	1188	13.0735	1.9112	8.1150	15.8490

说明:(1)后文会用知识溢出数据进行实证检验,考虑到与其他指标的一致性,将绝对值数据取对数处理,表中所示都是取对数后的数据。(2)ks1、ks2、ks3、ks4 分别表示以研发支出、人才流动、市场活动、企业规模为知识池代理变量的产业内知识溢出;interks1、interks2、interks3、interks4 分别表示研发支出、人才流动、市场活动、企业规模为知识池代理变量的产业间知识溢出;fdi1、fdi2、fdi3、fdi4 分别表示以研发支出、人才流动、市场活动、企业规模为知识池代理变量的国际知识溢出。

表 4-7　产业内、产业间和国际知识溢出的相关性检验

变量	ks1	ks2	ks3	ks4	interks1	interks2	interks3	interks4	fdi1	fdi2	fdi3	fdi4
ks1	1.0000											
ks2	0.8432	1.0000										
ks3	0.7762	0.7530	1.0000									
ks4	0.9147	0.9039	0.8704	1.0000								
interks1	0.2264	0.2023	0.2400	0.2427	1.0000							
interks2	0.1589	0.1929	0.1365	0.1492	0.9218	1.0000						
interks3	0.2433	0.2118	0.1958	0.2156	0.9351	0.9620	1.0000					
interks4	0.2313	0.1958	0.1837	0.1966	0.9350	0.9606	0.9839	1.0000				
fdi1	0.1171	0.0331	0.2217	0.1865	0.2700	0.3482	0.3122	0.3268	1.0000			
fdi2	0.2612	0.2659	0.0494	0.1201	0.3456	0.3941	0.3995	0.4039	0.8082	1.0000		
fdi3	0.2588	0.2370	0.0637	0.1373	0.3366	0.3501	0.3852	0.3826	0.8244	0.9629	1.0000	
fdi4	0.2325	0.2241	0.0252	0.0992	0.3347	0.3605	0.3777	0.3793	0.8436	0.9684	0.9860	1.0000

二、吸收能力的测算

(一)吸收能力的测算方法

众所周知,创新水平高的企业,其绩效一般高于创新水平低的企业[Cohen,2010;多西(Dosi),1988]。企业创新能力一方面来源于企业自身的研发活动[Henderson,1993;巴顿(Leonard-Barton),1992];另一方面,在复杂的经济环境中,企业的创新能力还与企业能采用的外部知识有关(Cohen,Levinthal,1989)。早在1958年,马奇、西蒙(March,Simon)就指出,许多创新来源于"外借"(borrowing),而不是"纯发明"(pure invention)。这一观点得到了米勒(Mueller,1962),汉贝格(Hamberg,1963),Cohen,Levintha,1990等学者的支持。通过使用外部知识,企业能够增强创新能力,原因在于通过利用外部知识,企业能够提高研发效率[施托奇等(Stoch,et al.),2001],能够提高研发的成功率以及提高新产品或新程序的质量(Cohen,Levinthal,1989;Harabi,

1995）。因此，企业吸收和利用外部新知识的能力对企业的创新和竞争至关重要（Cohen，Levinthal，1990；Oumaya Gharbi，2017）。

吸收能力的概念从提出之日发展到现在内涵越来越丰富，并且在研究创新的文献中，越来越被当作一个重要因素对待[Lane 等，2006；科斯塔、蒙泰尔（Costa，Monteir），2016；马里亚诺、瓦尔特（Mariano，Walter），2015；毛图希克、埃莱（Matusik，Heeley），2005；Zahra，George，2010]。但是，目前关于吸收能力的衡量并没有统一[莱万多斯卡（Lewandowska），2015；Lane 等，2006；卡米松、福雷斯（Camison，Fores），2010]，一些学者用研发支出、专利等指标作为吸收能力的代理变量，还有一些学者通过调查问卷收集微观数据，再建立指标体系对吸收能力进行衡量。具体如下：

1. 采用单一指标测算吸收能力

早期研究对吸收能力的测度相对简单，也便于操作，几乎都采用单一指标对吸收能力进行衡量。按照指标类别，可以分为三类，具体如表 4-8 所示。

第一类，用经费指标作为吸收能力的代理变量。Cohen，Levinthal（1989，1990）在研究中用"研发经费支出"或"研发密度"衡量吸收能力。M. Kim（2015）在研究 FDI 生产力溢出对国内企业全要素生产率的影响时，也用"研发经费支出"作为吸收能力的代理变量，他的研究结果表明国内企业的吸收能力对于抑制 FDI 溢出的负作用有减缓现象。采用同样做法的还有本·梅纳亨（Ben-Menahen, et al., 2013）、Mowery 等（1996）、Veugelers（1997）等。Cockburn 和 Henderson（1998）在研究制药公司与科研机构知识溢出关系时，用"每年研发经费支出中的出版费"衡量吸收能力。施托克（Stock, et al., 2000）则用"研发经费支出与销售收入之比"衡量吸收能力。弗纳尔德等（Fernald, et al., 2017）在研究制药公司收购和兼并对创新绩效的影响时，以吸收能力为调节变量，其衡量指标也是"研发支出与销售额之比"。

第二类，用人员指标作为吸收能力的代理变量。Veugelers（1997）在研究新西兰 290 个企业的吸收能力与研发投资关系时，用"研发部门数和研发人员中博士学位人数"衡量吸收能力。Luo（1997）在研究中国企业与跨国公司合作关系时，用"技术人员与全体从业人员之比"衡量吸收能力。弗拉瞳索、马尔泽蒂（Fracasso，Marzetti，2014）研究吸收能力和相关逆向（Relative Backwardness）时，用"人力资本"作为吸收能力的代理变量。Liu，Buck（2007）以中国高技术产业为研究对象，以"研发人员数量"为吸收能力代理变量，研究 FDI、进口、出口三种知识溢出对创新绩效的影响，发现中国高技术产业的创新绩效与国际知识溢出和国内吸收能力都相关。类似的采用"人力资本"衡量吸收能力的还有 Mowery，Oxley（1995），罗彭、洛夫（Ropen，Love，2006）以及 Qian，Aces（2013）。奥吉耶等（Augier，et al.，2013）则用"技术工人数量"衡量吸收能力。

第三类，用专利指标作为吸收能力的代理变量。阿图阿涅吉马（Atuahene-Gima，1992）在研究跨国制药公司联合研发时，用"新产品中的专利数量"衡量企业的吸收能力。采用同样做法的还有科雷多尔、罗森科普夫（Corredoire，Rosenkopf，2010），慕克吉、西伯曼（Mukherji，Siberman，2013）。Mowery 和 Oxley（1993）在研究美国企业的联合研发时用"协议后 A 公司引用 B 公司的专利数与协议前 B 公司总专利数之比"来衡量吸收能力。

表 4-8　衡量吸收能力的单一指标分类及代表性学者

单一指标类别		代表性学者
经费指标	研发经费支出、研发密度	Cohen，Levinthal（1989，1990）；Mowery 等（1996）；Veugelers（1997）；Ben-Menahen 等（2013）；Kim（2015）
	出版费/研发经费	Cockburn，Henderson（1998）
	研发经费/销售额	Stock 等（2000）；Fernald 等（2017）
人员指标	研发部门数量、博士学位人数/研发人数	Veugelers（1997）
	技术人员数/从业人数	Luo（1997）
	技术人员数量	Augier 等（2013）
	人力资本水平	Mowery，Oxley（1995）；Ropen，Love（2006）；Qian，Aces（2013）；Fracasso，Marzetti（2014）；Borensztein 等（1998）；Liu，Buck（2007）等

续表

单一指标类别		代表性学者
专利指标	新产品中的专利数量	Atuahene-Gima（1992）；Corredoire，Rosenkopf（2010）；Mukherji，Siberman（2013）等
	协议后 A 公司引用 B 公司的专利数与协议前 B 公司总专利数之比	Mowery，Oxley（1993）

此外,因布里亚尼等(Imbriani,et al.,2014)在研究跨国公司 FDI 对意大利制造业企业全要素生产率的影响时,分别用"技术差距""企业规模""企业分布的区域特点"作为吸收能力的代理变量。

2. 采用指标体系测算吸收能力

也有一些学者认为单一指标对吸收能力的测算不够全面,他们尝试建立指标体系对吸收能力进行综合判断。根据测算对象的不同,可以分为对企业吸收能力的测算和对区域吸收能力的测算两类。

第一类,建立指标体系对企业的吸收能力进行测算。Lane,Lubatkin(1998)从产品特征、管理规范、决策集中度以及薪酬和福利待遇四个方面构建指标体系,来衡量吸收能力。芒热马坦、内斯塔(Mangematin,Nesta,1999)从研发经费支出、研发人员数量、研发实验室数量、研发活动绩效、与公共研发机构的联系以及专利数等方面构建指标体系,来衡量吸收能力。Nieto,Quevedo(2005)在研究知识溢出对企业创新努力程度的影响时,以吸收能力为调节变量,并以问卷调查的形式从员工技能、培训费用、技术专业化程度等11 个项目内容,来衡量吸收能力。Nieto,Quevedo(2005)以西班牙 406 家制造业企业为研究对象,从交流能力、知识运用能力、知识结构以及知识战略定位四个方面构建指标体系,来衡量知识吸收能力,得出吸收能力在技术机遇与创新中有调节作用的结论,并进一步探讨了吸收能力与知识溢出的相互作用关系。塔瓦尼等(Tavani,et al.,2013)在研究伊朗制造业发展中供应商参与和新产品开发绩效之间的关系时,以企业的吸收能力为调节因素,并从员工知识、管理层知识、内部沟通网络、内部沟通氛围以及知识浏览五个维度构建指标体系，来衡量企业的吸收能力。杜切（Dutse，2013）研究尼日利亚制造业企业吸收能力与创新能力的关系时，从研发活动、获得的注册技术、员工培训、技术人员占比等方面构建吸收能力的指标体系。张清贤等（Ching-Hsum Chang，et al.，2014）以台湾制造业和服务业为研究对象，对比两类企业吸收能力的决定因素，以问卷调查的形式获得吸收能力指标，主要关注企业的对外部知识的理解、分析、转化、融合以及商业化的能力。吉马良斯等（Guimaraes，et al.，2016）在研究企业创新中吸收能力的调节效应时，采用调查问卷的形式，借鉴布雷特尔等（Brettel，et al.，2011）、弗拉滕等（Flatten，et al.，2011）的做法，从 14 个项目刻画企业对外部知识的吸收能力。

在众多的指标体系中，应用较广的是的詹森等（Jansen，et al.，2005）建立的标准，从获取（acquisition）、同化（assimilation）、转化（transformation）和开发（exploitation）四个维度对企业的吸收能力进行衡量。采用这一体系进行研究的还有埃里斯等（Eiriz，et al.，2011），拉拉内塔等（Larraneta，et al.，2017）。

第二类，建立指标体系对区域的吸收能力进行测算。约格·拉贝蒂诺（Yogue Rabetino，2001）构建了详细的吸收能力指标体系，综合考虑了区域内人力资本、知识传播、交通、信息等因素，将吸收能力指标分为量、质和质量指标三类。Haifeng Qian，Hyejin Jung（2017）在研究创业和吸收能力在知识和区域经济发展中的调节效应时，用一种新颖的方法来衡量区域吸收能力，分别从认知能力、基本技能、复杂问题解决能力、社会能力、系统能力和技术水平六个维度来衡量区域员工的实际水平，进而测算区域吸收能力。朱美光（2007）构建了修正的区域吸收能力指标，综合考虑人力资本、知识传播、交通便利性、信息技术等，也从量、质和质量三个维度进行衡量。郑展等（2007）总结了影响区域知识吸收能力的外部因素和内部因素，并据此构建区域知识吸收能力指标，评估了我国 2004 年各省的知识吸收能力。韩伯棠等（2013）用主成分分析法对区域经济指标进行筛选，从获取能力、消化能力、转移能力和应用能力四个维度构建知识吸收能力指标体系，并对中国不同区域知识吸收能力进行测算。廉丽娜(2015)采用 AHP 分析法构建了我国西部地区 FDI 吸收能力的递阶层次结构模型,由 FDI 引进能力、利用能力、扩散能力三个子系统共同构成整体评价体系,对西部地区的 FDI 吸收能力进行了综合评价。

3. 分别测算潜在吸收能力和实际吸收能力

无论是单一指标还是综合指标体系,都是对吸收能力的笼统测算。有些学者尝试分别对"潜在吸收能力"和"实际吸收能力"进行测度。布兰福特、萨阿德(Branford,Saad,2014)在总结以往学者关于吸收能力测算的基础上,借鉴 Zahra,George(2002)关于吸收能力的来源——认知心理学,提出,对吸收能力的测算要考虑"意识"(awareness)维度,并以英国西南地区先进的中小企业为例进行相关研究。阿尔维斯等(Alves,et al.,2016)在研究企业规模对企业动态能力的影响时,将企业的潜在吸收能力和实际吸收能力作为中介变量,从供应商、员工与消费者、竞争者等 11 个维度衡量潜在吸收能力,从产品或服务质量提高、供应商来源扩展、生产成本降低等 7 个维度来衡量实际吸收能力。加里多等(Garrido,et al.,2017)的研究表明,实际吸收能力和潜在吸收能力在企业过去的绩效和创新之间起部分中介作用,他以调查问卷的形式收集相关信息,从员工培训、信息共享等方面衡量潜在吸收能力,从资源储备、新产品内部推广等方面衡量实际吸收能力。

但是,也有学者认为,将吸收能力分为潜在吸收能力和实际吸收能力并不利于吸收能力的测算[托多罗娃、杜里斯(Todorova,Durisin),2007;Branford,Saad,2014]。

(二)吸收能力的测算结果

根据现实情况和第二章的机理分析可知,企业对不同类型的外部知识进行识别、消化、转化和应用的能力是不同的,因此,需要对汽车企业接收的产业内、产业间和国际知识溢出的吸收能力进行分别测算。但是,在实际工作中,严格区分每个企业对产业内、产业间和国际知识溢出的不同吸收能力非常困难,目前尚未发现有用的区分标准。另外,本书采用工业企业数据库数据进行研究,其中能够衡量吸收能力的相对合理的指标是研发经费支出、研发密度

（Cohen，Levinthal，1989，1990；Mowery 等，1996；Veugelers，1997；Ben-Menahen 等，2013；M.Kim，2015）和无形资产占总资产的比重（路江涌，2008）。但是，在数据整理中得知，有关无形资产产值的数据缺失比较严重，若用无形资产占比衡量企业吸收能力，会损失许多样本。综合各方因素，本书采用研发经费支出（绝对数）和研发密度（相对数）衡量企业的吸收能力，在此，也不再区分不同类型外部知识的吸收能力。

每个汽车企业的研发经费支出用各地区 2005—2007 年居民消费价格指数和固定资产投资价格指数的合成指标进行平减，获得企业的实际研发支出（ac1）；用实际研发经费支出/实际销售额，获得企业的研发密度（ac2），如表4-9 所示。经检验，RD 与 AC 的相关性达 0.6523，在后续的实证检验中，选取研发经费支出（ac1）作为企业吸收能力的衡量指标。

表 4-9　研发经费与研发密度数据特征

变量名	观测值	中间值	标准差	最小值	最大值
ac1	1188	7.2199	2.4041	−0.0143	15.2210
ac2	1188	0.01892	0.0400	0.0000	0.9235

三、创新绩效的测算

（一）创新绩效的测算方法

"创新绩效的衡量是一个十分复杂的问题，事实上，很难找到一个全面、客观的衡量指标"[1]。目前，应用较广的指标主要有两类。一类是从新产品角度衡量，如新产品成本和销售额[Griliches，1990；Liu，Buck，2007；贝伊等（Bei, et al.，2008；及魏守华等，2009、2010；Chen 等，2011；Laursen，Salter，2006]；与新产品开发相关的服务成功和服务创新[章、惠津（Cheng，Huizingh），2014]；

---

[1]　沙文兵、李桂香：《FDI 知识溢出、自主 R&D 投入与内资高技术企业创新能力——基于中国高技术产业分行业动态面板数据模型的检验》，《世界经济研究》2011 年第 5 期。

开发和商业化的新产品的数量[Bei 等,2008;比安奇等(Bianchi,et al.),2011;格雷科等(Greco,et al.,2016;Qin,Shanxing,2010);以及新产品的开发速度(Bei 等,2008;Chen 等,2011);新产品的周转率[Bei 等,2008;贝尔基奇(Berchicci),2013;法埃姆斯等(Faems,et al.),2010;Greco 等,2016;Greco 等,2017]等。另一类是从专利角度衡量,如专利引入数量[Bei 等,2008;卡普托等(Caputo,et al.),2016;Chen 等,2011;哈格多恩、克洛特(Hagedoorn,Cloodt,2003;Qin 和 Shanxing,2010;王等(Wang,et al.)2012];专利授权数量[格罗特(Groot,et al.),2001;张倩肖,冯福根,2007;沙文兵,李桂香,2011)等。其中应用较多的是新产品销售额和专利授权数两个指标,但是这两个指标都存在局限性。新产品销售额能够较客观地反映企业创新活动的市场价值,但是关于新产品的划分缺乏标准。专利授权数能够直观地反映一个地区或企业的技术创新水平,但是,现实中有许多企业出于保密考虑不申请专利,从而造成对创新绩效的低估(魏守华等,2009);也有一些专利缺乏商业化价值,容易导致创新绩效被高估。

根据前文关于创新绩效的概念界定和本书的研究目的,本书采用全要素生产率(TFP)来衡量企业的创新绩效。

关于全要素生产率的测算,学者们研究较多的是宏观层面如国家、地区、行业的全要素生产率,但是近年来,也有不少学者开始探索微观层面全要素生产率的测算方法。常用的全要素生产率的估算可分为非参数估计法和参数估计法。其中指数法和数据包络分析属于非参数估计方法;最小二乘法(OLS)、固定效应法(FE)、OP 估计法、LP 估计法、随机前沿(SF)等属于参数估计方法。两种方法适用于不同特性的样本。目前对微观企业全要素生产的估算,多采用参数估计方法。

在估算 TFP 之前,需设定生产函数形式。常用的生产函数形式是 C-D 生产函数,C-D 生产函数的普通形式是

$$Y_{it} = A_{it} K_{it}^{\alpha} L_{it}^{\beta} \tag{4.7}$$

式中,Y_{it} 表示总产出,K_{it} 表示资本要素投入,L_{it} 表示劳动要素投入,A_{it} 就是

需关注和估算的 *TFP*。对式(4.7)取对数处理,得

$$y_{it} = \alpha k_{it} + \beta l_{it} + \mu_{it} \tag{4.8}$$

式中, y_{it} 、 k_{it} 、 l_{it} 分别表示 Y_{it} 、 K_{it} 、 L_{it} 的对数形式, μ_{it} 表示全要素生产率。对式(4.8)进行估算可获得 TFP 的估计值。

但是,如果用简单线性方法(OLS 方法)估算式(4.8),会产生同时性偏差(simultaneity bias)和样本选择偏差(selectivity and attrition Bias)。"同时性偏差指的是在实际的生产过程中,企业效率的一部分可以在当期被观测到,企业决策者会根据观测到的信息对生产投入的要素组合进行适当调整。"[1]此时,再用误差 μ_{it} 表示全要素生产率的话,会导致 μ_{it} 与回归项相关,从而使 OLS 估计产生偏误[2]。为了解决这一问题,学者们提出对式(4.8)进行拆解:

$$y_{it} = \alpha k_{it} + \beta l_{it} + p_{it} + \varepsilon_{it} \tag{4.9}$$

式中, p_{it} 是残差项的一部分,表示"可以被企业观测到并影响当期要素选择"的那部分因素。 ε_{it} 是真正的残差项,包括"不可观测的技术冲击和测量误差"。

"样本选择偏差主要是由于生产率冲击和企业退出市场的概率存在相关性造成的。也就是说,在面对低效率冲击时,资本存量大的企业留在市场上的概率高于资本存量低的企业,因此高资本存量(规模大)的企业对未来的预期更高,不会轻易退出市场。这就导致低效率冲击时退出市场的概率与企业资本存量之间存在负相关关系,从而使得资本项的参数估计出现低估偏误。"[3]

针对同时性偏差和样本选择偏差的改进,学者们提出了不同的方法。常见的修正同时性偏差的方法有 FE 方法、OP 方法、LP 方法、ACF 方法等。

---

① 鲁晓东、连玉君:《中国工业企业全要素生产率估计:1999—2007》,《经济学(季刊)》2012 年第 11 期。

② 根据鲁晓东、连玉君(2012)的观点,"在这种情况下,劳动力的弹性系数会被高估,而资本投入的弹性系数会被低估,因为相对于资本投入,厂商更容易在短期内根据对生产率的判断来调整劳动力投入,所以它们与生产的相关性更高"。

③ 鲁晓东、连玉君:《中国工业企业全要素生产率估计:1999—2007》,《经济学(季刊)》2012 年第 11 期。

1. 固定效应估计法(FE 方法)

如果能够保证影响企业决策的那部分可观测的全要素生产率是由于企业的个体差异导致的,而且跨时不变,就可以用 FE 方法估算企业的全要素生产率。其实质是引入企业的个体虚拟变量来解决内生性问题,再采用 OLS 方法进行参数估计,获得对生产函数的一致无偏估计量。但是该方法对样本的要求比较严苛,只有面板数据才能用个体固定效应方法进行参数估计;同时,个体固定效应模型的估计只考虑个体因素的变化,并没有考虑时间变化。

2. OP 方法

"同时性偏差的存在说明投入的要素与生产率相关,如果不控制生产率冲击对要素投入决策的影响,要素系数的估计值会产生偏差。另外,处在相同生产率水平的企业,资本存量更多的企业预期利润更高,因此,生产率相同时,大企业的生存概率大于小企业,从而导致企业是否退出市场与企业自身的规模相关,产生样本选择问题。"①

奥利、佩克斯(Olley, Pakes, 1996)提出了基于一致半参数估计值方法(Consisten Semi-Parametric Estimator),即 OP 方法②。"OP 方法用企业当期投资作为不可观测的生产率的代理变量,来解决同时性偏差问题,即用投资方程控制生产率冲击与中间投入的相关性,获得参数的一致无偏估计。OP 方法有一个较强的假设,即投资是生产率的单调增函数。该方法包括两个步骤:第一,建立当期资本存量和投资额之间的关系,Olley 和 Pakes 认为 $K_{it+1} = (1 - \delta) K_{it} + I_{it}$,其中 K 表示企业的资本存量,I 表示企业的当期投资,δ 表示折旧率,此后,通过构建最优投资函数获得对劳动要素的一致无偏估计;第二步,使用已估计的系数来拟合投资额和资本存量构成的多项式,从而获得对资

---

① 张天华、张少华:《偏向性政策、资源错配与经济效率损失——基于中国工业企业的估算》,《世界经济》2016 年第 4 期。

② 在 STATA 环境下,OP 方法用 opreg 命令实现,需设置因变量、退出变量、状态变量、代理变量,以及自由变量和控制变量,可获得资本和劳动要素的参数估计;再运行 predict 命令,获得 TFP_OP 的估计值。

本项系数的一致无偏估计。"①

　　用 OP 方法对企业 TFP 进行估算时,以投资额作代表变量,这里隐含了一个假设,即投资额不为 0,在实际工作中,通常对投资额取对数处理,要求投资额大于 0。但是现实中,并不是每一个企业每年都有正的投资额,从而使得许多样本被人为放弃。

　　3. LP 方法

　　OP 方法对投资进行估计比较困难,现实中也存在部分企业投资额为 0 的现象,并且"投资额与生产率之间可能并不一定存在单调性条件,导致 OP 估计量并不满足一致性条件"②。针对 OP 方法存在的问题,莱文森、彼得林(Levinsohn, Petrin, 2003)提出了另一种 TFP 估算方法,即 LP 方法③。"LP 估计法假设中间品投入的数量由资本投入和生产率冲击决定,中间品投入数量是生产率冲击的增函数,也就是说,LP 估计法不用投资额作为生产率冲击的代理变量,而是用中间品投入作为代理变量。使用中间品投入作为生产率冲击的代理变量至少有三个好处:第一,相对于投资,中间品投入几乎都为正数;第二,企业比较容易调整中间品投入数据,因此,中间品投入对生产率冲击的反应比投资更敏感;第三,相对于投资,中间品投入的数据更容易获得。"④

　　4. 随机前沿分析(SF)

　　随机前沿分析直接假定对生产函数产生影响的生产率冲击服从某一分布,将这种冲击从随机扰动项中剥离出来。设定了生产率的具体分布,可以用极大似然方法对生产函数进行估计。该方法最先用来估计截面数据,后来发

---

　　①　张天华、张少华:《偏向性政策、资源错配与经济效率损失——基于中国工业企业的估算》,《世界经济》2016 年第 4 期。

　　②　张天华、张少华:《偏向性政策、资源错配与经济效率损失——基于中国工业企业的估算》,《世界经济》2016 年第 4 期。

　　③　在 STATA 环境下,LP 方法用 levpet 命令实现,需设置因变量、自由变量、代理变量、资本变量;再运行 predict 命令,获得残差估计值;对残差估计值取数据处理,获得 TFP_LP 的估计值。

　　④　张天华、张少华:《偏向性政策、资源错配与经济效率损失——基于中国工业企业的估算》,《世界经济》2016 年第 4 期。

展到估计面板样本。

5. 工具变量法(Sys-GMM 估计)

除以上方法之处,还有一些其他方法可以获得生产函数的一致无偏估计。例如布伦代尔、邦德(Blundell,Bond,1998)提出的系统广义矩方法(Sys-GMM)。Sys-GMM 方法通过工具变量解决内生性问题。"在系统广义矩模型中,TFP 被设定为具有一阶自回归性质的企业固定效应,即 $\omega_{it} = \omega_{it-1} + \tau_{it}$,变量 τ_{it} 用来捕捉测量误差和短期生产率冲击。"[1]对生产函数(4.3)进行差分可得

$$y_{it} = y_{it-1} + \alpha_k(k_{it} - \rho k_{it-1}) + \beta_l(l_{it} - l_{it-1}) + p'_i + (\tau_{it} + \varepsilon_{it} - \rho \varepsilon_{it-1})$$

$$(4.10)$$

式中, ρ 表示差分系数, p'_i 是全要素生产率固定效应的差分。投入变量与各年的生产率信息 τ_{it}、当年的生产率短期冲击 ε_{it}、上期的生产率冲击 ε_{it-1} 相关,因此,对式(4.10)的估计还需要其他的矩条件。式(4.10)的一阶差分形式剔除了企业生产率冲击固定效应,"假设初始条件标准外生,三期以上的投入产出滞后与? ε_{it} 不再相关,因为一阶差分方程包含 ε_{it-2},该误差项与二阶滞后的产出相关,因此必须使用三阶滞后作为工具变量"[2]。

企业层面全要素生产估计方法各有优缺点,对数据类型、特征要求不同,适用范围不同,测算结果也存在差异。具体如表 4-10 和表 4-11 所示。

表 4-10 常用的全要素生产估算方法的优缺点

估算方法	优点	缺点
DEA	无须设定生产函数形式、不限制企业生产技术	对异常值比较敏感、单个企业的误差会影响整体估计
Index	无须进行参数估计、允许企业生产技术存在差异	不允许随机因素存在、对企业行为的假设太严苛、对测量误差敏感

---

① 张天华、张少华:《偏向性政策、资源错配与经济效率损失——基于中国工业企业的估算》,《世界经济》2016 年第 4 期。

② 张天华、张少华:《偏向性政策、资源错配与经济效率损失——基于中国工业企业的估算》,《世界经济》2016 年第 4 期。

续表

估算方法	优点	缺点
OLS	无须固定报酬假设	同时性偏差和样本选择偏差
FE	允许企业生产技术存在差异	对数据要求严苛
OP	缓解同时性偏差和样本选择偏差	以投资为代理变量,要求投资数据大于 0
LP	以中间品投入为代理变量,缓解 OP 方法对数据的严苛要求	需要有中间品投入数据,且假设中间品投入与残差项无关
SF	对生产函数的假设更符合现实、需要估计的参数较少	估计结果严重依赖于对 TFP 分布的假定
Sys-GMM	允许固定效应、企业异质性、生产率自相关的存在	需要使用时间较长的面板数据

表 4-11　常用的全要素生产率(TFP)估算方法的代表性文献及结果

估算方法	作者	模型/价格	资本/劳动力/中间品系数估计	TFP 均值	TFP 方差	TFP 增长率(%)
DEA	涂正革、肖耿(2007)	增加值模型/行业价格指数	—	—	—	15.9
Index	谢(Hsieh,2009);李春顶(2010);Brandt 等(2012)	增加值模型/未平减	0.33/0.67(设定)	2.13—3.32	—	—
OLS	Jefferson 等(2008)	增加值模型/(未说明)	0.381/0.619	1.29—2.72	—	5.16
	谢千里等(2008)	产出模型/行业价格指数	0.316/0.684	2.13—2.58	—	6.14
	Hsieh 等(2009)	—	要素份额	—	0.73—0.63	—
	Brandt 等(2012)	增加值模型/行业价格指数	要素份额	—	—	9.41
FE	刘小玄、郑京海(1998)	增加值模型/行业价格指数	-1	—	—	—
	余淼杰(2010)	产出模型/行业价格指数	0.15/0.44/0.31	—	—	—

续表

估算方法	作者	模型/价格	资本/劳动力/中间品系数估计	TFP均值	TFP方差	TFP增长率(%)
OP	聂辉华、贾瑞雪(2011)	产出模型/省际价格指数	0.05/0.06/0.9	1.61—1.91	0.43—0.58	2
	鲁晓东、连玉君(2012)	增加值模型/省际价格指数	0.23—0.35/0.12—0.51	3.53—4.68	—	2.5
LP	李玉红等(2008)	产出模型/(未说明)	—	1.307—1.479	—	2.5
	简泽(2011)	增加值模型/省际价格指数	—	—	—	—
	鲁晓东、连玉君(2012)	增加值模型/省际价格指数	0.23—0.35/0.12—0.51	3.53—4.68	—	2.5
SF	刘小玄、郑京海(1998)	增加值模型/行业价格指数	-0.04/0.04	0.49	1.28	—
	涂正革、肖耿(2007)	增加值模型/行业价格指数	—	—	—	6.8
Sys-GMM	鲁晓东、连玉君(2012)	增加值模型/省际价格指数	—	—	—	—

(二)创新绩效的测算结果

通过对各种测算方法的对比和分析可知,就企业层面全要素生产率的测算而言,比较合适的是 OP 方法和 LP 方法。然而,阿克贝里等(Ackerberg, et al., 2006, 2007)对 OP 方法、LP 方法对同时性问题的处理提出异议。他们认为 OP 方法和 LP 方法不能解决不可识别的内生性问题。基于此,Ackerberg 等(2006, 2007)对 OP 方法和 LP 方法进行进一步修正,他们放宽了 OP 方法和 LP 方法的假设条件,认为资本投入的决策在其他要素投入前作出,并将劳动引入中间投入函数。目前为止,采用 ACF 方法测算企业层面全要素生产率的研究出现较少。具有代表性的是,黄枫、吴纯杰(2013)在测算化学药品制造业的加成率时,采用了 ACF 方法;任曙明、吕镯(2014)在测算中国装备制造业全要素生产率时,也采用了 ACF 方法。

ACF 方法与 OP 方法、LP 方法一脉相承,估算全要素生产率也是从生产函数开始的。假设企业的生产函数是 C-D 生产函数,技术进步为希克斯中性的,用增加值衡量总产出,则生产函数的对数形式即为式(4.11):

$$y_{it} = \alpha k_{it} + \beta l_{it} + p_{it} + \varepsilon_{it} \tag{4.11}$$

式中,y_{it} 表示增加值的对数形式,k_{it} 表示资本存量的对数形式,l_{it} 表示可变的劳动投入的对数形式。"p_{it} 是企业的全要素生产率,包括企业的创新水平、管理效率等,这些变量可能会部分地影响企业要素投入的时机、结构、数量等,是影响企业决策的状态变量(state),从而导致生产函数估计中的内生性问题。"[①]ε_{it} 是随机误差项。

假设企业 i 在 t 时期中间品投入 m_{it} 的决策函数由资本 k_{it}、劳动力 l_{it} 以及生产率 p_{it} 决定,可表示为

$$m_{it} = \mathrm{m}(k_{it}, l_{it}, p_{it}) \tag{4.12}$$

假设中间品投入 m_{it} 是生产率 p_{it} 的严格递增函数,则生产率可以用中间品投入的反函数表示:

$$p_{it} = \mathrm{p}(m_{it}, k_{it}, l_{it}) \tag{4.13}$$

第一步,将式(4.11)代入式(4.8)中,得:

$$y_{it} = \alpha k_{it} + \beta l_{it} + p(m_{it}, k_{it}, l_{it}) + \varepsilon_{it}$$

令 $\varphi (k_{it}, l_{it}, p_{it}) = \alpha k_{it} + \beta l_{it} + p(m_{it}, k_{it}, l_{it})$ (4.14)

则 $y_{it} = \varphi (k_{it}, l_{it}, p_{it}) + \varepsilon_{it}$ (4.15)

采用非参数方法,二次多项式逼近,对未知函数 $\varphi (k_{it}, l_{it}, p_{it})$ 进行拟合,得到无偏估计 $\hat{\varphi}$。此时,生产率可表示为

$$\mathrm{p}(k_{it}, l_{it}) = \hat{\varphi} - \alpha k_{it} + \beta l_{it} \tag{4.16}$$

第二步,利用 GMM 估计,求 α 和 β 的参数估计值。假设生产率服从一阶马尔科夫过程:

$$p_{it} = \mathrm{E}(p_{it} \mid I_{it-1}) = \mathrm{E}(p_{it} \mid p_{it-1}) + \tau_{it} \tag{4.17}$$

---

① 黄枫、吴纯杰:《市场势力测度与影响因素分析——基于我国化学药品制造业研究》,《经济学(季刊)》2013 年第 12 期。

假设资本 k_{it} 在期初决定,且与劳动 l_{it} 决策与当期生产率相关,但与滞后一期生产率无关,得到矩条件方程:

$$E = \left[\tau_{it} \left(\frac{k_{it}}{l_{it-1}} \right) \right] = 0 \tag{4.18}$$

通过 GMM 估计可获得 α 和 β 的参数估计值,代入式(4.15)就可求得生产率。ACF 方法求全要素生产率,在 STATA14 及以上版本直接用命令实现①。

结合工业企业数据库提供的企业数据,并考虑稳健性问题,本书采用 ACF 和 LP 两种方法对我国汽车企业的全要素生产率进行估算,结果如表 4-12 所示。由估算结果可知,无论是全部汽车企业,还是按性质划分的国有、民营和外资汽车企业,资本要素的贡献率始终为正数,而劳动要素的贡献率为负数,说明在 2005—2007 年,汽车企业每增加一个单位的资本投入,其全要素生产率会相应提高,而每增加一个单位的劳动投入,其全要素生产率会降低。

采用 ACF 和 LP 两种方法估算的不同性质、不同细分行业的全要素生产率的相关系数极高,具体如表 4-13 所示,说明本书关于全要素生产率的估计结果是稳健的。

表 4-12　基于 ACF 和 LP 估算方法的不同性质汽车企业的资本和劳动估计系数

	ACF 方法			
	全部汽车企业	国有汽车企业	民营汽车企业	外资汽车企业
$\ln K$	0.0534 *	0.0524 **	0.0006 **	0.0030 ***
	(0.0378)	(0.1001)	(0.0459)	(0.0457)
$\ln L$	−0.9616 ***	−1.0633 ***	−0.9598 ***	−1.0206 ***
	(0.1404)	(0.3329)	(0.1660)	(0.0693)

---

① 用 ACF 方法求 TFP,STATAE14 和 STATE15 版本可用 acfest 命令实现,需设置因变量、自由变量、代理变量、状态变量;再运行 predict 命令,获得 TFP_ACF 的估计值。本文的因变量为实际工业增加值,自由变量是企业从业人数,代理变量是实际工业中间品,状态变量包括企业年龄、实际总资产等。

续表

	ACF 方法			
	全部汽车企业	国有汽车企业	民营汽车企业	外资汽车企业
lnM	0.1380 ***	−0.0155 *	−0.0344 *	0.0106 **
	(0.1307)	(0.2892)	(0.1620)	(0.0631)
	LP 方法			
lnK	0.0006 *	0.0054 **	0.0086 *	0.0413 ***
	(0.0170)	(0.0288)	(0.0235)	(0.0580)
lnL	−0.9693 ***	−0.9758 ***	−0.9674 ***	−0.9968 ***
	(0.0088)	(0.0300)	(0.0102)	(0.0359)

说明:括号内数据为标准误,***、**、* 分别表示 1%、5%、10%的显著性水平。

表 4-13 采用 ACF 和 LP 方法估算的全要素生产率的相关性检验

全部汽车企业	0.8327	改装汽车制造业	0.8876
国有汽车企业	0.9011	汽车车身、挂车制造业	0.7161
民营汽车企业	0.9315	零部件及配件制造业	0.7383
外资汽车企业	0.7821	汽车整车制造业	0.8888

四、控制变量的测算

导致不同企业生产率产生差异的原因一般包括三类[路江涌,2008;西弗森(Syverson),2011;简泽、段永瑞,2012;任曙明、吕镯,2014]。第一类是企业内部因素,即企业的个体特征。包括企业的股权结构、所有制、资产负债情况、企业年龄、生产要素配置的质量、技术选择等。第二类是行业层面的因素,包括行业集中度、外商投资水平等。第三类是企业和行业层次结合的因素,包括产品和市场的竞争情况、市场监管程度、要素市场的灵活程度以及人员流动情况等。第二类和第三类统称为外部因素,外部因素一般先影响产业层面的生产率,进而影响企业层面的生产率。本书研究的是不同汽车企业创新绩效(全要素生产率)的差异,因此重点关注企业内部因素的影响。借鉴路江涌(2008)、简泽等(2011,2012)、Syverson(2011)等人的研究,并考虑数据的可得性、完整性,本书选择企业的资产负债率、企业规模、企业年龄、生产要素质量、技术选择以及出口情况作为控制变量。

(1)资产负债率(ca_ab)。用来衡量企业面临的偿债压力,一般的资产负债率用总负债与总资产的比重衡量。考虑到与其他变量的一致性,本书的资产负债率用总资产与总负债的比重衡量。

(2)企业规模(scale)。"生产率高低与企业规模关系较强,一般来说,大规模企业的生产率水平一般高于小规模企业。另外,许多跨国公司具有规模优势,如果在模型中不控制企业规模对生产率的影响,会导致系数被高估,因此,在研究中对企业规模进行控制是必要的。"①常用的衡量企业规模的指标有三种:企业的从业人数、企业的市场销售额、企业的总产值情况。计算方法是用企业的从业人数/销售额/总产值除以二位数分类行业平均从业人数/销售额/总产值表示。考虑到其他控制变量如生产要素质量和技术选择的计算与企业的从业人数相关,为避免产生重复性问题,本书用企业销售额占比衡量企业规模。

(3)企业年龄(age)。一般用观测年度与企业成立时间之差表示。

(4)生产要素质量(wage)。主要考虑企业的劳动力要素质量,借鉴简泽、段永瑞(2012)的做法,假设企业对人力资本水平较高的员工支付更高的工资,因此,用平均工资率衡量企业的劳动力要素质量。本书采用的是工业企业数据库数据内的相关数据,工资范围包括应付工资、应付福利费、住房公积金和住房补贴、养老和医疗保险以及失业保险。

(5)技术选择(c_l)。即企业在劳动力和资本之间的技术选择情况,一般

---

① 亓朋等:《外商直接投资企业对内资企业的溢出效应:对中国制造业企业的实证研究》,《管理世界》2008 年第 4 期。

用劳均资本拥有量衡量。

（6）出口情况（export）。企业是否有产品或服务出口以及出口规模的大小，也会对企业的生产率产生影响。本书用实际出口值/工业增加值这一指标衡量出口情况。

五、变量的相关性分析与描述性统计

（一）变量的相关性分析

当解释变量和控制变量数量较多时，同时进入模型可能会加重多重共线性问题。在实证检验之前，需要对解释变量和控制变量的多重共线性进行检验。首先对变量进行相关性检验，结果如表4-14所示。由表4-14相关性检验结果可知，相关系数都小于0.5，说明解释变量与控制变量之间的相关性较弱。进一步进行方差膨胀因子（VIF）检验发现，VIF最大值为1.40，远小于10，说明解释变量与控制变量之间的相关性在可接受的范围内，多重共线性程度不会影响模型估计结果。

表4-14　变量的相关性检验

变量名	ks①	fdi②	interks③	ac④	ca_ab	scale	age	wage	c_l	export
ks	1.0000									
fdi	−0.1171	1.0000								
interks	0.2264	0.2700	1.0000							
ac	0.0010	−0.1269	−0.0556	1.0000						
ca_ab	0.0455	0.0491	0.0774	−0.0026	1.0000					

---

①　即第四章计算所获的以研发经费支出为"知识池"的产业内知识溢出指标，即原来的ks1，从这里开始用ks表示。

②　即第四章计算所获的以研发经费支出为"知识池"的国际知识溢出指标，即原来的fdi1，从这里开始用fdi表示。

③　即第四章计算所获的以研发经费支出为"知识池"的产业间知识溢出指标，即原来的interks1，从这里开始用interks表示。

④　即第四章计算所获得的ac1，从这里开始用ac表示。

续表

变量名	ks	fdi	interks	ac	ca_ab	scale	age	wage	c_l	export
scale	-0.0797	-0.0430	-0.1426	0.3327	-0.0403	1.0000				
age	0.0812	0.0126	0.0107	0.1013	-0.0447	0.0127	1.0000			
wage	0.1122	-0.03987	0.0057	0.1391	0.1102	-0.0100	0.0882	1.0000		
c_l	0.0843	-0.1014	-0.0366	0.0953	0.0704	-0.0512	0.0023	0.4395	1.0000	
export	0.0423	0.1735	0.2411	-0.0127	-0.0136	0.1562	0.0070	0.0027	0.0104	1.0000

（二）变量的描述性统计

对解释变量和控制变量进行描述性统计，具体结果如表 4-15 所示。

表 4-15　变量的描述性统计

变量名	观测值	中间值	标准差	最小值	最大值
ks	1188	12.6118	1.1921	7.6884	15.1374
fdi	1188	8.1690	1.7973	3.5564	12.0086
interks	1188	8.3940	1.1245	2.8473	10.1354
ac	1188	7.2199	2.4041	-0.0143	14.2210
ca_ab	1188	2.3384	1.8538	0.8304	22.1919
scale	1188	1.0000	3.8437	0.0039	49.7163
age	1188	15.0135	16.3012	0.0000	142.0000
wage	1188	36.4667	29.2108	2.5615	323.1379
c_l	1188	145.9304	204.8675	0.5180	1548.2700
export	1188	0.0873	0.2097	0.0000	1.2686

小　结

本章首先介绍所使用的工业企业数据库，并介绍了本书的数据处理过程；其次对现有文献中常用的 4 种知识溢出的测算方法（技术流量法、成本函数法、生产函数法、文献追踪法)和 3 类吸收能力的测算方法(单一指标测算、指标体系测算、分别潜在吸收能力和实际吸收能力),以及创新绩效的测算方法(企业层面 TFP 的测算方法)进行介绍和评价,并根据本书的研究目的,结合现有数据,选择合理、合适的知识溢出、吸收能力、创新绩效测算方法,对我国汽车企业能够接收到的产业内、产业间和国际知识溢出进行测算,对我国汽车企业的吸收能力进行测算,采用 ACF 方法和 LP 方法对我国汽车企业的全要素生产率(创新绩效)进行测算,并汇报测算结果;最后根据影响企业创新绩效的其他因素,选择合适的控制变量,并对本书的关键解释变量和控制变量进行描述性统计和相关性分析,为下一章实证检验的开展提供数据支撑。

第五章　知识溢出、吸收能力与创新绩效关系的实证检验

内生增长理论认为,技术进步是经济增长的重要源泉,而创新是实现技术进步的核心活动。创新来源于两个方面,自主创新与吸收外界的知识溢出。大量研究表明,FDI知识溢出对地区或产业技术进步影响较大,却鲜有文献研究产业内、产业间知识溢出对某一产业发展的影响。本书第二章从理论上构建了产业内、产业间、国际知识溢出和企业自身的吸收能力对创新绩效的影响,并进行了线性与非线性分析、异质性企业分析,下面以第四章整理的2005—2007年中国工业企业数据库数据为基础计算获得的产业内知识溢出、产业间知识溢出、国际知识溢出、吸收能力为自变量,以ACF方法计算的全要素生产率衡量的创新绩效为因变量,以及企业年龄、企业规模、出口水平等为控制变量,进行实证检验。

第一节　初步回归分析与门槛回归模型构建

一、初步回归模型分析

(一)初步回归模型构建

根据第二章模型构建中的式(2.21),可构建本书的计量模型:

$$tfp_{it} = \alpha_i + \beta_{1i} ks_{it} + \beta_{2i} interks_{it} + \beta_{3i} fdi_{it} + \eta_i ac_{it} + \delta_{1i} ks_{it} ac_{it} + \delta_{2i} interks_{it} ac_{it} + \delta_{3i} fdi_{it} ac_{it} + trend_t + \varepsilon_{it}$$

$$(5.1)$$

式中，i 表示企业，t 表示时间，tfp_{it} 表示企业的全要素生产率，ks_{it}、$interks_{it}$、fdi_{it} 分别表示企业接收到的产业内、产业间和国际知识溢出，ac_{it} 表示企业的吸收能力，$trend_t$ 表示时间趋势，ε_{it} 表示随机误差项。

基于理论模型，本书的计量模型初步设为

$$tfp_{it} = \alpha_i + \beta_{1i} ks_{it} + \beta_{2i} interks_{it} + \beta_{3i} fdi_{it} + \eta_i ac_{it} + \delta_{1i} ks_{it} ac_{it} + \delta_{2i} interks_{it}$$
$$ac_{it} + \delta_{3i} fdi_{it} ac_{it} + trend_t + CV_{it} + \varepsilon_{it} \tag{5.2}$$

式中，CV_{it} 表示控制变量。

（二）初步回归结果

本书首先用面板数据估计常用的混合效应、固定效应和随机效应，对我国汽车产业的知识溢出、吸收能力与创新绩效关系进行回归分析，并按企业性质进行分组讨论。经 Hausman 检验，应选用固定效应，结果如表 5-1 所示。

表 5-1　全部及按企业性质分组的汽车企业固定效应回归结果

变量	全部	国有汽车企业	民营汽车企业	外资汽车企业
ks	−0.0166	0.0113[*]	−0.0149	−0.0792
	(0.0194)	(0.0709)	(0.0204)	(0.0562)
fdi	−0.0075	−0.0706	−0.0040	−0.0548
	(0.0068)	(0.0633)	(0.0062)	(0.0337)
interks	−0.0099	−0.0843[*]	−0.0102	0.0226[**]
	(0.0072)	(0.0492)	(0.0074)	(0.0277)
ac	6.0721	2.9737	5.7821[**]	−9.6438
	(2.2456)	(12.8253)	(2.2725)	(3.4545)
ac_ks	0.5063	−3.1977[***]	0.5049[**]	1.8215
	(0.2006)	(1.1707)	(0.2037)	(1.5708)
ac_fdi	0.0767	0.9535	0.0814	1.0632
	(0.1282)	(0.6088)	(0.1313)	(1.1458)

续表

变量	全部	国有汽车企业	民营汽车企业	外资汽车企业
ac_interks	0.0876	3.6474 **	−0.1263 *	0.6287
	(0.0839)	(1.5200)	(0.0738)	(0.4740)
ca_ab	0.0255	−0.0861	0.0242	0.0322
	(0.0660)	(0.1301)	(0.0779)	(0.2126)
scale	0.0686	0.0628	0.0876	0.0883
	(0.0438)	(0.0794)	(0.0572)	(0.0704)
age	−0.0003	0.0396	−0.0003	−0.0244 *
	(0.0005)	(0.0256)	(0.0006)	(0.0193)
wage	0.0009 **	0.0026 **	0.0007 *	−0.0013 *
	(0.0005)	(0.0014)	(0.0005)	(0.0006)
c_l	−0.0024	−0.0099	−0.0028	0.0157
	(0.0050)	(0.0173)	(0.0056)	(0.0102)
export	0.0194	0.0050	0.0325	0.1176
	(0.0203)	(0.0340)	(0.0248)	(0.0530)
trend	0.0030 *	——	0.0044 *	——
	(0.0066)		(0.0073)	
常数项	7.9923 ***	7.6571 ***	7.9641 ***	9.0692 ***
	(0.2461)	(0.8962)	(0.2576)	(0.8494)
调整的 R^2	0.0019	0.0006	0.0201	0.0093

说明:括号内为标准误;*** 、** 、* 分别表示 1%、5%、10% 的显著性水平,下文亦如是。

由表 5-1 固定效应回归结果可知,无论是全部汽车企业数据,还是按企业性质分组的国有、民营、外资汽车企业,回归结果都显示,多数核心解释变量的参数估计不显著,且模型的解释力度也比较低。这一结果说明,上文的计量模型可能并不合理。

二、门槛面板回归模型构建

由上文的初步回归结果可知,核心解释变量的参数估计不显著,说明知识溢出与吸收能力影响创新绩效的线性关系不显著。根据理论部分关于不同水平知识溢出与创新绩效的线性与非线性关系、不同水平吸收能力的线性与非线性调节可知,知识溢出与吸收能力对创新绩效的影响可能存在一种非线性关系。本书拟用门槛效应模型进行再次检验。

(一)门槛回归模型简介

门槛回归模型是分析变量之间可能存在非线性关系的有效方法,该方法的关键是,能否找到一个标准的门槛值(threshold level)。传统的做法是,研究者主观地设定门槛值,根据门槛值把样本分成两部分或多部分,既不对门槛值进行参数估计,也不对其显著性进行统计检验。显然,这种方法得到的结果并不可靠。为此,汉森(Hansen,1999)提出"门槛回归"(threshold regression)方法,以严格的统计推断方法对门槛值进行参数估计和假设检验。这种方法已被国内外学者广泛应用。

1. 单一门槛回归模型

假设样本数据为 $\{y_i, x_i, q_i\}_{i=1}^n$,单一门槛模型为

$$\begin{cases} y_{it} = \alpha_i + \beta_1^{\cdot} x_{it} + \varepsilon_{it}, 若 q_{it} \leqslant \gamma \\ y_{it} = \alpha_i + \beta_2^{\prime} x_{it} + \varepsilon_{it}, 若 q_{it} > \gamma \end{cases} \tag{5.3}$$

式中,i 表示个体,t 表示时间,y_{it} 表示被解释变量,x_{it} 表示解释变量,q_{it} 表示门槛变量,γ 表示待估的门槛值,ε_{it} 是与 x_{it} 不相关的随机扰动项。式(5.3)表示,门槛值 γ 将样本分成两个区间,当门槛变量 $q_{it} \leqslant \gamma$ 时,解释变量 x_{it} 的系数是 $\beta_1^{\cdot}$;当门槛变量 $q_{it} > \gamma$ 时,解释变量 x_{it} 的系数为 $\beta_2^{\prime}$。

式(5.3)还可以用分段函数合并表示为

$$y_{it} = \alpha_i + \beta_1^{\prime} x_{it} \times 1(q_{it} \leqslant \gamma) + \beta_2^{\prime} x_{it} \times 1(q_{it} > \gamma) + \varepsilon_{it} \tag{5.4}$$

对于是否存在门槛效应(threshold effect),Hansen(2000)提出可以用假设

检验方法进行分析,原假设为

$$H_0 : \beta_1' = \beta_2'$$

当原假设被接受时,即 $\beta_1' = \beta_2'$ 时,原模型可表示为 $y_{it} = \mu_{it} + \beta'_1 x_{it} + \varepsilon_{it}$,解释变量与被解释变量之间是线性关系,即不存在门槛效应;当原假设被拒绝时,即 $\beta_1' \neq \beta_2'$ 时,说明不同样本区间内解释变量与被解释变量之间的关系发生显著变化,此时存在门槛效应。

2. 双门槛回归模型

式(5.3)和式(5.4)是单一门槛模型。当存在两个门槛值时,模型为双门槛(Double-Threshold)模型:

$$y_{it} = \alpha_i + \beta'_1 x_{it} \times 1(q_{it} \leq \gamma_1) + \beta'_2 x_{it} \times 1(\gamma_1 < q_{it} \leq \gamma_2) + \beta'_3 x_{it} \times 1(q_{it} > \gamma_2) \tag{5.5}$$

式中, γ_1 和 γ_2 为待估的两个门槛值,且 $\gamma_2 > \gamma_1$ 。 γ_1 和 γ_2 将门槛变量分为三个区间:当门槛变量 $q_{it} \leq \gamma_1$ 时,解释变量 x_{it} 的系数为 β_1' ;当门槛变量 $\gamma_1 < q_{it} \leq \gamma_2$ 时,解释变量 x_{it} 的系数为 β'_2 ;当门槛变量 $q_{it} > \gamma_2$ 时,解释变量 x_{it} 的系数为 β'_3 。参照式(5.5),可以将模型推广到多重门槛(multi-threshold)回归模型。

进行门槛回归的基本思路是:第一,设定门槛变量,进行门槛效应检验。即分别检验单一门槛、双重门槛、三重门槛假设下模型的显著性水平,确定门槛个数。第二,进行门槛模型估计,确定门槛值。第三,估计不同样本区间内解释变量的系数,并进行特征和原因分析。值得注意的是,解释变量与门槛变量可以是同一变量。

(二)本书的门槛回归模型

本书借鉴门槛回归模型的基本原理,参考德拉姆(Durham,2004),Girma(2005),冼国明、严兵(2005),徐磊、黄凌云(2009),陈丽娴(2017)等人的研究,根据本书的研究目的和需要,分别以产业内、产业间、国际知识溢出和吸收能力为门槛变量,分析其对创新绩效的影响。

当以产业内知识溢出为门槛变量时,门槛模型设定为

$$tfp_{it} = \alpha_i + \beta_{1it1} ks_{it} \times 1(ks_{it} \leqslant \gamma_1) + \beta_{1it2} ks_{it} \times 1(\gamma_1 < ks_{it} \leqslant \gamma_2) + \beta_{1it3} ks_{it} \times$$

$$1(\gamma_1 < ks_{it} \leqslant \gamma_2) + \cdots + \beta_{1it(n-1)} \ ks_{it} \ \times \ 1(\gamma_{n-1} < ks_{it} \leqslant \gamma_n) + \beta_{1itn} \ ks_{it} \ \times$$

$$1(ks_{it} > \gamma_2) + \beta_{2it} interks_{it} + \beta_{3it} fdi_{it} + \eta_{it} ac_{it} + \delta_{1it} ks_{it} ac_{it} + \delta_{2it} interks_{it} ac_{it} + \delta_{3it}$$

$$fdi_{it} ac_{it} + trend_t + CV_{it} + \varepsilon_{it} \tag{5.6}$$

根据式(5.6),可推出以产业间和国际知识溢出为门槛变量时的模型。

当以吸收能力为门槛变量时,回归模型设定为

$$tfp_{it} = \alpha_i + \beta_{1it} ks_{it} + \beta_{2it} interks_{it} + \beta_{3it} fdi_{it} + \eta_{1it} ac_{it} \times 1(ac_{it} \leqslant \gamma_1) + \eta_{2it} ac_{it} \times$$

$$1(\gamma_1 < ac_{it} \leqslant \gamma_2) + \eta_{3it} ac_{it} \times 1(ac_{it} > \gamma_2) + \cdots + \eta_{nit} ac_{it} \times 1(\gamma_{n-1} < ac_{it} \leqslant$$

$$\gamma_n) + \delta_{1it} ks_{it} ac_{it} + \delta_{2it} interks_{it} ac_{it} + \delta_{3it} fdi_{it} ac_{it} + trend_t + CV_{it} + \varepsilon_{it} \tag{5.7}$$

式(5.6)和式(5.7)中,tfp_{it} 为企业的全要素生产率,表示企业的创新绩效;$\gamma_1, \ldots, \gamma_n$ 为待估的门槛值;β_{1it}、β_{2it}、η_{1it}、η_{2it}、δ_{1it}、δ_{2it} 等为待估参数;$trend_t$ 表示时间趋势效应,ε_{it} 为随机误差项。

第二节　门槛效应检验与结果分析

一、知识溢出的门槛效应研究

(一)产业内知识溢出

对产业内知识溢出的门槛效应检验时,依据门槛面板回归的基本原理,需先对门槛效应进行检验,以便确定门槛类型。运用 STATA 软件,设置自由抽样(bootstrap)次数为 500,分别获得单一门槛、双重门槛、三重门槛假设下的 F 值和 P 值,具体结果如表 5-2 所示。由表 5-2 可知,单一门槛效应在 10% 的显著性水平下存在,相应的 P 值为 0.0567,双重门槛和三重门槛效应在 10% 的显著性水平下不存在。因此,关于产业内知识溢出,可以基于单一门槛模型进行分析。

表 5-2 产业内知识溢出的门槛效应检验

产业内知识溢出			临界值		
门槛类型	F 值	P 值	10%	5%	1%
单一门槛	28.51*	0.0567	25.5506	38.4615	56.6282
双重门槛	19.10	0.1900	24.3569	32.2428	61.2086
三重门槛	4.97	0.8100	26.1873	31.9834	48.8893

注:P 值与临界值都采用 Bootstrap 法模拟 500 次获得;***、**、* 分别表示 1%、5%、10% 的显著性水平,下文亦如是。

门槛效应检验后,需对产业内知识溢出单一门槛模型的门槛值进行估计和检验。经检验,产业内知识溢出门槛变量的估计值为 12.6214,相应的 95% 的置信区间为[12.6042,12.6219]。因此,根据这个门槛值,可以将所有汽车企业分为高产业内知识溢出(ks > 12.6214)和低产业内知识溢出(ks ≤ 12.6214)两种类型。门槛值和两个门槛区间出来以后,可以对门槛模型进行参数估计。具体参数估计结果如表 5-3 所示。

表 5-3 产业内知识溢出门槛效应参数估计结果

变量名	参数估计值	标准差	P>ǀtǀ	95%的置信区间
ks	−0.0233	0.0323	0.471	[−0.0868,0.0401]
fdi	−0.0074	0.0206	0.719	[−0.0478,0.0329]
interks	0.0106	0.0288	0.713	[0.0671,0.0459]
ac	−0.0841	0.0512	0.101	[−0.1848,0.0164]
ac_fdi	0.0004	0.0024	0.871	[−0.0043,0.0051]
ac_interks	−0.0001	0.0035	0.983	[−0.0070,0.0069]
ca_ab	−0.0121**	0.0051	0.018	[−0.0221,0.0020]
scale	0.0580**	0.0426	0.173	[0.0255,0.1416]
age	−0.0086*	0.0155	0.579	[−0.0390,0.0218]
wage	0.0250***	0.0095	0.008	[−0.0064,0.0437]
c_l	−0.00003	0.0000	0.291	[−0.0001,0.00003]

续表

变量名	参数估计值	标准差	P>|t|	95%的置信区间
export	−0.1625 **	0.0744	0.029	[−0.3085, −0.0165]
trend	−0.0008	0.0071	0.912	[−0.0148, −0.0132]
ac_ks(ks ≤ 12.6214)	0.0072 **	0.0036	0.045	[0.0001, 0.0140]
ac_ks(ks > 12.6214)	0.0063 ***	0.0035	0.009	[0.0009, 0.0130]
常数项	8.1072 ***	0.4482	0.000	[7.2274, 8.9870]

由表 5 - 3 参数估计结果可知,当产业内知识溢出小于等于门槛值 12.6214 时,即汽车企业接收到的产业内知识溢出水平较低时,其与吸收能力的交互项对全要素生产率存在显著正向影响,参数估计值为 0.0072;当产业内知识溢出大于门槛值 12.6214 时,即汽车企业接收到的产业内知识溢出水平较高时,其与吸收能力的交互项对全要素生产率也存在显著正向影响,参数估计值为 0.0063。在两个不同区间,参数估计值都显著为正,说明汽车企业通过吸收产业内知识溢出,有利于创新绩效的提升。但是,第二区间的参数估计值小于第一区间,这说明,汽车企业接收到的产业内知识溢出,在较低水平时对创新绩效的促进作用大于较高水平。这一情况与前文的理论分析一致,当企业能够接收到大量的、高水平的、高质量的外部知识时,需要花费更多的成本来吸收和利用这些知识溢出,有可能导致成本过高,也可能会降低自主创新积极性,对创新绩效的促进效果反而不如吸收低水平溢出。

(二)产业间知识溢出

采用相同的方法,对产业间知识溢出的门槛效应进行自由抽样检验,分别获得单一门槛、双重门槛、三重门槛假设下的 F 值和 P 值,结果如表 5-4 所示。由表 5-4 可知,单一门槛效应在 5% 的显著性水平下存在,相应的 P 值为 0.04,双重门槛在 5% 的显著性水平下存在,相应的 P 值为 0.0700,三重门槛效应不存在。因此,关于产业间知识溢出,可以基于双重门槛效应分析。

表 5-4　产业间知识溢出的门槛效应检验

产业间知识溢出			临界值		
门槛类型	F 值	P 值	10%	5%	1%
单一门槛	15.57**	0.0400	12.3489	14.1415	21.2491
双重门槛	12.16**	0.0700	10.5822	13.2452	18.5560
三重门槛	4.44	0.6600	14.7854	18.6987	24.5346

　　门槛效应检验后,需对门槛值进行估计和检验,结果如表 5-5 所示。由表 5-5 可知,产业间知识溢出门槛效应检验的第一个门槛值为 7.7185,第二个门槛值为 7.8671,相应的置信区间分别为 [7.6846,7.7345] 和 [7.2269,7.8729]。因此,根据这两个门槛值,可以将不同企业分为高产业间知识溢出（interks>7.8671）、中产业间知识溢出（7.7185<interks≤7.8671）以及低产业间知识溢出（interks≤7.8671）三种类型。

表 5-5　产业间知识溢出门槛值估计结果

	估计值	95%的置信区间
门槛 interks1①	7.7185	[7.6846,7.7345]
门槛 interks2	7.8671	[7.2269,7.8729]

　　产业间知识溢出的门槛值和两个门槛区间出来以后,可以对双重门槛模型进行参数估计。具体参数估计结果如表 5-6 所示。

表 5-6　产业间知识溢出门槛效应参数估计结果

变量名	参数估计值	标准差	P>|t|	95%的置信区间
ks	−0.0354	0.0313	0.259	[−0.0969,0.0261]
fdi	−0.0049	0.0197	0.805	[−0.0436,0.0338]

---

　　① 本章所说的 interks1、interks2、fdi1、fdi2、ac1、ac2 等与第三章不同,分别指产业间知识溢出、国际知识溢出以及吸收能力的第一门槛值和第二门槛值。

续表

变量名	参数估计值	标准差	P>|t|	95%的置信区间
interks	−.0209	0.0288	0.468	[−0.0775,0.0356]
ac	−0.0527	0.0509	0.301	[0.1525,0.0472]
ac_ks	0.0048	0.0034	0.156	[−0.0018,0.0114]
ac_fdi	0.0008	0.0023	0.730	[−0.0038,0.0054]
ca_ab	−0.0126**	0.0051	0.014	[−0.0226,0.0025]
scale	0.0763*	0.0425	0.073	[−0.0071,0.1598]
age	−0.0089*	0.0155	0.565	[−0.0394,0.0215]
wage	0.0264***	0.0095	0.006	[0.0077,0.0451]
c_l	−0.00003	0.00003	0.339	[−0.0001,0.00003]
export	−0.1485*	0.0747	0.047	[−0.2952,−0.0018]
trend	−0.0004	0.0072	0.957	[−0.0144,0.0137]
ac_interks(interks≤7.7185)	−0.0015	0.0018	0.408	[−0.0049,0.0020]
ac_interks(7.7185<interks≤7.8671)	−0.0028**	0.0018	0.011	[−0.0062,0.0006]
ac_interks(interks>7.8671)	0.0015**	0.0016	0.021	[−0.0046,0.0015]
常数项	8.1298***	0.4468	0.000	[7.2527,9.0069]

由表5-6参数估计结果可知,当产业间知识溢出小于等于第一门槛值7.7185时,即汽车企业接收到的产业间知识溢出水平较低时,其与吸收能力的交互项对全要素生产率的影响为负,但不显著。这说明,当汽车企业接收到的产业间知识溢出水平较低时,知识溢出水平还没有达到一定级别,对创新绩效的影响并不明显。当产业间知识溢出大于第一门槛值7.7185而小于等于第二门槛值7.8671时,即汽车企业接收到的产业间知识溢出处于中等水平时,其与吸收能力的交互项对全要素生产率存在显著负向影响,参数估计值为−0.0028。这说明,当汽车企业接收到的产业间知识溢出处于中等水平时,会对创新绩效的提高产生阻碍作用。可能的原因是:一方面,汽车企业能够接

收到一定量的产业间知识溢出时,其创新积极性会在一定程度上受损;另一方面,产业间溢出的知识不同于产业内溢出的知识,要充分吸收和利用这类知识,需要花费较高的成本进行转化,当吸收外部知识的成本较大时,其创新绩效可能受损。当产业间知识溢出大于第二门槛值 7.8671 时,即汽车企业接收到的产业间知识溢出水平较高时,其与吸收能力的交互项对全要素生产率存在显著正向影响,参数估计值为 0.0015。这说明,当汽车企业接收到的产业间知识溢出水平较高时,有利于创新绩效的提升。可能的原因是,当接收到的产业间知识溢出水平较高时,带来的收益大于花费的成本,有利于企业充分利用外部知识进行再创新或商业化。

（三）国际知识溢出

采用相同的方法,对国际知识溢出的门槛效应进行自由抽样检验,分别获得单一门槛、双重门槛、三重门槛假设下的 F 值和 P 值,结果如表 5-7 所示。由表 5-7 可知,单一门槛效应在 10% 的显著性水平下存在,相应的 P 值为 0.0733,双重门槛在 10% 的显著性水平下存在,相应的 P 值为 0.0567,三重门槛效应不存在。因此,关于国际知识溢出,也可以基于双重门槛效应分析。

表 5-7　国际知识溢出的门槛效应检验

国际知识溢出			临界值		
门槛类型	F 值	P 值	10%	5%	1%
单一门槛	16.06*	0.0733	16.2201	18.5041	31.5516
双重门槛	20.10*	0.0567	16.2571	20.8778	47.1543
三重门槛	10.92	0.4867	32.3537	43.6697	61.1852

门槛效应检验后,需对国际知识溢出双重门槛模型的门槛值进行估计和检验,结果如表 5-8 所示。由表 5-8 可知,国际知识溢出门槛效应检验的第一个门槛值为 6.8095,第二个门槛值为 6.9846,相应的置信区间分别为 [6.5684,6.8860] 和 [6.9102,7.0439]。因此,根据这两个门槛值,可以将不同

企业分为高国际知识溢出（fdi≥6.8095）、中国际知识溢出（6.8095≤fdi<6.9846）以及低国际知识溢出（fdi<6.9846）三种类型。

表 5-8　国际知识溢出门槛值估计结果

	估计值	95%的置信区间
门槛 fdi1	6.8095	[6.5684,6.8860]
门槛 fdi2	6.9846	[6.9102,7.0439]

国际知识溢出的门槛值和两个门槛区间出来以后，可以对双重门槛模型进行参数估计。具体参数估计结果如表 5-9 所示。

表 5-9　国际知识溢出门槛效应参数估计结果

变量名	参数估计值	标准差	P>|t|	95%的置信区间
ks	−0.02340	0.03240	0.4690	[−0.0870,0.0401]
fdi	−0.00270	0.02060	0.8940	[−0.0431,0.0376]
interks	−0.01030	0.02880	0.5510	[0.0668,0.0461]
ac	−0.04490	0.05100	0.5910	[−0.1450,0.0552]
ac_ks	0.00270	0.00350	0.7450	[−0.0042,0.0096]
ac_interks	0.00110	0.00340	0.7510	[−0.0064,0.0074]
ca_ab	−0.01240**	0.00510	0.0120	[−0.0224,−0.0024]
scale	0.08620**	0.04260	0.0370	[0.0027,0.1697]
age	−0.01110*	0.01540	0.4590	[−0.0413,0.0192]
wage	0.02500**	0.00950	0.0100	[0.0064,0.0436]
c_l	−0.00003***	0.00003	0.00000	[−0.0001,0.00003]
export	−0.16380**	0.07430	0.0260	[−0.3097,0.0180]
trend	−0.00500	0.00720	0.3240	[−0.0192,0.0091]
ac_fdi(fdi≤6.8095)	0.00120	0.00260	0.7110	[−0.0038,0.0063]
ac_fdi(6.8095<fdi≤6.9846)	−0.00080**	0.00250	0.0400	[−0.0057,−0.0041]
ac_fdi(fdi>6.9846)	0.00070**	0.00250	0.0690	[0.0041,0.0056]
常数项	8.07600	0.44910	0.0000	[7.1944,8.9576]

　　由表 5-9 参数估计结果可知,当国际知识溢出小于等于第一门槛值 6.8095 时,即汽车企业接收到的国际知识溢出水平较低时,其与吸收能力的交互项对全要素生产率的影响为负,但不显著。这说明,当汽车企业接收到的国际知识溢出水平较低时,知识溢出水平还没有达到一定级别,对创新绩效的影响并不明显。当国际知识溢出大于第一门槛值 6.8095 且小于等于第二门槛值 6.9846 时,即汽车企业接收到的国际知识溢出处于中等水平时,其与吸收能力的交互项对全要素生产率存在显著负向影响,参数估计值为 -0.0008。这说明,当汽车企业接收到的国际知识溢出处于中等水平时,会对创新绩效的提高产生阻碍作用。可能的原因是:一方面,汽车企业能够接收到一定量的国际知识溢出时,其创新积极性会在一定程度上受损;另一方面,国际知识溢出并不能凭空获得,与国内汽车企业本身存在一定的技术差距,要充分吸收该类溢出,也需要花费一定的成本,当吸收外部知识的成本较大时,创新绩效会相应受损。当国际知识溢出大于第二门槛值 6.9846 时,即汽车企业接收到的国际知识溢出水平较高时,其与吸收能力的交互项对全要素生产率存在显著正向影响,参数估计值为 0.0007。这说明,当汽车企业接收到的国际知识溢出较多时,有利于企业创新绩效的提升。

　　通过对比产业内、产业间和国际知识溢出的参数估计可知,产业内知识溢出的参数估计值最大(0.0072 和 0.0063),其次为产业间知识溢出(-0.0028 和 0.0015),最小的是国际知识溢出(-0.0008 和 0.0007)。这一组数据说明,当吸收能力一定,只考虑汽车企业接收到的不同类型的知识溢出时,在吸收能力的调节作用下,每增加一单位的知识溢出,产业内知识溢出对创新绩效的影响最大,其次是产业间知识溢出,国际知识溢出的影响最小。这一结果与经验判断相驳。一般认为,对我国汽车企业技术进步影响最大的应当是国际知识溢出,毕竟国家一直实施“市场换技术”战略。本书的实证检验结果证明,2005—2007 年,对我国汽车企业技术进步产生促进作用的主要是国内知识溢出(产业内和产业间知识溢出),国际知识溢出的影响效果较小。可能的原因是:第一,相对于国际知识而言,国内产业内、产业间相互溢出的知识,无论是编码形式,还是溢出机制更符合中国人或者中国企业的习惯,外部知识一经企业接收,可以快速利用,直接对创新绩效产生影响。而国际知识的编码方式并不一定符合中国人和中国企业的习惯,企业接收到国际知识溢出后,还需要进一步转化,实现国际知识的本土化,这其中必然产生额外成本,也可能会摒弃一些自己吸收不了的高水平知识,从而降低对创新绩效的影响效力。第二,从统计角度来说,国内企业间相互溢出的知识,包括国际知识的二次甚至是多次溢出,也就是说产业内、产业间知识溢出包含了一部分已经本土化的国际知识。这在一定程度上增加了国内知识溢出的影响效果而削减国际知识溢出的影响。

二、吸收能力的门槛效应

(一)门槛效应分析

采用相同的方法,对吸收能力的门槛效应进行自由抽样检验,分别获得单一门槛、双重门槛、三重门槛假设下的 F 值和 P 值,结果如表 5-10 所示。由表 5-10 可知,单一门槛效应在 10% 的显著性水平下存在,双重门槛效应在 1% 的显著性水平下存在,三重门槛效应不存在。因此,关于吸收能力的研究,可以基于双重门槛模型进行分析。

表 5-10　吸收能力的门槛效应检验

门槛类型	吸收能力		临界值		
	F 值	P 值	10%	5%	1%
单一门槛	22.15*	0.0533	18.7193	23.2908	39.0406
双重门槛	110.50***	0.0000	17.3738	20.3153	36.2143
三重门槛	22.37	0.1800	31.0161	46.1264	60.5831

门槛效应检验后,需对双重门槛模型的两个门槛值进行估计和检验吸收能力双重门槛效应门槛值的估计结果以及门槛值 95% 的置信区间(如表 5-11

所示)。由表 5-11 可知,吸收能力的两个门槛值分别为 6.4949 和 7.2611,相应的 95% 的置信区间分别为 [6.4718,6.5132] 和 [2.0022,7.2707]。因此,根据两个门槛值,可以将不同企业分为低吸收能力(ac≤6.4949)、中吸收能力(6.4949<ac≤7.2611)、高吸收能力(ac>7.2611)三种类型。

表 5-11　吸收能力门槛值估计结果及其置信区间

	估计值	95% 的置信区间
门槛 ac1	6.4949	[6.4718,6.5132]
门槛 ac2	7.2611	[2.0022,7.2707]

(二)吸收能力门槛效应参数估计

两个门槛值和三个门槛区间出来后,可以对门槛模型进行参数估计。在此,需以吸收能力为门槛变量,分析其处于不同水平时,产业内、产业间和国际知识溢出的变化情况。

1. 产业内知识溢出情况

以吸收能力为门槛变量,观测其处于不同水平时,产业内知识溢出对创新绩效的影响,具体结果见表 5-12。

表 5-12　吸收能力门槛效应参数估计结果——产业内知识溢出

变量名	参数估计值	标准差	P>|t|	95% 的置信区间
ks	-0.0350	0.0311	0.260	[-0.0959,0.0259]
fdi	0.0093	0.0197	0.638	[-0.0294,0.0480]
interks	-0.0260	0.0276	0.347	[-0.0801,0.0282]
ac	-0.0590	0.0489	0.228	[-0.1548,0.0370]
ac_fdi	-0.0012	0.0023	0.607	[-0.0057,0.0033]
ac_interks	0.0026	0.0034	0.446	[-0.0041,0.0092]
ca_ab	-0.0144 ***	0.0049	0.003	[-0.0240,-0.0048]
scale	0.0649 *	0.0406	0.110	[0.0148,0.1446]

续表

变量名	参数估计值	标准差	P>|t|	95%的置信区间
age	-0.0001*	0.0044	0.970	[-0.0089, 0.0086]
wage	0.0008***	0.0002	0.000	[0.0004, 0.0012]
c_l	-0.0003	0.0032	0.327	[-0.000092, 0.000032]
export	-0.0206**	0.0207	0.319	[-0.0612, -0.0200]
trend	-0.0048	0.0076	0.534	[-0.0198, 0.0103]
ac_ks(ac≤6.4949)	0.0039	0.0034	0.249	[-0.0027, 0.0105]
ac_ks(6.4949<ac≤7.2611)	-0.0065**	0.0036	0.067	[-0.0135, -0.0001]
ac_ks(ac>7.2611)	0.0040**	0.0034	0.237	[0.0031, 0.1011]
常数项	8.1736***	0.4307	0.000	[7.4105, 9.1014]

由表5-12参数估计结果可知,当吸收能力小于等于第一门槛值6.4949时,即汽车企业的吸收能力较小时,产业内溢出与吸收能力的交互项对全要素生产率的影响为正,但并不显著。这说明,当汽车企业对产业内知识溢出的吸收能力较低时,对创新绩效的影响并不明显。当吸收能力大于第一门槛值6.4949且小于等于第二门槛值7.2611时,即汽车企业的吸收能力处于中等水平时,产业内知识溢出与吸收能力的交互项对全要素生产率存在显著负向影响,参数估计值为-0.0065。这说明,当汽车企业的吸收能力处于中等水平时,对创新绩效的提高产生阻碍作用。可能的原因是,即便存在较高水平的产业内知识溢出,但由于汽车企业的吸收能力有限,企业对产业内知识溢出吸收不充分或吸收到的知识不能实际使用,而又花费了成本或损害了创新积极性,最终会在一定程度上损害创新绩效。当吸收能力大于第二门槛值7.2611时,即汽车企业对产业内知识溢出的吸收能力较高时,产业内知识溢出与吸收能力的交互项对全要素生产率存在显著正向影响,参数估计值为0.004。这说明,当汽车企业的吸收能力较高时,会充分吸收产业内知识溢出,促进创新绩效的提升。

2. 产业间知识溢出情况

以吸收能力为门槛变量,观测其处于不同水平时,产业间知识溢出对创新绩效的影响,具体结果如表 5-13 所示。

表 5-13　吸收能力门槛效应参数估计结果——产业间知识溢出

变量名	参数估计值	标准差	P>|t|	95%的置信区间
ks1	-0.03630	0.03120	0.245	[-0.0976, 0.0249]
fdi	0.00810	0.01990	0.682	[-0.0308, 0.0471]
interks	-0.02340	0.02790	0.397	[-0.0884, 0.0311]
ac	-0.05970	0.04920	0.226	[-0.1564, 0.0369]
ac_ks	0.00410	0.00340	0.227	[-0.0026, 0.0108]
ac_fdi	-0.00110	0.00230	0.649	[-0.0056, 0.0035]
ca_ab	-0.01430 ***	0.00490	0.004	[-0.0240, -0.0046]
scale	0.06560 **	0.04090	0.109	[0.0147, 0.1459]
age	-0.00020 *	0.00490	0.968	[-0.0090, 0.0086]
wage	0.00080 **	0.00020	0.000	[0.0004, 0.0012]
c_l	-0.00003	0.00003	0.354	[-0.0001, 0.0001]
export	-0.02070 **	0.02080	0.320	[-0.0617, 0.0202]
trend	-0.00490	0.00770	0.527	[-0.0200, 0.0102]
ac_interks(ac≤6.4949)	0.00220	0.00350	0.532	[-0.0046, 0.0089]
ac_interks (6.4949<ac≤7.2611)	-0.01090 **	0.00370	0.003	[-0.0182, -0.0036]
ac_interks(ac>7.2611)	0.00230 **	0.00340	0.004	[0.0044, 0.0092]
常数项	8.26580	0.43340	0.000	[7.4141, 9.1175]

由表 5-13 参数估计结果可知,当吸收能力小于等于第一门槛值 6.4949 时,即汽车企业的吸收能力较小时,产业间溢出与吸收能力的交互项对全要素生产率存在正向影响,但不显著。这说明,当汽车企业对产业间知识溢出的吸收能力较弱时,吸收产业间知识溢出对创新绩效的影响并不明显。当吸收能力大于第一门槛值 6.4949 且小于等于第二门槛值 7.2611 时,即汽车企业的

吸收能力处于中等水平时,产业间知识溢出与吸收能力的交互项全要素生产率存在显著负向影响,参数估计值为 -0.0109。这说明,当汽车企业的吸收能力处于中等水平时,吸收产业间知识溢出会对创新绩效的提高产生阻碍作用。可能的原因与上文关于产业内知识溢出雷同。当吸收能力大于第二门槛值 7.2611 时,即汽车企业对产业间知识溢出的吸收能力较高时,产业间知识溢出与吸收能力的交互项对全要素生产率存在显著正向影响,参数估计值为 0.0023。这说明,当汽车企业吸收能力较高时,会充分吸收产业间知识溢出,促进创新绩效的提升。

3. 国际知识溢出情况

以吸收能力为门槛变量,观测其处于不同水平时,国际知识溢出对创新绩效的影响,具体结果如表 5-14 所示。

表 5-14　吸收能力门槛效应参数估计结果——国际知识溢出

变量名	参数估计值	标准差	P>ltl	95%的置信区间
ks1	-0.03680	0.03150	0.243	[-0.0987, 0.0250]
fdi	0.00780	0.02020	0.698	[-0.0317, 0.0474]
interks	-0.02380	0.02810	0.397	[-0.0789, 0.0313]
ac	-0.06040	0.04970	0.225	[-0.1570, 0.0372]
ac_ks	0.00410	0.00340	0.227	[-0.0026, 0.0109]
ac_interks	0.00230	0.00340	0.482	[-0.0045, 0.0091]
ca_ab	-0.01420***	0.00500	0.005	[-0.0239, -0.0044]
scale	0.06650*	0.04130	0.107	[0.0145, 0.1476]
age	-0.00020*	0.00450	0.969	[-0.0091, 0.0087]
wage	0.02480**	0.00020	0.000	[0.0004, 0.0012]
c_l	-0.00003	0.00003	0.385	[-0.0001, 0.00004]
export	-0.02050**	0.02100	0.331	[-0.0618, 0.0208]
trend	-0.00490	0.00780	0.529	[-0.0202, 0.0104]
ac_fdi(ac≤6.4949)	-0.00110	0.00240	0.639	[-0.0058, 0.0036]

续表

变量名	参数估计值	标准差	P>|t|	95%的置信区间
ac_fdi(6.4949 ac≤7.2611)	-0.01490***	0.00300	0.000	[-0.0209,-0.0090]
ac_fdi(ac>7.2611)	-0.00010**	0.00240	0.026	[-0.0056,-0.0036]
常数项	8.18640***	0.43800	0.000	[7.4134,9.1330]

由表 5-14 参数估计结果可知,当吸收能力小于等于第一门槛值 6.4949 时,即汽车企业的吸收能力较低时,国际知识溢出与吸收能力的交互项对全要素生产率存在负向影响,但不显著。这说明,当汽车企业对国际知识溢出的吸收能力较弱时,对创新绩效的影响并不明显。当吸收能力大于第一门槛值 6.4949 且小于等于第二门槛值 7.2611 时,即汽车企业的吸收能力处于中等水平时,国际知识溢出与吸收能力的交互项对全要素生产率存在显著负向影响,参数估计值为-0.0149。这说明,当汽车企业的吸收能力处于中等水平时,吸收国际知识溢出会对企业创新绩效的提高产生阻碍作用。当吸收能力大于第二门槛值 7.2611 时,即汽车企业对国际知识溢出的吸收能力较高时,国际知识溢出与吸收能力的交互项对全要素生产率存在显著负向影响,参数估计值为-0.0001。这说明,当汽车企业吸收能力较高时,即使能够充分吸收国际知识溢出,也会对企业创新绩效的提升产生阻碍作用。

通过对比产业内、产业间和国际知识溢出的参数估计值可知,当以吸收能力为门槛变量时,国际知识溢出(-0.0149 和-0.0001)的参数估计值最大且主要为负值,其次为产业间知识溢出(-0.0109 和 0.0023),最小的是产业内知识溢出(-0.0065 和 0.004)。这一组数据说明,每增加一单位的吸收能力,国际知识溢出对创新绩效的影响最大,其次为产业间和产业内知识溢出。可能的原因是,第一,在我国汽车产业发展实践中,随着"市场换技术"战略的实施,以及国内外汽车产业存在的技术差距,多数汽车企业会重点关注国际知识而忽略了国内知识,为了加强对国际知识的有效利用,其配套的吸收能力与国际知识匹配程度更高,使得吸收能力一旦增加,国际知识溢出的影响效果更明显。第二,受工业企业数据库指标的限制,本书并未区分不同类型知识溢出的吸收能力,可能也存在统计上的偏误。

三、控制变量的解释

由以上实证检验结果可知:

第一,企业的资产负债率(资产/负债)对全要素生产率存在显著的负向影响,说明汽车企业面临的偿债压力越小,越不利于其创新绩效的提升。偿债压力越小,说明企业对外举债的规模越小,财务杠杆的运用不充分。其对创新绩效的提升产生阻碍作用,说明当企业借用外力发展自身的机会越小时,在一定程度上,会限制其发展。

第二,企业规模对全要素生产率存在显著的正向作用,即企业规模越大,其创新绩效越高。一方面,根据马克思斯尔博斯曲线①,很明显,目前我国汽车企业还处于发展阶段,就单个企业而言,其资产规模和产量规模远不及发达国家大型汽车企业。因此,我国汽车企业的发展潜力还比较大,进行企业规模扩张的成本降低效应还比较明显,对创新绩效的提升还有一定空间。另一方面,就汽车企业而言,企业规模意味着市场势力,较高的市场势力意味着企业具有较强的议价能力和雄厚的资源储备,也有利于形成规模壁垒,阻止竞争者进入。这样,既能够让企业拥有足够的资源和能力进行研发活动,提高创新水平,也激励企业为了维持这种市场势力而不断推陈出新,进行技术更新换代,迫使企业走在行业前端。

第三,企业年龄对全要素生产率存在显著的负向影响,即企业成立时间越

---

① 马克思斯尔博斯(1954)对英国汽车企业的成本研究表明,汽车企业年产量由1万辆上升到5万辆时,成本下降40%;当年产量从5万辆上升到10万辆时,成本下降15%;当年产量由10万辆上升到20万辆时,成本下降20%;当年产量由20万辆上升到40万辆时,成本下降5%。依此类推,汽车企业的年产量越大,其成本一直在下降,只是下降的幅度会逐渐变小。当成本下降幅度走近于0时,从边际成本的角度理解,此时汽车企业达到了最佳规模要求的产量。这就是著名的马克思斯尔博斯曲线。

长,其创新绩效越低。就汽车企业而言,成立时间较长的大多是国有企业,成立时间较短的多是中外合资经营企业和新兴的民营企业。整体上看,近年来,外资汽车企业和新兴民营汽车企业的技术进步效果更明显。

第四,企业的生产要素质量对我国汽车企业全要素生产率存在显著的正向影响。这与预期结果一致,即企业的人力资本水平越高,越有利于创新绩效的提升。

第五,企业的技术选择对全要素生产率存在微弱的负向影响,系数并不显著。这说明汽车企业在劳动力和资本之间的技术选择情况对其创新绩效的影响并不明显。汽车产业属于资本和劳动密集型产业,我国汽车企业经过多年的发展,其资本与劳动力的配比几乎处于相对平衡的状态,样本中汽车企业的技术选择在 2005 年、2006 年、2007 年几乎保持一致,对创新绩效的影响不大。

第六,值得注意的是,汽车企业出口水平对全要素生产率存在显著的负向影响,即出口对汽车企业创新绩效的提升存在阻碍作用,这与预期结果存在差异。可能的原因是,我国汽车产业虽然出口量较大,但是出口对象主要是越南、印度尼西亚等发展中国家,出口产品主要是技术含量相对较低的中低端产品,也就是说,出口规模的扩大主要以大量低附加值的汽车产品为支撑,出口汽车企业为了追求产量和出口利润,可能会忽视技术创新,导致出口的扩张不利于企业创新绩效的提升。

第三节　基于企业性质的分组门槛效应检验

上文是基于全部汽车企业的门槛效应检验,根据现实情况和理论分析,企业的所有制不同,个体特征不同,对外部知识的态度和吸收能力也存在差异。因此,有必要基于所有制,分别讨论不同性质企业的产业内知识溢出、产业间知识溢出、国际知识溢出和吸收能力对创新绩效的影响效果。

一、国有企业

（一）知识溢出的门槛效应

1. 知识溢出的门槛效应检验

采用相同的方法，以国有汽车企业为子样本，对产业内、产业间和国际知识溢出的门槛效应进行自由抽样检验，分别获得单一门槛、双重门槛、三重门槛假设下的 F 值和 P 值，结果如表 5-15 所示。由表 5-15 可知，国有汽车企业产业内知识溢出的单一门槛、双重门槛和三重门槛效应都不存在；产业间知识溢出的单一门槛、三重门槛不存在，双重门槛在 10% 的显著性水平下存在，但是伴随概率较大（0.8670），也可以理解成不存在门槛效应；国际知识溢出的单一门槛、三重门槛不存在，双重门槛在 5% 的显著性水平下存在。

表 5-15　国有汽车企业知识溢出的门槛效应检验

产业内知识溢出			临界值		
门槛类型	F 值	P 值	10%	5%	1%
单一门槛	16.35	0.3567	31.7526	45.1562	64.8769
双重门槛	8.94	0.6833	33.6422	40.2298	65.8949
三重门槛	2.71	0.9233	21.1084	26.2522	41.8567
产业间知识溢出			临界值		
单一门槛	11.77	0.2400	21.2286	26.3020	47.8362
双重门槛	17.55*	0.8670	15.8450	20.9965	38.4301
三重门槛	4.87	0.6900	34.1582	48.0733	77.7942
国际知识溢出			临界值		
单一门槛	10.32	0.3067	20.2521	28.8293	86.250
双重门槛	30.22**	0.0367	18.3513	25.5366	43.7429
三重门槛	10.13	0.6033	63.3385	118.8875	161.9941

2. 产业内、产业间知识溢出的实证检验

根据国有汽车企业产业内、产业间知识溢出门槛效应检验结果可知，该两

类知识溢出的门槛效应不存在,据此,关于国有汽车企业的产业内和产业间知识溢出情况,可以用普通面板回归进行检验,具体回归结果如表5-16所示。经 Hausman 检验,应选择固定效应。

表5-16　国有企业产业内知识溢出的面板回归结果

变量	固定效应	随机效应
ks	0.0124	-0.0044
	(0.0718)	(0.0147)
fdi	-0.0528	-0.0133*
	(0.0592)	(0.0075)
interks	-0.0645	0.0057
	(0.0401)	(0.0146)
ac	3.9224	-7.7911
	(16.6886)	(7.7287)
ac_ks	2.9453**	-0.2051
	(1.1448)	(0.7953)
ac_fdi	0.9022	0.4897
	(0.9065)	(0.3557)
ac_interks	3.2348**	0.8361
	(1.2676)	(0.8231)
ca_ab	-0.0140	-0.0130
	(0.0120)	(0.0124)
scale	0.0488	-0.0075***
	(0.0704)	(0.0022)
age	-0.0659	0.0004
	(0.0506)	(0.0086)
wage	0.0028*	0.0008
	(0.0015)	(0.0005)

变量	固定效应	随机效应
c_l	−0.0001	0.0000
	(0.0001)	(0.0001)
export	0.0231	0.0222
	(0.2292)	(0.1341)
trend	0.0451	0.0125
	(0.0268)	(0.0244)
常数项	8.5297***	7.7596***
	(0.8093)	(0.1583)
调整的 R^2	0.1717	0.1434

由表 5-16 固定效应回归结果可知,产业内知识溢出与吸收能力的交互项对全要素生产率存在显著的正向影响,参数估计值为 2.9543。这说明,国有汽车企业接收到产业内知识溢出时,其效应受到吸收能力的调节,二者共同作用对创新绩效的提升产生促进作用。产业间知识溢出与吸收能力的交互项对全要素生产率存在显著的正向影响,参数估计值为 3.2348。这说明,国有汽车企业接收到产业间知识溢出时,其效应也受到吸收能力的调节,二者共同作用对创新绩效的提升也产生促进作用。

3. 国有汽车企业国际知识溢出的门槛效应检验

由上述门槛效应检验结果可知,关于国有汽车企业接收到的国际知识溢出,可以基于双重门槛效应检验。门槛效应检验后,需对双重门槛模型的两个门槛值进行估计和检验。双重门槛模型门槛值的估计结果及门槛值 95% 的置信区间如表 5-17 所示。两个门槛值分别为 6.9373 和 7.0772,相应的 95% 的置信区间分别为 [6.8483, 6.9846] 和 [6.9906, 8.0992]。因此,根据两个门槛值,可以将国有汽车企业分为低国际知识溢出(fdi≤6.9373)、中产业间知识溢出(6.9373<fdi≤7.0772)、高产业间知识溢出(fdi>7.0772)三种类型。

表 5-17 国有汽车企业国际知识溢出的门槛值估计

	估计值	95％的置信区间
门槛 fdi1	6.9373	$[6.8483,6.9846]$
门槛 fdi2	7.0772	$[6.9906,8.0992]$

国际知识溢出的门槛值和两个门槛区间出来以后,可以对双重门槛模型进行参数估计。具体参数估计结果如表 5-18 所示。

表 5-18 国有汽车企业国际知识溢出的门槛效应参数估计结果

变量名	参数估计值	标准差	P>|t|	95％的置信区间
ks1	0.0127	0.1592	0.937	$[-0.3050,0.3304]$
fdi	-0.0269	0.1730	0.877	$[-0.3723,0.3185]$
interks	-0.1654	0.1350	0.225	$[-0.4348,0.1040]$
ac	-0.1494	0.2315	0.521	$[-0.6116,0.3127]$
ac_ks	0.0037	0.0189	0.845	$[-0.0339,0.0414]$
ac_interks	0.0205	0.0167	0.224	$[-0.0128,0.0538]$
ca_ab	-0.0156*	0.0396	0.094	$[-0.0946,-0.0633]$
scale	0.0174	0.1418	0.903	$[-0.2656,0.3004]$
age	-0.0252	0.0738	0.733	$[-0.1726,0.1221]$
wage	0.0021**	0.0010	0.037	$[0.0001,0.0041]$
c_l	-0.0001	0.0001	0.458	$[-0.0004,0.0002]$
export	0.2722	0.4570	0.554	$[-0.6401,1.1844]$
trend	0.0200	0.0323	0.537	$[-0.0444,0.0845]$
ac_fdi(fdi≤6.9373)	-0.0066	0.0200	0.743	$[0.0465,0.0333]$
ac_fdi(6.9373<fdi ≤7.0772)	-0.0001*	0.0206	0.079	$[0.0041,0.0410]$
ac_fdi(fdi>7.0772)	-0.0055*	0.0194	0.076	$[0.0044,0.0331]$
常数项	9.1114***	2.0619	0.000	$[4.9959,13.2269]$

由表 5-18 的参数估计结果可知,在国有汽车企业中,当接收到的国际知识溢出小于等于第一门槛值 6.9373 时,即国有汽车企业接收到的国际知识溢出水平较低时,其与吸收能力的交互项对全要素生产率的影响为负,但不显

著;当国际知识溢出大于第一门槛值 6.9373 且小于等于第二门槛值 7.0772时,即国有汽车企业接收到的国际知识溢出处于中等水平时,其与吸收能力的交互项对全要素生产素存在显著负向影响,参数估计值为-0.0001;当国际知识溢出大于第二门槛值 7.0772 时,即国有汽车企业接收到的国际知识溢出处于较高水平时,其与吸收能力的交互项对全要素生产率也存在显著负向影响,参数估计值为-0.0055。这一组数据说明,接收国际知识溢出对国有汽车企业创新绩效的提升存在阻碍作用,而且国有汽车企业接收到的国际知识溢出越多,这种阻碍作用越强。

通过对比国有汽车企业产业内、产业间和国际知识溢出的参数估计可知,产业间知识溢出的参数估计值最大(3.2348),其次为产业内知识溢出(-2.9453),最小的是国际知识溢出(-0.0001 和-0.0055)。这一组数据说明,当只考虑国有汽车企业接收到的不同类型的知识溢出量时,在吸收能力的调节作用下,每增加一单位的知识溢出,国内知识溢出对创新绩效的影响大于国际知识溢出。

(二)吸收能力的门槛效应

1. 吸收能力的门槛效应检验

采用相同的方法,以国有汽车企业为子样本,以企业吸收能力为门槛变量,分别获得单一门槛、双重门槛、三重门槛假设下的 F 值和 P 值,结果如表5-19 所示。由表 5-19 可知,对产业内知识溢出而言,吸收能力存在双重门槛效应;对产业间知识溢出而言,吸收能力存在单一门槛效应;对国际知识溢出而言,吸收能力存在双重门槛效应。

表 5-19　国有汽车企业吸收能力的门槛效应检验

产业内知识溢出			临界值		
门槛类型	F 值	P 值	10%	5%	1%
单一门槛	29.69	0.1133	31.0248	37.7141	49.6012
双重门槛	113.04 **	0.0033	29.4753	39.9945	56.3938
三重门槛	21.35	0.7167	129.2707	169.4628	265.2446

续表

产业间知识溢出			临界值		
单一门槛	31.33*	0.0667	26.4999	33.9799	65.7981
双重门槛	20.59	0.1833	24.3124	34.2403	52.3861
三重门槛	11.56	0.6833	52.5377	64.8167	78.6694
国际知识溢出			临界值		
单一门槛	32.73	0.0767	27.4829	39.8775	88.3943
双重门槛	108.24***	0.0000	27.2874	36.0568	70.4080
三重门槛	13.99	0.8100	157.5493	188.8112	268.5471

2. 吸收能力的门槛值估计

门槛效应检验后,需对吸收能力门槛模型的门槛值进行估计和检验以吸收能力为门槛变量时,产业内、产业间和国际知识溢出的门槛值及相应的95%的置信区间如表5-20所示。由表5-20可知,对产业内和国际知识溢出而言,吸收能力的第一门槛值为8.9297,第二门槛值为8.9644,置信区间分别为[8.7815,8.9372]和[8.7733,8.9794];对产业间知识溢出而言,吸收能力存在一个门槛值8.9297,置信区间为[8.7815,8.9372]。

表5-20　国有汽车企业吸收能力门槛值估计

	吸收能力	估计值	95%的置信区间
产业内知识溢出	AC1	8.9297	[8.7815,8.9372]
产业内知识溢出	AC2	8.9644	[8.7733,8.9794]
产业间知识溢出	AC	8.9297	[8.7815,8.9372]
国际知识溢出	AC1	8.9297	[8.7815,8.9372]
国际知识溢出	AC2	8.9644	[8.7733,8.9794]

3. 吸收能力的门槛效应参数估计

产业内、产业间和国际知识溢出的门槛值和门槛区间估计出来以后,可以对门槛模型进行参数估计。具体参数估计结果如表5-21所示。

表5-21　国有汽车企业吸收能力的门槛效应参数估计

变量名	参数估计值	标准差	P>|t|	95%的置信区间
ac_ks(ks≤8.9297)	0.0048*	0.0148	0.049	[0.0248,0.0343]
ac_ks(8.9297<ks≤8.9644)	0.0128*	0.0148	0.092	[0.0168,0.0424]
ac_ks(ks>8.9644)	0.0054	0.0147	0.715	[-0.0240,0.0348]
ac_interks(interks≤8.9297)	0.0120**	0.0158	0.045	[0.0195,0.0434]
ac_interks(interks>8.9297)	0.0171	0.0157	0.282	[-0.0144,0.0485]
ac_fdi(fdi≤8.9297)	-0.0151**	0.0155	0.036	[-0.0461,-0.0159]
ac_fdi(8.9297<fdi≤8.9644)	-0.0012	0.0157	0.941	[-0.0324,0.0301]
ac_fdi(fdi>8.9644)	-0.0133	0.0156	0.397	[-0.4457,0.0179]

由表5-21的参数估计结果可知,在国有汽车企业中,吸收能力存在门槛效应。当吸收能力小于等于第一门槛值8.9297时,产业内知识溢出与吸收能力的交互项对全要素生产率存在显著正向影响,参数估计值为0.0048;产业间知识溢出与吸收能力的交互项对全要素生产率存在显著正向影响,参数估计值为0.012;国际知识溢出与吸收能力的交互项对全要素生产率存在显著负向影响,参数估计值为-0.0151。这说明,当国有汽车企业的吸收能力处于较低水平时[1],其接收到的产业内、产业间知识溢出对企业创新绩效的提升存在促进作用,而其接收到的国际知识溢出对企业创新绩效的提升存在阻碍作用。当吸收能力大于第一门槛值8.9297且小于等于第二门槛值8.9644时,产业内知识溢出与吸收能力的相互项对全要素生产率存在显著的正向影响,参数估计值为0.0128;而产业间和国际知识溢出与吸收能力的相互项对全要素生产率的影响并不显著。这说明,当国有汽车企业的吸收能力处于中等水平时,其接收到的产业内知识溢出有利创新绩效的提升,产业间和国际知识溢出对创新绩效的提升影响不明显。当国有汽车企业的吸收能力大于第二门槛

---

[1]　这里的"较低水平"是就国有汽车企业而言的,而不是前文所说的所有汽车企业的"较低水平",临界值为8.9297,大于前文所说的所有汽车企业的第一门槛值6.4949,甚至大于所有汽车企业吸收能力第二门槛值7.2611。

值 8.9644 时,三种类型知识溢出与吸收能力的相互项对全要素生产的影响都不显著。这说明,当国有汽车企业吸收能力处于高水平时,其接收到的知识溢出对创新绩效的提升作用也不明显。

通过对比国有汽车企业产业内、产业间和国际知识溢出的参数估计值可知,国际知识溢出的参数估计值最大(-0.0151),为负值,其次为产业内知识溢出(0.0048 和 0.0128),最小的是产业间知识溢出(0.012)。这一组数据说明,每增加一单位的吸收能力,产业内、产业间和国际知识溢出对国有汽车产业创新绩效的影响效果不同。其中,国际知识溢出对创新绩效的影响最大,但为负向影响,其次是产业内知识溢出,产业间知识溢出的影响最小。从门槛效应检验的参数估计值可知,国有企业的吸收能力并不是越大越有利于创新绩效的提升,而应当控制在一定范围内。

二、民营企业

(一)知识溢出的门槛效应

1. 知识溢出的门槛效应检验

采用相同的方法,以民营汽车企业为子样本,对产业内、产业间和国际知识溢出的门槛效应进行自由抽样检验,分别获得单一门槛、双重门槛、三重门槛假设下的 F 值和 P 值,结果如表 5-22 所示。由表 5-22 可知,民营汽车企业产业内、产业间知识溢出的单一门槛、双重门槛和三重门槛效应都不存在;国际知识溢出的单一门槛、三重门槛不存在,双重门槛在 5% 的显著性水平下存在。

表 5-22　民营汽车企业知识溢出的门槛效应检验

产业内知识溢出			临界值		
门槛类型	F 值	P 值	10%	5%	1%
单一门槛	19.68	0.1867	29.3638	38.2802	80.7796
双重门槛	20.94	0.1600	26.3059	32.9629	52.9229
三重门槛	6.33	0.6367	23.2010	33.3773	47.1518

产业间知识溢出			临界值		
单一门槛	7.49	0.3700	13.6082	17.4746	26.8657
双重门槛	8.86	0.1500	10.0400	12.6047	17.2221
三重门槛	3.31	0.7367	15.1353	20.2777	29.6841
国际知识溢出			临界值		
单一门槛	14.1	0.1467	17.2574	27.7649	60.2664
双重门槛	23.56 **	0.0367	18.6898	26.8103	64.9349
三重门槛	13.03	0.1700	17.9056	25.8374	85.1623

2. 产业内和产业间知识溢出的实证检验

根据民营汽车企业产业内和产业间知识溢出门槛效应检验结果可知,该两类门槛效应不存在,据此,关于民营汽车企业的产业内、产业间知识溢出情况,可以用普通面板回归进行检验,具体回归结果如表 5-23 所示。经 Hausman 检验,应选择固定效应。

表 5-23　民营企业产业内知识溢出的面板回归结果

变量	固定效应	随机效应
ks	−0.0111	0.0030
	(0.0200)	(0.0051)
fdi	−0.0032	−0.0022
	(0.0072)	(0.0030)
interks	−0.0102	0.0024 **
	(0.0072)	(0.0041)
ac	−5.1898 ***	−2.7449
	(1.8923)	(2.3390)
ac_ks	0.4485 ***	0.1744
	(0.1682)	(0.1975)

续表

变量	固定效应	随机效应
ac_fdi	0.0927	−0.0615
	(0.1207)	(0.0953)
ac_interks	−0.1223*	0.1335
	(0.0683)	(0.0611)
ca_ab	−0.0109**	−0.0014
	(0.0042)	(0.0019)
scale	0.0786	0.0000
	(0.0514)	(0.0059)
age	−0.0003	−0.0007***
	(0.0004)	(0.0002)
wage	0.0007	−0.0002
	(0.0005)	(0.0002)
c_l	−0.0028	−0.0008
	(0.0057)	(0.0033)
export	−0.0331	−0.0090
	(0.0247)	(0.0084)
trend	−0.0061***	−0.0095
	(0.0074)	(0.0063)
常数项	7.9535	7.6867***
	(0.2392)	(0.0549)
调整的 R^2	0.2208	0.2623

由表 5-23 固定效应回归结果可知,产业内知识溢出与吸收能力的交互项对全要素生产率存在显著的正向影响,参数估计值为 0.4485。这说明,民营汽车企业接收到产业内知识溢出时,其效应受到吸收能力的调节,二者共同作用对创新绩效的提升产生促进作用。产业间知识溢出与吸收能力的交互项

对全要素生产率存在显著的负向影响,参数估计值为 -0.1223。这说明,民营汽车企业接收到产业间知识溢出时,其效应也受到吸收能力的调节,二者共同作用对创新绩效的提升产生阻碍作用。

3. 国际知识溢出的门槛效应检验

由上述门槛效应检验结果可知,民营汽车企业国际知识溢出,可以基于双重门槛效应检验。经检验民营汽车企业国际知识溢出的两个门槛值分别为 6.8095 和 8.4177,相应的 95% 的置信区间分别为 [6.5395,8.8263] 和 [8.3213,8.4504]。因此,根据两个门槛值,可以将民营汽车企业分为低国际知识溢出(fdi≤6.8095)、中产业间知识溢出(6.8095<fdi≤8.4177)、高产业间知识溢出(fdi>8.4177)三种类型。

国际知识溢出的门槛值和两个门槛区间出来以后,可以对双重门槛模型进行参数估计。具体参数估计结果如表5-24所示。

表5-24 民营汽车企业国际知识溢出的门槛效应参数估计结果

变量名	参数估计值	标准差	P>|t|	95%的置信区间
ks1	-0.00400	0.02170	0.856	[-0.0466,0.0387]
fdi	-0.00570	0.03600	0.875	[-0.0763,0.0650]
interks	0.00300	0.03190	0.925	[-0.0595,0.0656]
ac	-0.02820	0.05410	0.603	[-0.1344,0.0780]
ac_ks	0.00130	0.00390	0.742	[-0.0063,0.0088]
ac_interks	-0.00170	0.00390	0.673	[-0.0094,0.0061]
ca_ab	-0.00940*	0.00530	0.077	[-0.0198,0.0010]
scale	0.09210*	0.04730	0.052	[-0.0007,0.1850]
age	-0.00270	0.01670	0.873	[-0.0354,0.0301]
wage	0.02070**	0.01020	0.044	[0.0006,0.0407]
c_l	-0.00004	0.00004	0.234	[-0.0001,0.00003]
export	-0.22980***	0.08120	0.005	[-0.3892,-0.0703]
trend	-0.01230	0.00810	0.127	[-0.0282,0.0035]

续表

变量名	参数估计值	标准差	P>|t|	95%的置信区间
ac_fdi(fdi≤6.8095)	0.00500	0.00300	0.123	[-0.0013,0.0104]
ac_fdi(6.8095<fdi ≤8.4177)	-0.00320*	0.00280	0.057	[-0.0023,0.-0087]
ac_fdi(fdi>8.4177)	0.00290*	0.00270	0.028	[0.0024,0.0082]
常数项	7.74080***	0.47870	0.000	[6.8008,8.6808]

由表 5-24 参数估计结果可知,在民营汽车企业中,当国际知识溢出小于等于第一门槛值 6.8095① 时,即民营汽车企业接收到的国际知识溢出较小时,国际知识溢出与吸收能力的交互项对创新绩效的影响为正,但不显著。这说明,当民营汽车企业接收到的国际知识溢出水平较低时,其与吸收能力的共同作用对创新绩效的影响不明显。当国际知识溢出大第一门槛值 6.8095 且小于等于第二门槛值 8.4177 时,即民营汽车企业接收到的国际知识溢出处于中等水平时,国际知识溢出与吸收能力的交互项对全要素生产率存在显著负向影响,参数估计值为-0.0032。这说明,当民营汽车企业接收到的国际知识溢出处于中等水平时,其与吸收能力的共同作用对创新绩效提升具有明显的阻碍作用。当国际知识溢出大于第二门槛值 8.4177 时,即民营汽车企业接收到的国际知识溢出处于高等水平时,其与吸收能力的交互项对全要素生产率存在显著的正向影响,参数估计值为 0.0029。这说明,当民营汽车企业接收到的国际知识溢出处于高水平时,其与吸收能力的共同作用对创新绩效的提升具有明显的促进作用。

通过对比民营汽车企业产业内、产业间和国际知识溢出的参数估计可知,产业内知识溢出的参数估计值最大(0.4485),其次为产业间知识溢出(-0.1223),最小的是国际知识溢出(-0.0032 和 0.0029)。这一组数据说明,

————————

① 民营汽车企业国际知识溢出的第一门槛与所有汽车企业国际知识溢出的第一门槛值相等,都为 6.8095。

当只考虑民营汽车企业接收到的不同类型的知识溢出水平时,在吸收能力的调节作用下,每增加一单位的知识溢出,产业内知识溢出对创新绩效的影响最大,其次是产业间知识溢出,国际知识溢出的影响最小。这一结果说明,民营汽车企业接收到的产业内知识溢出和国际知识溢出量越大,越有利于创新绩效的提升,但是对产业间知识溢出和国际知识溢出须持谨慎态度。

(二)吸收能力的门槛效应

采用相同的方法,以民营汽车企业为子样本,以吸收能力为门槛变量,分别获得单一门槛、双重门槛、三重门槛假设下的 F 值和 P 值,结果如表 5-25 所示。由表 5-25 可知,当以吸收能力为门槛变量时,产业间和国际知识溢出都不存在门槛效应,产业内知识溢出存在双重门槛效应。经检验,第一门槛值为 6.4849,第二门槛值为 7.2664,相应的 95% 的置信区间分别为 [6.3761,6.5221] 和 [7.2042,7.2794]。具体的参数估计值如表 5-26 所示。

表 5-25　民营汽车企业吸收能力的门槛效应检验

产业内知识溢出			临界值		
门槛类型	F 值	P 值	10%	5%	1%
单一门槛	13.28	0.2833	19.1139	22.8180	35.2024
双重门槛	67.90***	0.0000	18.6372	21.5304	31.5005
三重门槛	8.76	0.6000	34.2517	49.7248	88.2590
产业间知识溢出			临界值		
单一门槛	13.72	0.2533	19.0756	25.6168	40.7381
双重门槛	1.15	1.0000	19.0672	25.6616	36.0008
三重门槛	4.51	0.9233	24.6274	33.7981	47.4253
国际知识溢出			临界值		
单一门槛	13.53	0.2133	17.7615	22.5441	29.9420
双重门槛	0.99	1.0000	20.7300	28.4026	42.1503
三重门槛	4.30	0.9100	21.5557	26.6473	64.1424

表 5-26　民营汽车企业吸收能力的门槛效应参数估计结果

变量名	参数估计值	标准差	P>ltl	95%的置信区间
ks1	-0.0153	0.0348	0.661	[-0.0837, 0.0531]
fdi	-0.0060	0.0211	0.780	[-0.0473, 0.0591]
interks	-0.0019	0.0311	0.951	[-0.0629, 0.0591]
ac	-0.0201	0.0528	0.703	[-0.1237, 0.0835]
ac_fdi	0.0006	0.0025	0.793	[-0.0042, 0.0055]
ac_interks	-0.0010	0.0038	0.804	[-0.0085, 0.0066]
ca_ab	-0.0200 ***	0.0052	0.000	[-0.0303, -0.0097]
scale	0.0938 *	0.0459	0.041	[0.0037, 0.1838]
age	-0.0002	0.0044	0.972	[-0.0087, 0.0084]
wage	0.0007 ***	0.0002	0.001	[0.0003, 0.0017]
c_l	-0.0001	0.0000	0.420	[-0.0000, 0.0001]
export	-0.0362	0.0231	0.118	[-0.0815, 0.0091]
trend	-0.0074	0.0082	0.363	[-0.0234, 0.0086]
ac_ks(ac≤6.4849)	0.0022	0.0037	0.549	[-0.0013, 0.0104]
ac_ks(6.4849<ac ≤7.2664)	-0.0017	0.0038	0.654	[-0.0023, 0.-0087]
ac_ks(ac>7.2664)	0.0021 *	0.0037	0.076	[0.0024, 0.0082]
常数项	7.9464 ***	0.4647	0.000	[6.8008, 8.6808]

由表 5-26 的参数估计结果可知,当民营汽车企业的吸收能力低于第二门槛值 7.2664 时,知识溢出与吸收能力的交互项对全要素生产率的影响不显著;当民营汽车企业的吸收能力大于第二门槛值时,产业内知识溢出与吸收能力的交互项对全要素生产率存在显著正向影响,参数估计值为 0.0021。这说明,只有当民营汽车企业具备较高的吸收能力时,产业内知识溢出才会对创新绩效的提升产生促进作用。

这一组数据说明,每增加一单位的吸收能力,产业内知识溢出对民营汽车企业的创新绩效存在影响,而产业间知识溢出和国际知识溢出的影响并不显著。

三、外资企业

(一)知识溢出的门槛效应

1. 知识溢出的门槛效应检验

采用相同的方法,以外资汽车企业为子样本,对产业内、产业间和国际知识溢出的门槛效应进行自由抽样检验,分别获得单一门槛、双重门槛、三重门槛假设下的 F 值和 P 值,结果如表 5-27 所示。由表 5-27 可知,外资汽车企业产业内、国际知识溢出的单一门槛效应在 5% 的显著性水平下存在;产业间知识溢出的单一门槛、双重门槛和三重门槛都不存在。因此,关于产业内、国际知识溢出,可基于门槛效应研究;关于产业间知识溢出,可用普通面板回归。

表 5-27 外资汽车企业知识溢出的门槛效应检验

产业内知识溢出			临界值		
门槛类型	F 值	P 值	10%	5%	1%
单一门槛	23.08**	0.0367	17.5690	22.1149	34.2009
双重门槛	4.56	0.8800	36.9654	47.9751	68.3261
三重门槛	3.34	0.8000	16.2018	22.4060	43.3652
产业间知识溢出			临界值		
单一门槛	14.78	0.1200	15.0953	18.6950	24.9356
双重门槛	-2.36	1.0000	17.3548	20.1358	28.5504
三重门槛	6.02	0.6433	19.2045	25.4004	33.9242
国际知识溢出			临界值		
单一门槛	29.31**	0.0167	19.4908	23.0543	32.7828
双重门槛	-8.33	1.0000	18.3427	25.7837	44.8161
三重门槛	6.06	0.5567	16.2448	22.0111	32.9611

2. 产业内、国际知识溢出的实证检验

根据外资汽车企业产业内和国际知识溢出门槛效应检验结果可知,该两类知识溢出的单一门槛效应存在,门槛值分别为 13.2172 和 7.6101,置信区间分别为[13.0835,13.3148]和[7.3733,7.7135],如表 5-28 所示。

表 5-28　外资汽车企业产业内和国际知识溢出的门槛值估计

	估计值	95%的置信区间
门槛 ks	13.2172	[13.0835,13.3148]
门槛 fdi	7.6101	[7.3733,7.7135]

产业内、国际知识溢出的门槛值和两个门槛区间出来以后,可以分别进行双重门槛模型的参数估计。具体参数估计结果如表 5-29 所示。

表 5-29　外资汽车企业产业内、国际知识溢出门槛效应的参数估计

变量名	参数估计值	标准差	P>|t|	95%的置信区间
ac_ks(ks≤13.2172)	−0.0075	0.0117	0.524	[−0.0312,0.0161]
ac_ ks(ks>13.2172)	0.0097**	0.0117	0.041	[0.0335,0.1040]
ac_fdi(fdi≤7.6101)	0.0052**	0.0094	0.058	[0.0137,0.0242]
ac_fdi(fdi>7.6101)	0.0021	0.0095	0.826	[−0.0171,0.0214]

由表 5-29 参数估计结果可知,在外资汽车企业中,当外资汽车企业接收到的产业内知识溢出水平较低时,其与吸收能力的交互项对全要素生产率存在负向影响,但不显著;当接收到的产业内知识溢出水较高时,其与吸收能力的交互项对全要素生产率存在显著的正向影响,参数估计值为 0.0097。这说明,外资汽车企业接收到的产业内知识溢出只有超过一定量时,其与吸收能力的共同作用才会促进创新绩效的提升。当外资汽车企业接收到的国际知识溢出较少时,其与吸收能力的交互项对全要素生产率存在显著的正向影响,参数估计值为 0.0052;当接收到的国际知识溢出较大时,其与吸收能力的交互项对全要素生产率的影响并不显著。这说明,外资汽车企业接收到的国际知识溢出只有控制在一定水平,才会促进其创新绩效的提升。

3. 产业间知识溢出的实证检验

由门槛效应检验结果可知,外资汽车企业的产业间知识溢出不存在门槛效应,可用普通面板回归,结果如表 5-30 所示。经 Hausman 检验,应选固定效应模型。

表 5-30　外资汽车企业产业间知识溢出的面板回归结果

变量	固定效应	随机效应
ks	−0.078	−0.0221
	(0.0523)	(0.0127)
fdi	−0.054	−0.0047
	(0.0342)	(0.0092)
interks	0.0218	−0.0187*
	(0.0284)	(0.0110)
ac	−38.3515	−12.7728
	(24.3174)	(9.8911)
ac_ks	1.7231	0.5491
	(1.6961)	(0.5933)
ac_fdi	1.0277	0.0044
	(1.1581)	(0.4292)
ac_interks	0.6535**	0.6694**
	(0.0147)	(0.3297)
ca_ab	−0.0045**	0.0010
	(0.0136)	(0.0042)
scale	0.0873*	0.0329
	(0.0718)	(0.0316)
age	−0.0243**	0.0010
	(0.0193)	(0.0027)

变量	固定效应	随机效应
wage	-0.0013**	-0.0007
	(0.0005)	(0.0006)
c_l	0.0149	0.0081
	(0.0106)	(0.0099)
export	0.1170**	-0.0439*
	(0.0505)	(0.0233)
trend	——	-0.0171
	——	(0.0159)
常数项	9.0898	8.1839
	(0.7295)	(0.2008)
调整的 R^2	0.2080	0.3309

由表 5-30 固定效应回归结果可知,产业间知识溢出与吸收能力的交互项对全要素生产率存在显著的正向影响,参数估计值为 0.6535。这说明,当外资汽车企业接收到产业间知识溢出时,其效应受到吸收能力的调节,二者共同作用对创新绩效的提升产生促进作用,接收到的产业间知识溢出每增加1%,在其他条件不变的情况下,创新绩效会提升 0.6535%。

通过对比外资汽车企业产业内、产业间和国际知识溢出的参数估计可知,产业间知识溢出的参数估计值最大(0.6535),其次为产业内知识溢出(0.0097),最小的是国际知识溢出(0.0052)。这一组数据说明,当只考虑外资汽车企业接收到的不同类型的知识溢出水平时,在吸收能力的调节作用下,每增加一单位的知识溢出,产业间知识溢出对创新绩效的影响最大,其次是产业内知识溢出,国际知识溢出的影响最小。

(二)吸收能力的门槛效应

1. 吸收能力的门槛效应检验

采用相同的方法,以外资汽车企业为子样本,以企业吸收能力为门槛变量,分别获得单一门槛、双重门槛、三重门槛假设下的 F 值和 P 值,结果如表

5-31 所示。由表 5-31 可知,对产业内知识溢出而言,吸收能力存在单一门槛效应;对产业间知识溢出而言,吸收能力存在三重门槛效应;对国际知识溢出而言,吸收能力不存在门槛效应。据此,以吸收能力为门槛变量时,产业内和产业间知识溢出可以分别基于单一门槛和三重门槛效应检验,国际知识溢出可用普通面板回归分析。

表 5-31　外资汽车企业吸收能力的门槛效应检验

产业内知识溢出			临界值		
门槛类型	F 值	P 值	10%	5%	1%
单一门槛	21.24**	0.0460	19.1185	21.0116	31.3268
双重门槛	9.13	0.5167	20.6261	25.8354	36.1842
三重门槛	18.40	0.1067	18.9161	23.6804	33.8316
产业间知识溢出			临界值		
单一门槛	19.80	0.1000	19.7660	25.1936	44.5362
双重门槛	8.48	0.5167	19.2060	22.5143	28.5711
三重门槛	22.41**	0.0367	16.7957	20.5540	34.4895
国际知识溢出			临界值		
单一门槛	15.77	0.1967	22.2078	26.7417	32.3916
双重门槛	10.66	0.3767	18.4457	22.0154	29.5791
三重门槛	6.52	0.6500	21.3136	27.0430	39.4746

2. 吸收能力的门槛值估计

门槛效应检验后,需对门槛模型的门槛值进行估计和检验以吸收能力为门槛变量时,产业内、产业间知识溢出的门槛值及相应的 95% 的置信区间如表 5-32 所示。由表 5-32 可知,对产业内知识溢出而言,吸收能力的门槛值为 5.4161,置信区间分别为 [5.3298,5.4977];对产业间知识溢出而言,吸收能力的第一门槛值为 5.4161,置信区间为 [5.3298,5.4977],第二门槛值为 7.3877,置信区间为 [7.1813,7.5358],第三门槛值为 7.5358,置信区间为 [7.3877,7.5854]。

表 5-32　外资汽车企业吸收能力的门槛值估计

	吸收能力	估计值	95%的置信区间
产业内知识溢出	AC	5.4161	[5.3298,5.4977]
产业间知识溢出	AC1	5.4161	[5.3298,5.4977]
产业间知识溢出	AC2	7.3877	[7.1813,7.5358]
产业间知识溢出	AC3	7.5358	[7.3877,7.5854]

3. 吸收能力的门槛效应参数估计

产业内、产业间知识溢出的门槛值和门槛区间出来以后，可以对门槛模型进行参数估计。具体参数估计结果如表 5-33 所示。

表 5-33　外资汽车企业产业内和产业间知识溢出门槛效应参数估计

变量名	参数估计值	标准差	P>|t|	95%的置信区间
ac_ks(ac≤5.4161)	0.0025	0.1253	0.842	[-0.0228,0.0278]
ac_ks(ac>5.4161)	0.0007*	0.0124	0.097	[0.0244,0.0257]
ac_interks(ac≤5.4161)	0.0016	0.0081	0.844	[-0.0148,0.0180]
ac_interks(5.4161<ac≤7.3877)	-0.0021*	0.0083	0.086	[-0.0189,-0.0148]
ac_interks(7.3877<ac≤7.5358)	0.0036	0.0083	0.666	[-0.0183,0.0154]
ac_interks(ac>7.5358)	0.0014*	0.0083	0.065	[0.0082,0.0154]

由表 5-33 参数估计结果可知，在外资汽车企业中，当吸收能力小于等于门槛值 5.4161 时，产业内知识溢出与吸收能力的交互项对全要素生产率存在正向影响，但并不显著。当吸收能力大于门槛值 5.4161 时，产业内知识溢出与吸收能力的交互项对全要素生产率存在显著正向影响，参数估计值为 0.0007。这说明，产业内知识溢出对企业创新绩效的影响受到吸收能力的调节作用，只有当吸收能力达到一定量时，才会对企业创新绩效产生促进作用。当吸收能力小于等于 5.4161 或处于(7.3877,7.5358]区间时，产业间知识溢出与吸收能力的交互项对全要素生产率的影响不显著；当吸收能力处于

(5.4161,7.3877]时,产业间知识溢出与吸收能力的交互项对全要素生产存在显著负向影响,参数估计值为−0.0021;当吸收能力大于7.5358时,产业间知识溢出与吸收能力的交互项对全要素生产率存在显著正向影响,参数估计值为0.0014。这说明,产业间知识溢出对外资汽车企业创新绩效的影响,受到吸收能力的调节作用,当企业吸收能力较低时,会产生阻碍作用;当企业吸收能力高时,会产生促进作用。

这一组数据说明,每增加一单位的吸收能力,产业内、产业间和国际知识溢出对外资汽车产业创新绩效的影响效果不同。其中,产业间知识溢出对创新绩效的影响最大,产业内知识溢出的影响较小,国际知识溢出的影响并不明显。这说明,吸收能力越高,越有利于外资汽车企业创新绩效的提升。

对比不同性质的汽车企业,在吸收能力一定时,接收到不同类型知识溢出对创新绩效的影响可知,国有、民营、外资汽车企业接收到的产业内、产业间知识溢出的影响效果都大于国际知识溢出。这一组分企业性质的讨论,充分证明了上文全部汽车企业研究结论的正确性,原因也已分析。但是,企业性质不同,也存在一些不同的情况。最明显的是国有汽车企业接收到不同水平国际知识溢出时的表现,明显不同于民营、外资汽车企业。国际知识溢出对国有汽车企业的影响始终为负,而对民营、外资汽车企业创新绩效的影响在溢出量超过门槛值时为正。这与企业性质高度相关。国有汽车企业是最早实践"市场换技术"战略的企业,这一战略在一段时间内有利于其技术和创新水平的提升,但也使其形成对国际知识、技术的依赖,且国有汽车企业规模庞大,非市场化程度相对较高,转型困难,一旦对国际知识形成依赖,很难在短时间内实现调整和修正。与此形成对比的是民营、外资汽车企业,机制灵活,转型快,始终参与市场竞争,能够及时跟上市场变化,一旦情况有异,及时调整企业战略。

对比不同性质的汽车企业,在知识溢出水平一定时,吸收能力变化对创新绩效的影响可知,民营、外资汽车企业吸收能力越高越有利于创新绩效提升,而国有汽车企业并非如此,而是需要将吸收能力控制在一定范围内。这也主要与企业性质相关。根据知识溢出水平的回归结果可知,国有汽车企业接收到国际知识溢出水平越高,越不利于其创新绩效的提升,此时,若国有汽车企业吸收能力越强,再加上我国汽车企业吸收能力与国际知识更匹配这一特点,国际知识溢出对创新绩效的不利影响会更大。据此,国有汽车企业一方面要对国际知识溢出持谨慎态度,另一方面要把吸收能力控制在一定范围内。

小　结

本章利用第四章计算出来的相关数据,构建我国汽车产业知识溢出、吸收能力影响创新绩效的门槛效应模型,分别以产业内、产业间和国际知识溢出以及吸收能力为门槛变量,实证检验了处于不同水平的知识溢出与吸收能力共同作用对创新绩效的影响,并得到一些重要结论。本章实证检验得到的结论包括:

第一,产业内知识溢出对创新绩效的影响存在单一门槛效应。H31 得到验证。汽车企业接收产业内知识溢出,有利于其创新绩效的提升。但是,接收到的产业内知识溢出过高时,创新绩效提升的效果会受损。第二,产业间知识溢出对创新绩效的影响存在双重门槛效应。H32 得到验证。当汽车企业接收到的产业间知识溢出水平较低时,对创新绩效的影响不显著;当汽车企业接收到的产业间知识溢出处于中等水平时,会阻碍创新绩效的提升;只有当汽车企业接收到的产业间知识溢出水平较高时,才会促进创新绩效的提升。第三,国际知识溢出对创新绩效的影响也存在双重门槛效应。H33 得到验证。当汽车企业接收到的国际知识溢出水平较低时,对创新绩效的影响不显著;当汽车企业接收到的国际知识溢出处于中等水平时,会阻碍创新绩效的提升;只有当汽车企业接收到的国际知识溢出水平较高时,才会促进创新绩效的提升。第四,汽车企业的吸收能力对知识溢出影响创新绩效的调节也存在双重门槛效应。H41、H42、H43 得到验证。当汽车企业的吸收能力较低时,产业内、产业内和国际知识溢出对创新绩效的影响并不显著;当汽车企业的吸收能力处于中等水平时,产业内、产业内和国际知识溢出对创新绩效的提升会产生阻碍作用,其中阻碍作用最大的是国际知识溢出,其次为产业间、产业内知识溢出;当汽车企业的吸收能力较高时,产业内、产业内知识溢出对创新绩效的提升起促进作用,而国际知识溢出对创新绩效的提升还是起阻碍作用,只不过这个阻碍作用稍微弱于前一阶段。也就是说,对于全部汽车企业而言,一方面,产业内知识溢出对创新绩效的影响存在单一门槛效应,且主要起促进作用;产业内、国际知识溢出对创新绩效的影响存在双重门槛效应,且影响效果呈非线性的 U 形变化。另一方面,吸收能力对知识溢出影响创新绩效的调节效应呈非线性。当吸收能力处于不同水平时,产业内、产业间知识溢出对创新绩效的影响呈 U 形变化,国际知识溢出的影响呈非线性的分段变化。另外,根据实证检验的参数估计还可知:当吸收能力保持不变,只考虑汽车企业接收到的不同类型的知识溢出水平时,每增加一单位不同类型的知识溢出,产业内知识溢出对创新绩效的影响最大,其次是产业间知识溢出,国际知识溢出的影响最小且主要为负向影响;当知识溢出水平保持不变,每增加一单位的吸收能力,国际知识溢出对创新绩效的影响最大,其次是产业间知识溢出,产业内知识溢出的影响较最小。由此可知,对于全部汽车企业而言,要想通过吸收外部知识溢出提高创新绩效,一方面,要确保接收到的产业内、产业间和国际知识溢出水平达到一定级别;另一方面,也要确保自身对产业内、产业间和国际知识溢出的吸收能力达到一定级别。

对于国有汽车企业而言,第一,产业内知识溢出对创新绩效的影响不存在门槛效应。H311 未得到验证。当国有汽车企业接收到产业内知识溢出时,其效应受吸收能力的调节,二者共同作用促进创新绩效提升。第二,产业间知识溢出对创新绩效的影响也不存在门槛效应。H321 未得到验证。当国有汽车企业接收到产业间知识溢出时,其效应也受吸收能力的调节,二者共同作用对创新绩效也产生促进作用。第三,国际知识溢出对创新绩效的影响存在双重门槛效应。H331 得到验证。当接收到的国际知识溢出水平较低时,对创新绩效的影响效果不明显;当接收到的国际知识溢出水平较高时,阻碍创新绩效的提升;并且,接收到的国际知识水平越高,这种阻碍作用就越强。第四,国有汽车企业吸收能力对知识溢出影响创新绩效的调节也存在双重门槛效应。H411、H421、H431得到验证。当吸收能力处于较低水平时,产业内、产业间知识溢出对创新绩效的提升起促进作用,而国际知识溢出对创新绩效的提升起阻碍作用;当吸收能力处于中等水平时,产业内知识溢出对创新绩效的提升起促进作用,产业间、国际知识溢出对创新绩效的影响并不显著;当吸收能力处于高等水平时,三种类型的知识溢出对创新绩效的影响都不显著。也就是说,对于国有汽车企业而言,一方面,产业内、产业间知识溢出对创新绩效的影响不存在门槛效应,为线性的正向效应;国际知识溢出存在双重门槛效应,且主要为负向影响。另一方面,吸收能力对知识溢出影响创新绩效的调节效应呈非线性变化。当吸收能力处于不同水平时,产业内知识溢出对创新绩效的影响呈 U 形变化,而产业间、国际知识溢出的影响呈分段变化。另外,根据实证检验的参数估计还可知:当吸收能力保持不变,只考虑国有汽车企业接收到的不同类型的知识溢出水平时,每增加一单位不同类型的知识溢出,产业间知识溢出对创新绩效的影响最大,其次是产业内知识溢出,国际知识溢出的影响最小且主要为负向影响;当知识溢出水平保持不变,每增加一单位的吸收能力,国际知识溢出对创新绩效的影响最大,但为负向影响,其次是产业内知识溢出,产业间知识溢出的影响最小。由此可知,对于国有汽车企业而言,要想通过吸收外部知识溢出提高创新绩效,一方面,要确保接收到的产业内、产业间和国际知识溢出水平达到一定级别;另一方面,要将自身对产业内、产业间和国际知识溢出的吸收能力控制在一定区间。

对于民营汽车企业而言,第一,产业内知识溢出对创新绩效的影响不存在门槛效应。H312 未得到验证。当民营汽车企业接收到产业内知识溢出时,其效应受吸收能力的调节,二者共同作用对创新绩效产生促进作用。第二,产业间知识溢出对创新绩效的影响也不存在门槛效应。H322 未得到验证。当民营汽车企业接收到产业间知识溢出时,其效应也受吸收能力的调节,二者共同作用对创新绩效产生阻碍作用。第三,国际知识溢出对创新绩效的影响存在双重门槛效应。H332 得到验证。当接收到的国际知识溢出水平较低时,对创新绩效的影响不明显;当接收到的国际知识溢出处于中等水平时,对创新绩效的提升产生阻碍作用;当接收到的国际知识溢出处于高水准时,对创新绩效的提升存在促进作用。第四,对于民营汽车企业而言,吸收能力对产业间、国际知识溢出影响创新绩效的调节作用不存在门槛效应,只对产业内知识溢出的调节作用存在门槛效应;只有当民营汽车企业具有较高的吸收能力时,产业内知识溢出才会对创新绩效的提升产生促进作用。H412 得到验证,H422、H432未得到验证。也就是说,对于民营汽车企业而言,一方面,产业内、产业间知识溢出对创新绩效的影响不存在门槛效应;国际知识溢出存在双重门槛效应,呈U形变化。另一方面,吸收能力对产业内知识溢出影响创新绩效的调节效应呈非线性变化,对产业间、国际知识溢出的调节效应并不显著。另外,根据实证检验的参数估计还可知:当吸收能力保持不变,只考虑民营汽车企业接收到的不同类型的知识溢出水平时,每增加一单位不同类型的知识溢出,产业内知识溢出对创新绩效的影响最大,其次是产业间知识溢出,国际知识溢出的影响最小且主要为负向影响;当知识溢出水平保持不变,每增加一单位的吸收能力,产业内知识溢出对创新绩效存在影响,而产业间、国际知识溢出的影响并不显著。由此可知,对于民营汽车企业而言,要想通过吸收外部知识溢出提高创新绩效,一方面,要确保接收到的产业内、产业间和国际知识溢出水平达到一定级别;另一方面,要充分提高自身对产业内知识溢出的吸收能力。

对于外资汽车企业而言,第一,产业内对创新绩效的影响存在单一门槛效应。H313 得到验证。当外资汽车企业接收到的产业内知识溢出水平较低时,对创新绩效的影响并不显著;当外资汽车企业接收到的产业内知识溢出水平较高时,对创新绩效产生促进作用。第二,产业间知识溢出不存在门槛效应。H323 未得到验证。当外资汽车企业接收到产业间知识溢出时,对创新绩效产生促进作用。第三,国际知识溢出也存在单一门槛效应。H333 得到验证。当外资汽车企业接收到的国际知识溢出水平较低时,对创新绩效产生促进作用;当外资汽车企业接收到的国际知识溢出水平较高时,对创新绩效的影响并不明显。第四,对于外资汽车企业而言,吸收能力对产业内、产业间知识溢出的调节作用存在门槛效应,对国际知识溢出的调节作用不存在门槛效应;只有当外资汽车企业的吸收能力达到较高水平时,产业内知识溢出才会对创新绩效的提升产生促进作用;产业间知识溢出对外资汽车企业创新绩效的影响,受到吸收能力的调节作用,当企业吸收能力较低时,会产生阻碍作用;当企业吸收能力高时,会产生促进作用。H413、H423 得到验证,H433 未得到验证。也就是说,对于外资汽车企业而言,一方面,产业内、国际知识溢出对创新绩效的影响存在门槛效应,呈分段变化;产业内知识溢出对创新绩效的影响不存在门槛效应,呈线性的正向作用。另一方面,吸收能力对产业内、产业间知识溢出影响创新绩效的调节效应呈非线性变化,对国际知识溢出的调节效应并不显著。另外,根据实证检验的参数估计还可知:当吸收能力保持不变,只考虑外资汽车企业接收到的不同类型的知识溢出水平时,每增加一单位不同类型的知识溢出,产业间知识溢出对创新绩效的影响最大,其次是产业内知识溢出,国际知识溢出的影响最小且主要为负向影响;当知识溢出水平保持不变,每增加一单位的吸收能力,产业内知识溢出对创新绩效的影响最大,其次为产业间知识溢出,国际知识溢出的影响不显著。由此可知,对于外资汽车企业而言,要想通过吸收外部知识溢出提高创新绩效,一方面,要确保接收到的产业内、产业间和国际知识溢出水平达到一定级别;另一方面,要对不同类型的外部知识匹配不同水平的吸收能力。

从整体而言,不同类型的知识溢出对创新绩效的影响有正有负,H1 得到部分验证。吸收能力在其中扮演着重要的调节角色,H2 得到验证。

第六章　稳健性检验与扩展性分析

前文用门槛效应模型对产业内、产业间和国际知识溢出以及吸收能力对我国汽车企业创新绩效的影响进行了深入探讨，并得到一些重要结论。结论是否准确，还须进行稳健性检验。在第四章估算汽车企业的全要素生产率时，分别采用了 ACF 和 LP 两种方法进行，前文实证检验中采用的因变量是以 ACF 方法计算获得的全要素生产率，下面用以 LP 方法计算获得的全要素生产率作为替代因变量，进行稳健性检验。另外，在理论分析部分提到知识溢出与吸收能力可能存在一种互动关系，本章也会对此关系进行实证检验。同时，虽然企业层面的知识溢出与创新绩效（全要素生产率）的关系已明确，这样的关系是否适用于产业层面呢？本书采用经济学上的弹性概念，对知识溢出相对于全要素生产的弹性进行分析。

第一节　稳健性检验

一、全部汽车企业门槛效应的稳健性检验

（一）知识溢出门槛效应的稳健性检验

1. 产业内知识溢出

采用相同的方法，以 LP 方法计算的全要素生产率为因变量，对产业间知识溢出的门槛效应进行自由抽样检验，分别获得单一门槛、双重门槛、三重门槛假设下的 F 值和 P 值，结果如表 6-1 所示。由表 6-1 可知，单一门槛效应

在 10% 的显著性水平下存在,相应的 P 值为 0.0867,双重门槛和三重门槛效应不存在。因此,关于产业间知识溢出,可以基于单一门槛效应分析。

表 6-1　产业内知识溢出的门槛效应检验

产业内知识溢出			临界值		
门槛类型	F 值	P 值	10%	5%	1%
单一门槛	27.17*	0.0867	25.8214	32.7256	63.6327
双重门槛	19.01	0.1633	22.9099	28.2620	40.3518
三重门槛	10.29	0.2167	15.8350	18.7680	59.5363

经检验,以 LP 方法计算的全要素生产率为因变量时,产业内知识溢出门槛变量的估计值为 12.6214,具体参数估计结果如表 6-2 所示。

表 6-2　产业内知识溢出门槛效应参数估计结果

变量名	参数估计值	标准差	P>|t|	95%的置信区间
ks	-0.02330	0.03270	0.495	[-0.0865, 0.0419]
fdi	-0.00650	0.02080	0.756	[-0.0472, 0.0343]
interks	-0.00790	0.02910	0.787	[0.0650, 0.0492]
ac	-0.08030	0.05180	0.121	[-0.1820, 0.0213]
ac_fdi	0.00030	0.00240	0.903	[-0.0045, 0.0051]
ac_interks	-0.00050	0.00360	0.893	[-0.0075, 0.0065]
ca_ab	-0.00770	0.00520	0.134	[-0.0179, 0.0024]
scale	0.06910	0.04300	0.108	[0.0153, 0.1536]
age	-0.0091	0.0156	0.560	[-0.0398, 0.0216]
wage	0.03210	0.00960	0.001	[0.0133, 0.0510]
c_l	-0.00002	0.00003	0.469	[-0.00009, 0.00004]
export	-0.17990	0.07520	0.017	[-0.3274, -0.0323]
trend	-0.00620	0.00720	0.394	[-0.0203, -0.0080]
ac_ks(ks≤12.6214)	0.00690	0.00360	0.006	[-0.0003, 0.0140]
ac_ks(ks>12.6214)	0.00600***	0.00360	0.096	[-0.0011, 0.0131]
常数项	7.75780***	0.45310	0.000	[6.8684, 8.6472]

由表6-2可知,产业内知识溢出低于门槛值时,其与吸收能力的交互项对全要素生产率存在显著正向影响,参数估计值为0.00690,与上文参数估计值0.0072差异较小;产业内知识溢出高于门槛值时,其与和的交互项对全要素生产率存在显著正向影响,参数值为0.00600,也与上文参数估计值0.0063差异较小。这说明,上文的产业内知识溢出对企业创新绩效的门槛效应检验结果是稳健的。

2.产业间知识溢出

采用相同的方法,对产业间知识溢出的门槛效应进行自由抽样检验,分别获得单一门槛、双重门槛、三重门槛假设下的F值和P值,结果如表6-3所示。由表6-3可知,单一门槛效应在5%的显著性水平下存在,相应的P值为0.0600,双重门槛在10%的显著性水平下存在,相应的P值为0.0567,三重门槛效应不存在。因此,关于产业间知识溢出,可以基于双重门槛效应分析。

表6-3 产业间知识溢出的门槛效应检验

产业间知识溢出			临界值		
门槛类型	F 值	P 值	10%	5%	1%
单一门槛	14.55**	0.0600	13.7746	16.2161	19.3206
双重门槛	12.68*	0.0567	11.8006	13.7483	18.2930
三重门槛	3.99	0.6667	13.6888	17.5167	29.2019

经检验,以LP方法计算的全要素生产率为因变量时,产业间知识溢出的第一门槛值为7.7186,与上文的第一门槛值7.7185差异非常小,第二门槛值为7.8671,与上文的第二门槛值相等。

表6-4 产业间知识溢出门槛值估计结果

	估计值	95%的置信区间
门槛 interks1	7.7186	[7.6846, 7.7345]
门槛 interks2	7.8671	[7.3432, 7.8729]

产业间知识溢出的门槛值和两个门槛区间估计出来以后，可以对双重门槛模型进行参数估计。具体参数估计结果如表 6-5 所示。

表 6-5　产业间知识溢出门槛效应参数估计结果

变量名	参数估计值	标准差	P>|t|	95%的置信区间
ks	−0.0275	0.03310	0.406	[−0.0925,0.0374]
fdi	0.0028	0.02090	0.805	[−0.0407,0.0412]
interks	−.0181	0.02910	0.989	[−0.0752,0.0391]
ac	−0.0557	0.05220	0.525	[0.1582,0.0468]
ac_ks	0.0040	0.00360	0.287	[−0.0030,0.0110]
ac_fdi	0.0085	0.00240	0.907	[−0.0045,0.0051]
ca_ab	−0.0126**	0.00530	0.012	[−0.0187,0.0017]
scale	0.0849*	0.04310	0.049	[0.0003,0.1670]
age	−0.0096	0.01570	0.539	[−0.0404,0.0211]
wage	0.0336***	0.00960	0.001	[0.0147,0.0525]
c_l	−0.0002	0.00003	0.522	[−0.00009,0.0005]
export	−0.1665**	0.07560	0.028	[−0.3149,−0.0181]
trend	−0.0050	0.00730	0.498	[−0.0194,0.0094]
ac_interks(interks≤7.7186)	0.0005	0.00370	0.890	[−0.0067,0.0078]
ac_interks(7.7186<interks≤7.8671)	−0.0008**	0.00370	0.081	[−0.0081,0.0065]
ac_interks(interks>7.8671)	0.0004**	0.00360	0.098	[−0.0067,0.0075]
常数项	7.8354***	0.45820	0.000	[6.9360,8.7349]

由表 6-5 可知，在我国汽车企业中，产业间知识溢出小于等于第一门槛值时，其与吸收能力的交互项对全要素生产率的影响不显著；当处于第一、第二门槛值之间时，其与吸收能力的交互项对全要素生产率存在显著负向影响，参数估计值为−0.0008，与上文的−0.0028 差异较小；当大于第二门槛值时，其与吸收能力的交互项对全要素生产率存在显著正向影响，参数估计值为0.0004，与上文的 0.0015 差异也较小。这说明，上文的产业间知识溢出对企

业创新绩效的门槛效应检验结果是稳健的。

3. 国际知识溢出

采用相同的方法,对国际知识溢出的门槛效应进行自由抽样检验,分别获得单一门槛、双重门槛、三重门槛假设下的 F 值和 P 值,结果如表 6-6 所示。由表 6-6 可知,单一门槛和三重门槛效应不存在;双重门槛在 10% 的显著性水平下存在,相应的 P 值为 0.0800。因此,关于国际知识溢出,可以基于双重门槛效应分析。经检验,以 LP 方法计算的全要素生产率为因变量时,国际知识溢出的第一门槛值和第二门槛值分别为 6.8095 和 6.9846,与上文估计的第一、第二门槛值相同。

表 6-6　国际知识溢出的门槛效应检验

国际知识溢出			临界值		
门槛类型	F 值	P 值	10%	5%	1%
单一门槛	12.82	0.1267	13.4657	17.9555	32.5586
双重门槛	18.12*	0.0800	16.5411	23.8858	33.7403
三重门槛	10.45	0.4600	25.2245	37.8475	56.4722

国际知识溢出的门槛值和两个门槛区间估计出来以后,可以对双重门槛模型进行参数估计。具体参数估计结果如表 6-7 所示。

表 6-7　国际知识溢出门槛效应参数估计结果

变量名	参数估计值	标准差	P>|t|	95%的置信区间
ks	−0.0015	0.0208	0.941	[−0.0423, 0.0393]
fdi	−0.0220	0.0327	0.502	[−0.0863, 0.0423]
interks	−0.0079	0.0291	0.786	[−0.0650, 0.0492]
ac	−0.0426	0.0516	0.409	[−0.1438, 0.0586]
ac_ks	0.0027	0.0036	0.444	[−0.0043, 0.0097]
ac_interks	0.0001	0.0036	0.972	[−0.0069, 0.0071]
ca_ab	−0.0081	0.0052	0.119	[−0.0182, −0.0024]

续表

变量名	参数估计值	标准差	P>|t|	95%的置信区间
scale	0.0961**	0.0430	0.026	[0.0117,0.1806]
age	-0.0115	0.0156	0.461	[-0.0421,0.0191]
wage	0.0322***	0.0096	0.001	[0.0134,0.0509]
c_l	-0.00002	0.00003	0.468	[-0.00009,0.00004]
export	-0.1807**	0.0751	0.016	[-0.3282,0.0333]
trend	-0.0105	0.0073	0.148	[-0.0248,0.0038]
ac_fdi(fdi≤6.8095)	0.0013	0.0026	0.609	[-0.0038,0.0064]
ac_fdi(6.8095<fdi≤6.9846)	-0.0007*	0.0025	0.077	[-0.0057,-0.0042]
ac_fdi(fdi>6.9846)	0.0007*	0.0025	0.064	[0.0041,0.0056]
常数项	7.7210***	0.4441	0.000	[6.8297,86124]

由表6-7可知,在我国汽车企业中,国际知识溢出小于等于第一门槛值时,其与吸收能力的交互项对全要素生产率的影响不显著;当处于第一、第二门槛值之间时,其与吸收能力的交互项对全要素生产率存在显著负向影响,参数估计值为-0.0007,与上文的-0.0008差异较小;当大于第二门槛值时,其与吸收能力的交互项对全要素生产率存在显著正向影响,参数估计值为0.0007,与上文的估计值0.0007相等。这说明,上文的产业间知识溢出对企业创新绩效的门槛效应检验结果是稳健的。

(二)吸收能力门槛效应的稳健性检验

采用相同的方法,以LP方法计算的全要素生产率为因变量,对吸收能力的门槛效应进行自由抽样检验,分别获得单一门槛、双重门槛、三重门槛假设下的F值和P值。结果表明,关于吸收能力的门槛值估计与上文一致,第一门槛为6.4949,第二门槛值为7.2611。以吸收能力的两个门槛值为分界,分别对产业内、产业间和国际知识溢出进行双重门槛效应检验,结果如表6-8所示。

表6-8 产业内、产业间和国际知识溢出的门槛效应参数估计结果

变量名	参数估计值	标准差	P>|t|	95%的置信区间
ac_ks(ac≤6.4949)	0.0040	0.0034	0.238	[−0.0027,0.0107]
ac_ks(6.4949<ac≤7.2611)	−0.0067**	0.0036	0.060	[−0.0134, −0.0003]
ac_ks(ac>7.2611)	0.0041*	0.0034	0.026	[0.0005,0.0108]
ac_interks(ac≤6.4949)	0.0019	0.0035	0.585	[−0.0049,0.0087]
ac_interks(6.4949<ac≤7.2611)	−0.0116**	0.0037	0.002	[−0.0189, −0.0043]
ac_interks(ac>7.2611)	0.0021*	0.0034	0.048	[0.0046,0.0088]
ac_fdi(ac≤6.4949)	−0.0012	0.0024	0.611	[−0.0060,0.0035]
ac_fdi(6.4949<ac≤7.2611)	−0.0155***	0.0031	0.000	[−0.0215, −0.0095]
ac_fdi(ac>7.2611)	−0.0011*	0.0024	0.034	[0.0005,0.0035]

由表6-8可知,在我国汽车企业中,吸收能力小于等于第一门槛值时,产业内、产业间和国际知识溢出与吸收能力的交互项对全要素生产率的影响不显著;吸收能力处于第一、第二门槛值之间时,产业内知识溢出的参数估计值为−0.0067,与上文的−0.0065差异不大,产业间知识溢出的参数估计值为−0.0116,与上文的−0.0109差异不大,国际知识溢出的参数估计值为−0.0155,与上文的−0.0148差异不大;吸收能力大于第二门槛值时,产业内知识溢出的参数估计值为0.0041,与上文的0.004差异不大,产业间知识溢出的参数估计值为0.0021,与上文的0.0023差异不大,国际知识溢出的参数估计值为−0.0011,与上文的−0.0001差异也不大。这说明,上文的以吸收能力为门槛变量时,产业内、产业间和国际知识溢出对企业创新绩效的门槛效应检验结果是稳健的。

二、分组汽车企业门槛效应的稳健性检验

(一)国有汽车企业

1. 知识溢出的门槛效应检验

采用相同的方法,以国有汽车企业为子样本,以LP方法计算的全要素生

产率为因变量,对产业内、产业间和国际知识溢出的门槛效应进行自由抽样检验,分别获得单一门槛、双重门槛、三重门槛假设下的 F 值和 P 值,结果如表6-9 所示。由表6-9 可知,国有汽车企业产业内知识溢出的单一门槛、双重门槛和三重门槛效应都不存在;产业间知识溢出的单一门槛、三重门槛不存在,双重门槛在 10% 的显著性水平下存在,但是伴随概率较大,也可以理解成不存在;国际知识溢出的单一门槛、三重门槛不存在,双重门槛在 10% 的显著性水平下存在。国有企业知识溢出门槛效应的估计与上文一致。

表 6-9 国有企业知识溢出的门槛效应检验

产业内知识溢出			临界值		
门槛类型	F 值	P 值	10%	5%	1%
单一门槛	15.33	0.4033	32.5448	44.9726	68.6577
双重门槛	6.45	0.6733	19.6037	24.9115	37.5178
三重门槛	2.84	0.8933	15.2339	18.7487	24.8345
产业间知识溢出			临界值		
单一门槛	11.64	0.3000	19.1083	35.4996	153.9707
双重门槛	17.24	0.0967	16.7307	24.2628	47.6245
三重门槛	4.76	0.7033	32.7617	43.2936	65.5241
国际知识溢出			临界值		
单一门槛	10.28	0.2967	19.3104	22.9898	43.8544
双重门槛	29.76*	0.0567	18.3768	31.2014	68.7088
三重门槛	10.39	0.5400	63.9376	115.4212	183.9534

2. 产业内、产业间知识溢出的实证检验

根据国有汽车企业产业内、产业间知识溢出门槛效应检验结果可知,该两类知识溢出的门槛效应不存在,据此,关于国有汽车企业的产业内、产业间知识溢出情况,可以用普通面板回归进行检验,具体回归结果如表6-10 所示。经 Hausman 检验,应选择固定效应。

表 6-10　国有企业产业内知识溢出的面板回归结果

变量	固定效应	随机效应
ks	0.0141	0.0056
	(0.0729)	(0.0184)
fdi	−0.0536	−0.0034
	(0.0515)	(0.0111)
interks	−0.0811*	0.0119
	(0.4444)	(0.0176)
ac	1.8200**	0.1609
	(12.7315)	(7.2327)
ac_ks	2.9080**	−0.5058
	(1.1353)	(0.9393)
ac_fdi	0.8759	0.0853
	(0.5717)	(0.4831)
ac_interks	3.4334**	0.6922
	(1.3961)	(1.0402)
ca_ab	0.0029	−0.0125
	(0.0142)	(0.0106)
scale	0.0716	−0.0083**
	(0.0647)	(0.0036)
age	0.0293	−0.0037
	(0.0232)	(0.0004)
wage	0.0027**	0.0010**
	(0.0014)	(0.0005)
c_l	−0.0085	0.0010
	(0.0171)	(0.0183)
export	−0.0042	−0.0220
	(0.0335)	(0.0464)

续表

变量	固定效应	随机效应
trend	——	0.0034
	——	(0.0240)
常数项	7.3530***	7.1970***
	(0.9554)	(0.1678)
调整的 R^2	0.2316	0.2127

由表 6-10 固定效应回归结果可知,产业内知识溢出与吸收能力的交互项对全要素生产率存在显著的负向影响,参数估计值为 2.9080,与上文的估计值 2.9453 差异较小;产业间知识溢出与吸收能力的交互项对全要素生产率存在显著的正向影响,参数估计值为 3.4334,与上文的估计值 3.2348 差异较小。这说明,上文关于国有汽车企业产业内、产业间知识溢出影响创新绩效的估计结果是稳健的。

3. 国有汽车企业国际知识溢出的门槛效应稳健性检验

由上述门槛效应检验结果可知,国有汽车企业国际知识溢出,可以基于双重门槛效应检验。经检验,第一、第二门槛值分别为 6.9373 和 7.0772,与上文估计一致。参数估计结果如表 6-11 所示。

表 6-11　国有汽车企业国际知识溢出的门槛效应参数估计结果

变量名	参数估计值	标准差	P>|t|	95%的置信区间
ks1	0.0302	0.1601	0.851	[-0.2893, 0.3496]
fdi	-0.0528	0.1745	0.763	[-0.4011, 0.2956]
interks	-0.1658	0.1360	0.227	[-0.4372, 0.1057]
ac	-0.1547	0.2340	0.511	[-0.6217, 0.3123]
ac_ks	0.0057	0.0189	0.766	[-0.0321, 0.0434]
ac_interks	0.0193	0.0169	0.257	[-0.0144, 0.0531]
ca_ab	-0.0132*	0.0398	0.074	[-0.0926, -0.0662]

续表

变量名	参数估计值	标准差	P>|t|	95%的置信区间
scale	0.0394	0.1423	0.783	[−0.2447,0.3234]
age	−0.0002	0.0730	0.9973	[−0.1454,0.1459]
wage	0.0885**	0.0402	0.031	[0.0082,0.1687]
c_l	−0.00009	0.0002	0.504	[−0.0004,0.0002]
export	0.2689	0.4581	0.559	[−0.6454,1.1832]
trend	0.0149	0.0325	0.648	[−0.0450,0.0798]
ac_fdi(fdi≤6.9373)	−0.0079	0.0202	0.698	[−0.0481,0.0324]
ac_fdi(6.9373<fdi≤7.0772)	−0.0006*	0.0207	0.077	[0.0020,0.0408]
ac_fdi(fdi>7.0772)	−0.0070*	0.0196	0.072	[0.0060,0.0321]
常数项	8.6579***	2.0717	0.000	[4.5228,12.7930]

由表6-11参数估计结果可知,当国际知识溢出小于等于第一门槛值,其与吸收能力的交互项对企业创新绩效的影响为负,但不显著;国际知识溢出大于第一门槛值且小于等于第二门槛值时,其与吸收能力的交互项对企业创新绩效的影响显著为负,参数估计值为−0.0006,与上文的估计值−0.0001差异较小;国际知识溢出大于第二门槛值时,其与吸收能力的交互项对企业创新绩效的影响也显著为负,参数估计值为−0.007,与上文的估计值−0.0055差异较小。这说明,上文关于国有汽车企业国际知识溢出影响创新绩效的估计结果是稳健的。

4. 国有汽车企业吸收能力门槛效应的稳健性检验

采用相同的方法,以国有汽车企业为子样本,以LP方法计算出的全要素生产率为因变量,以企业吸收能力为门槛变量,分别获得单一门槛、双重门槛、三重门槛假设下的F值和P值,结果如表6-12所示。由表6-12可知,对产业内、国际知识溢出而言,吸收能力存在双重门槛效应;对产业间知识溢出而言,吸收能力存在单一门槛效应。根据检验结果,吸收能力的门槛值也与上文一致。

表 6-12　国有汽车企业吸收能力的门槛效应检验

产业内知识溢出			临界值		
门槛类型	F 值	P 值	10%	5%	1%
单一门槛	31.73	0.0400	22.4866	30.1661	62.3364
双重门槛	30.32**	0.0350	17.0402	20.8059	35.9924
三重门槛	10.68	0.6533	30.4768	35.2885	48.1732
产业间知识溢出			临界值		
单一门槛	33.47**	0.0367	24.5887	29.3189	60.5354
双重门槛	20.26**	0.0467	15.5446	19.7553	30.2948
三重门槛	17.10	0.2267	25.2411	32.5693	44.8241
国际知识溢出			临界值		
单一门槛	34.53**	0.0300	20.6575	26.4237	54.6044
双重门槛	26.53*	0.0678	18.9447	24.1430	35.6108
三重门槛	9.11	0.6800	25.0858	33.2774	50.7336

产业内、产业间和国际知识溢出的门槛值和门槛区间估计出来以后，可以对门槛模型进行参数估计。具体参数估计结果如表 6-13 所示。

表 6-13　产业内和国际知识溢出的门槛效应参数估计

变量名	参数估计值	标准差	P>ltl	95%的置信区间
ac_ks(ks≤8.9297)	0.0045*	0.0175	0.097	[0.0304,0.0394]
ac_ks(8.9297<ks≤8.9644)	0.0019*	0.0174	0.072	[0.0329,0.0367]
ac_ks(ks>8.9644)	0.0044	0.0174	0.800	[-0.0303,0.0391]
ac_interks(interks≤8.9297)	0.0120**	0.0141	0.096	[0.0160,0.0401]
ac_interks(interks>8.9297)	0.0214	0.0140	0.133	[-0.0066,0.0494]
ac_fdi(fdi≤8.9297)	-0.0048**	0.0194	0.069	[-0.0122,-0.0042]
ac_fdi(8.9297<fdi≤8.9644)	-0.0084	0.0188	0.654	[-0.0459,0.0290]
ac_fdi(fdi>8.9644)	-0.0041	0.0187	0.828	[-0.0414,0.0332]

由表 6-13 参数估计结果可知，当吸收能力小于等于 8.9297 时，产业内知识溢出与吸收能力的交互项对全要素生产率存在显著正向影响，参数估计值

为 0.0045,与上文的估计值 0.0048 差异较小;国际知识溢出与吸收能力的交互项对全要素生产率存在显著负向影响,参数估计值为 -0.0048,与上文的估计值 -0.0151 差异也较小。当吸收能力处于 8.9297 和 8.9644 之间时,产业内知识溢出与吸收能力的交互项对全要素生产率也存在显著正向影响,参数估计值为 0.0019,与上文的 0.0128 差异也较小;国际知识溢出与吸收能力的交互项对全要素生产率的影响不显著,这也与上文一致。当吸收能力大于 8.9644 时,产业内和国际知识溢出与吸收能力的交互项对全要互素生产率的影响都不显著,与上文估计也一致。另外,产业间知识溢出在门槛值两边出现显著正影响和不显著两种情况,且正影响的参数估计值 0.012 与上文相等。这说明,上文关于国有汽车企业以吸收能力为门槛变量时,不同类型知识溢出影响创新绩效的估计结果是稳健的。

(二)民营汽车企业

1. 知识溢出的门槛效应检验

采用相同的方法,以民营汽车企业为子样本,以 LP 方法计算的全要素生产率为因变量,对产业内、产业间和国际知识溢出的门槛效应进行自由抽样检验,分别获得单一门槛、双重门槛、三重门槛假设下的 F 值和 P 值,结果如表 6-14 所示。由表 6-14 可知,民营汽车企业产业内、产业间知识溢出的单一门槛、双重门槛和三重门槛效应都不存在;国际知识溢出的单一门槛、三重门槛不存在,双重门槛在 1% 的显著性水平下存在。民营汽车企业知识溢出门槛效应的检验以及门槛值估计与上文一致。

表 6-14　民营企业知识溢出的门槛效应检验

产业内知识溢出			临界值		
门槛类型	F 值	P 值	10%	5%	1%
单一门槛	13.99	0.1433	15.4421	18.8684	22.7406
双重门槛	14.48	0.1567	13.9981	16.2481	22.1607
三重门槛	5.38	0.6867	14.4147	16.3423	42.8086

续表

产业间知识溢出		临界值		
单一门槛	14.51	0.1200	15.2854	17.5102	23.1289
双重门槛	4.43	0.1367	14.4581	16.8777	21.9591
三重门槛	5.60	0.6400	14.3553	17.2779	33.8107
国际知识溢出		临界值		
单一门槛	14.55	0.0767	13.4086	16.4732	27.4717
双重门槛	216.23***	0.0000	13.1602	14.5961	19.0274
三重门槛	5.69	0.5167	10.9748	13.3373	21.9578

2. 产业内和产业间知识溢出的实证检验

根据民营汽车企业产业内、产业间知识溢出门槛效应检验结果可知,该两类门槛效应不存在,据此,关于民营汽车企业的产业内、产业间知识溢出情况,可以用普通面板回归进行检验,具体回归结果如表 6-15 所示。经 Hausman 检验,应选择固定效应。

表 6-15 民营汽车企业产业内知识溢出的面板回归结果

变量	固定效应	随机效应
ks	−0.0074	0.0041
	(0.0203)	(0.0050)
fdi	−0.0022	−0.0016
	(0.0063)	(0.0031)
interks	−0.0087	0.0030
	(0.0073)	(0.0041)
ac	−4.5520**	−2.5966
	(2.0758)	(2.2591)
ac_ks	0.3973**	0.1577
	(0.1838)	(0.1922)

续表

变量	固定效应	随机效应
ac_fdi	0.1093	−0.0541
	(0.1229)	(0.0928)
ac_interks	−0.1363*	0.1345**
	(0.0724)	(0.0581)
ca_ab	−0.0101**	−0.0015
	(0.0041)	(0.0019)
scale	0.0889	0.0016
	(0.0542)	(0.0057)
age	−0.0003	−0.0119***
	(0.0124)	(0.0029)
wage	0.0008	−0.0002
	(0.0005)	(0.0002)
c_l	−0.0038	−0.0015
	(0.0057)	(0.0033)
export	−0.0338	−0.0455*
	(0.2324)	(0.0237)
trend	−0.0068	−0.0086
	(0.0086)	(0.0064)
常数项	7.8866***	7.6823***
	(0.2449)	(0.0055)
调整的 R^2	0.2052	0.2781

由表 6-15 固定效应回归结果可知,产业内知识溢出与吸收能力的交互项对全要素生产率存在显著的正向影响,参数估计值为 0.3973,与上文估计值 0.4485 差异较小;产业间知识溢出与吸收能力的交互项对全要素生产率存在显著负向影响,参数估计值为 −0.1363,与上文估计值 −0.1223 差异也较小。

这说明,上文关于民营汽车企业产业内、产业间知识溢出影响创新绩效的估计结果是稳健的。

3. 民营汽车企业国际知识溢出的门槛效应检验

由上述门槛效应检验结果可知,民营汽车企业国际知识溢出,可以基于双重门槛效应检验,门槛值与上文一致,具体参数估计结果如表 6-16 所示。

表 6-16 民营汽车企业国际知识溢出的门槛效应参数估计结果

变量名	参数估计值	标准差	P>|t|	95%的置信区间
ks1	0.0026	0.0326	0.938	[−0.0614,0.0665]
fdi	0.0006	0.0199	0.976	[−0.0385,0.0397]
interks	−0.0109	0.0291	0.710	[−0.0679,0.0462]
ac	−0.0054	0.0493	0.913	[−0.1023,0.0915]
ac_ks	0.0008	0.0035	0.809	[−0.0060,0.0077]
ac_interks	−0.0002	0.0036	0.965	[−0.0072,0.0069]
ca_ab	−0.0298***	0.0051	0.000	[−0.0398,−0.0197]
scale	0.0853**	0.0431	0.048	[0.0007,0.1698]
age	0.0007	0.0152	0.962	[−0.0292,0.0307]
wage	0.0010***	0.0002	0.000	[0.0006,0.0014]
c_l	−0.0001	0.0003	0.162	[−0.0001,0.00001]
export	−0.2503***	0.0740	0.001	[−0.3957,−0.1049]
trend	−0.0122*	0.0071	0.086	[−0.0262,0.0017]
ac_fdi(fdi≤6.8095)	−0.0001	0.0024	0.956	[−0.0047,0.0045]
ac_fdi(6.8095<fdi≤8.4177)	−0.0261***	0.0028	0.000	[−0.0324,−0.0198]
ac_fdi(fdi>8.4177)	0.0003*	0.0027	0.084	[−0.0488,−0.0042]
常数项	7.5021***	0.4340	0.000	[6.6498,8.3542]

由表 6-16 参数估计结果可知,当国际知识溢出小于等于第一门槛值时,其与吸收能力的交互项对全要素生产率影响不显著;当国际知识溢出处于第一、第二门槛之间时,其与吸收能力的交互项对全要素生产率存在显著负向影

响,参数估计值为-0.0261,与上文估计值-0.0032差异较小;当国际知识溢出大于第二门槛值时,其与吸收能力的交互项对全要素生产率存在显著正向影响,参数估计值为0.0003,与上文的估计值0.0029几乎相等。这说明,上文关于民营汽车企业国际知识溢出影响创新绩效的估计结果是稳健的。

4. 民营汽车企业吸收能力门槛效应的稳健性检验

采用相同的方法,以民营汽车企业为子样本,以LP方法计算出的全要素生产率为因变量,以企业吸收能力为门槛变量,分别获得单一门槛、双重门槛、三重门槛假设下的F值和P值,结果如表6-17所示。由表6-17可知,于民营汽车企业而言,吸收能力对产业间和国际知识溢出的门槛效应不存在,只对产业内知识溢出的调节作用存在双重门槛效应,且门槛值估计与上文民营汽车企业吸收能力的门槛效应检验一致。

表6-17 民营汽车企业吸收能力的门槛效应检验

产业内知识溢出			临界值		
门槛类型	F 值	P 值	10%	5%	1%
单一门槛	13.99	0.1433	15.3575	16.9934	25.1885
双重门槛	21.99*	0.0800	12.7240	15.1163	23.7207
三重门槛	5.38	0.7133	15.3703	18.8026	28.5214
产业间知识溢出			临界值		
单一门槛	14.51	0.1433	15.5854	18.2740	27.6914
双重门槛	11.43	0.1333	13.2563	16.3202	20.8554
三重门槛	5.60	0.6833	15.0409	19.2220	27.0399
国际知识溢出			临界值		
单一门槛	14.55	0.1100	15.3359	19.0471	27.8484
双重门槛	11.23	0.1033	12.7878	14.5036	23.1853
三重门槛	5.69	0.4967	11.1835	14.1956	26.7574

表 6-18　民营汽车企业吸收能力门槛效应参数估计

变量名	参数估计值	标准差	P>|t|	95%的置信区间
ks1	−0.0157	0.0353	0.656	[−0.0850, 0.0535]
fdi	−0.0063	0.0213	0.768	[−0.0482, 0.0356]
interks	−0.0015	0.0315	0.962	[−0.0603, 0.0633]
ac	−0.0197	0.0534	0.712	[−0.1246, 0.0852]
ac_fdi	0.0007	0.0025	0.786	[−0.0042, 0.0056]
ac_interks	−0.0015	0.0039	0.699	[−0.0091, 0.0061]
ca_ab	−0.0161***	0.0053	0.002	[−0.0265, −0.0057]
scale	0.1024**	0.0464	0.028	[0.0113, 0.1935]
age	−0.0010	0.0044	0.825	[−0.0097, 0.0077]
wage	0.0009***	0.0022	0.000	[0.0004, 0.0013]
c_l	−0.00001	0.00003	0.693	[−0.00008, 0.00006]
export	−0.0395	0.0233	0.091	[−0.0854, 0.0063]
trend	−0.0119	0.0083	0.150	[−0.0282, 0.0043]
ac_ks(ac≤6.4849)	0.0025	0.0038	0.510	[−0.0049, 0.0099]
ac_ks(6.4849<ac≤7.2664)	−0.00175	0.0039	0.686	[−0.0091, 0.−0060]
ac_ks(ac>7.2664)	0.0023**	0.0038	0.036	[0.0051, 0.0097]
常数项	7.6472***	0.4703	0.000	[6.8008, 8.6808]

由表 6-18 参数估计结果可知,当民营汽车企业的吸收能力低于第二门槛值 7.2664 时,知识溢出与吸收能力的交互项对全要素生产率的影响不显著;当民营汽车企业的吸收能力大于第二门槛值时,产业内知识溢出与吸收能力的交互项对全要素生产率存在显著正向影响,参数估计值为 0.0023,与上文的估计值 0.0021 差异较小。这说明,上文民营汽车企业以吸收能力为门槛变量时,产业内知识溢出影响创新绩效的估计结果是稳健的。

（三）外资汽车企业

1. 知识溢出的门槛效应

（1）知识溢出的门槛效应检验。采用相同的方法,以外资汽车企业为子样本,以 LP 方法计算的全要素生产率为因变量,对产业内、产业间和国际知识溢出的门槛效应进行自由抽样检验,分别获得单一门槛、双重门槛、三重门槛假设下的 F 值和 P 值,结果如表 6-19 所示。由表 6-19 可知,外资汽车企业产业内和国际知识溢出的单一门槛效应在 5% 的显著性水平下存在;产业间知识溢出的单一门槛、双重门槛和三重门槛都不存在。因此,关于产业内、国际知识溢出,需基于门槛效应研究,且门槛值与上文估计一致;关于产业间知识溢出,可用普通面板回归。

表 6-19　外资汽车企业知识溢出的门槛效应检验

产业内知识溢出			临界值		
门槛类型	F 值	P 值	10%	5%	1%
单一门槛	26.57 **	0.030	21.6092	25.5894	37.9097
双重门槛	9.77	0.4600	19.1979	25.5115	37.7206
三重门槛	17.53	0.1433	21.0492	26.6722	45.8504
产业间知识溢出			临界值		
单一门槛	18.38	0.1500	20.8999	24.6480	33.4727
双重门槛	8.85	0.5167	19.0911	22.1031	35.2658
三重门槛	11.25	0.5670	16.5618	22.0937	32.8938
国际知识溢出			临界值		
单一门槛	24.90 **	0.0333	20.6198	24.2305	41.5750
双重门槛	9.61	0.3967	17.8418	21.0072	29.7449
三重门槛	4.97	0.7900	23.7460	32.9639	51.2931

(2)产业内、国际知识溢出的实证检验。产业内、国际知识溢出的门槛值和两个门槛区间估计出来以后,可以分别进行双重门槛模型的参数估计。具体参数估计结果如表 6-20 所示。

表 6-20　外资汽车企业产业内、国际知识溢出的门槛效应参数估计

变量名	参数估计值	标准差	P>|t|	95%的置信区间
ac_ks(ks≤13.2172)	−0.0091	0.0117	0.442	[−0.0327,0.0145]
ac_ks(ks>3.2172)	0.0113**	0.0117	0.034	[0.0350,0.0395]
ac_fdi(fdi≤7.6101)	0.0017**	0.0093	0.082	[0.0205,0.0271]
ac_fdi(fdi>7.6101)	0.0013	0.0090	0.826	[−0.0170,0.0195]

　　由表 6-20 参数估计结果可知,当外资汽车企业接收到的产业内知识溢出水平较低时,其与吸收能力的交互项对全要素生产率存在负向影响,但不显著;当接收到的产业内知识溢出水较高时,其与吸收能力的交互项对全要素生产率存在显著正向影响,参数估计值为 0.0113,与上文的估计值 0.0097 差异较小。当外资汽车企业接收到的国际知识溢出水平较低时,其与吸收能力的交互项对全要素生产率存在显著正向影响,参数估计值为 0.0017,与上文的估计值 0.0052 差异较小;当外资汽车企业接收到的国际知识溢出水平较高时,其与吸收能力的交互项对全要素生产率影响不显著,与上文的估计结果一致。这说明,上文关于外资汽车企业,产业内和国际知识溢出对全要素生产率的估计结果是稳健的。

　　(3)产业间知识溢出的实证检验。由门槛效应检验结果可知,外资汽车企业的产业间知识溢出不存在门槛效应,可用普通面板回归,结果如表 6-21所示。经 Hausman 检验,应选固定效应模型。

表 6-21　外资企业产业间知识溢出的面板回归结果

变量	固定效应	随机效应
ks	−0.053	−0.0270
	(0.0520)	(0.0122)
fdi	−0.0407	−0.0109
	(0.0322)	(0.0076)

变量	固定效应	随机效应
interks	0.0180	−0.0112
	(0.0282)	(0.0101)
ac	−30.1047	−15.1213*
	(19.3469)	(9.0608)
ac_ks	1.2948	0.7987
	(1.3035)	(0.5859)
ac_fdi	0.6792	0.0409
	(1.0815)	(0.3310)
ac_interks	0.7164**	0.2250
	(0.5903)	(0.4088)
ca_ab	−0.0067**	0.0093
	(0.0116)	(0.0061)
scale	0.0996*	−0.0818***
	(0.1152)	(0.0257)
age	−0.0461**	−0.0058
	(0.0537)	(0.0149)
wage	−0.0006*	−0.0002
	(0.0007)	(0.0004)
c_l	0.0060	0.0022
	(0.0141)	(0.0088)
export	0.0673	−0.0409
	(0.1417)	(0.0279)
trend	−0.0231	−0.0191
	(0.0190)	(0.0141)
常数项	8.3959***	7.9788***
	(0.7295)	(0.1835)
调整的 R^2	0.1584	0.5183

由表 6-21 固定效应回归结果可知,产业间知识溢出与吸收能力的交互

项对全要素生产率存在显著正向影响,参数估计值为 0.7164,与上文估计值 0.6535 差异较小。这说明,上文外资汽车企业关于产业间知识溢出的估计结果是稳健的。

2. 吸收能力的门槛效应

采用相同的方法,以外资汽车企业为子样本,以 LP 方法计算的全要素生产率为因变量,以企业吸收能力为门槛变量,分别获得单一门槛、双重门槛、三重门槛假设下的 F 值和 P 值,结果如表 6-22 所示。由表 6-22 可知,对产业内知识溢出而言,吸收能力存在单一门槛效应;对产业间知识溢出而言,吸收能力存在三重门槛效应;对国际知识溢出而言,吸收能力不存在双重门槛效应。据此,以吸收能力为门槛变量时,产业内、产业间知识溢出可以分别基于单一门槛和三重门槛效应检验,且门槛值与上文估计一致。

表 6-22　外资汽车企业吸收能力的门槛效应检验

产业内知识溢出			临界值		
门槛类型	F 值	P 值	10%	5%	1%
单一门槛	21.46*	0.0153	21.1216	26.0080	41.2650
双重门槛	9.77	0.3600	18.1591	22.2225	28.5744
三重门槛	17.53	0.1300	19.3498	24.5829	45.3209
产业间知识溢出			临界值		
单一门槛	18.38	0.1300	20.1786	23.6906	35.1446
双重门槛	8.85	0.4667	19.1242	26.0635	31.9553
三重门槛	11.25	0.6000	19.0024	25.0097	34.3475
国际知识溢出			临界值		
单一门槛	24.90**	0.0230	19.9311	23.6333	34.3423
双重门槛	9.61	0.3833	16.2019	19.4347	30.6239
三重门槛	4.97	0.8133	21.1289	24.9294	38.8122

产业内、产业间知识溢出的门槛值和门槛区间估计出来以后,可以对门槛模型进行参数估计。具体参数估计结果如表 6-23 所示。

表 6-23　外资汽车企业产业内、产业间知识溢出门槛效应参数估计

变量名	参数估计值	标准差	P>ltl	95%的置信区间
ac_ks(ac≤5.4161)	0.0010	0.1263	0.940	[-0.0246,0.0265]
ac_ks(ks>5.4161)	0.0008*	0.0125	0.094	[0.0261,0.0275]
ac_interks(ac≤5.4161)	0.0016	0.0081	0.844	[-0.0104,0.0264]
ac_interks(5.4161<ac≤7.3877)	-0.0039*	0.0090	0.067	[-0.0244,-0.0122]
ac_interks(7.3877<ac≤7.5358)	0.0065	0.0089	0.466	[-0.0114,0.0245]
ac_interks(ac>7.5358)	0.0057*	0.0089	0.057	[0.0123,0.0236]

由表 6-23 参数估计结果可知,当吸收能力小于等于门槛值 5.4161 时,产业内知识溢出与吸收能力的交互项对全要素生产率存在正向影响,但并不显著;当吸收能力大于门槛值 5.4161 时,产业内知识溢出与吸收能力的交互项对全要素生产率存在显著正向影响,参数估计值为 0.0008,与上文估计的0.0007 差异较小。当吸收能力小于等于 5.4161 或处于(7.3877,7.5358]区间时,产业间知识溢出与吸收能力的交互项对全要素生产率的影响不显著;当吸收能力处于(5.4161,7.3877]时,产业间知识溢出与吸收能力的交互项对全要素生产存在显著负向影响,参数估计值为 -0.0039,与上文的估计值 -0.0021 差异也较小;当吸收能力大于 7.5358 时,产业间知识溢出与吸收能力的交互项对全要素生产率存在显著正向影响,参数估计值为 0.0057,与上文的估计值 0.0014 差异也较小。这说明,上文外资汽车企业吸收能力为门槛变量时,产业间、产业内知识溢出的估计结果是稳健的。

第二节　扩展性分析(一)

在第二章的理论分析中,提到目前研究中出现的"知识溢出与吸收能力之间可能存在相互影响、相互促进的互动关系"观点。下面用我国汽车企业2005—2007 年数据对该观点进行实证检验。

一、知识溢出与吸收能力的关系

分别以产业内、产业间和国际知识溢出的 4 种不同算法获得的知识溢出
指标为因变量,以吸收能力为自变量,以资产负债率、企业规模、企业年龄、平
均工资率以及劳均资本等为控制变量,分别采用固定效应和随机效应进行面
板回归分析,结果如表 6-24 所示。经 Hausman 检验,其伴随概率 P 值几乎为
0,说明应选择固定效应。根据固定效应回归结果可知,吸收能力对产业内、产
业间和国际知识溢出都有显著正向影响,说明汽车企业吸收能力越强,越有利
于获得外界的知识溢出。吸收能力对知识溢出存在促进作用,H51 得到验证。

表 6-24　知识溢出与吸收能力的回归结果

因变量	固定效应模型		随机效应模型	
	参数估计	标准误	参数估计	标准误
ks1	0.5875***	0.2254	0.4356**	0.2141
ks2	0.1217*	0.0898	0.0980*	0.0874
ks3	0.3452*	0.2137	0.2929*	0.205
ks4	0.2433**	0.1512	0.2035	0.1447
interks1	0.4805*	0.3376	0.5849*	0.3557
interks2	0.7758**	0.4141	0.8707**	0.4034
interks3	1.0552**	0.4551	1.0757**	0.4383
interks4	0.8787*	0.4722	0.9492*	0.4636
fdi1	0.5472**	0.2428	0.3973**	0.276
fdi2	0.2900*	0.1829	0.2720	0.1823
fdi3	0.5518*	0.3173	0.4624	0.3135
fdi4	0.2929*	0.1898	0.2625*	0.1876

说明:***、**、*分别表示在 1%、5%、10%的显著性水平。

二、吸收能力与知识溢出的关系

以我国汽车企业的吸收能力为因变量,分别以产业内、产业间和国际知识溢出的 4 种不同算法获得的知识溢出指标为自变量,以资产负债率、企业规模、企业年龄、平均工资率以及劳均资本等为控制变量,分别使用固定效应和随机效应进行面板回归分析,结果如表 6-25 所示。经 Hausman 检验,其伴随概率 P 值为 0,说明应选择固定效应。根据固定效应回归结果可知,产业内、产业间和国际知识溢出对汽车企业的吸收能力都有显著正向影响,说明汽车企业接收到的外部知识溢出越多,经转化后会增加其内部知识资本储备,进而提高其吸收能力。知识溢出对吸收能力也存在促进作用,H52 得到验证。

表 6-25 吸收能力与知识溢出的回归结果

自变量	固定效应模型		随机效应模型	
	参数估计	标准误	参数估计	标准误
ks1	0.007940***	0.003037	−0.002130	0.001368
ks2	0.011476	0.012050	−0.002960	0.001827
ks3	0.013173**	0.006643	−0.002330	0.001443
ks4	0.0128620**	0.005322	−0.002660	0.001629
interks1	0.002268*	0.002458	0.001470	0.001618
interks2	0.005051	0.004130	0.002473	0.002131
interks3	0.005601**	0.003478	0.002080	0.001849
interks4	0.004174	0.003283	0.001986	0.001894
fdi1	0.003862*	0.002549	−0.001220	0.001166
fdi2	0.017524**	0.006947	−0.001410	0.001164
fdi3	0.006965**	0.002927	−0.001220	0.001137
fdi4	0.011169*	0.005109	−0.001480	0.001252

说明:***、**、*分别表示在 1%、5%、10%的显著性水平。

三、知识溢出与吸收能力的格兰杰因果检验

由上文知识溢出与吸收能力互为因变量、自变量的面板回归结果可知,我国汽车企业的知识溢出与吸收能力是相互影响、相互促进的。为了进一步明确这种互动关系,下面对知识溢出与吸收能力的关系进行格兰杰因果检验,具体结果如表6-26所示。

表6-26　知识溢出与吸收能力的格兰杰因果检验

原假设	P 值	原假设	P 值
ac 不是 ks1 的格兰杰原因	0.096	ks1 不是 ac 的 Granger 原因	0.074
ac 不是 ks2 的格兰杰原因	0.002	ks2 不是 ac 的 Granger 原因	0.034
ac 不是 ks3 的格兰杰原因	0.001	ks3 不是 ac 的 Granger 原因	0.048
ac 不是 ks4 的格兰杰原因	0.000	ks4 不是 ac 的 Granger 原因	0.045
ac 不是 lnterks1 的格兰杰原因	0.087	interks1 不是 ac 的 Granger 原因	0.089
ac 不是 lnterks2 的格兰杰原因	0.064	interks2 不是 ac 的 Granger 原因	0.143
ac 不是 lnterks3 的格兰杰原因	0.072	interks3 不是 ac 的 Granger 原因	0.130
ac 不是 lnterks4 的格兰杰原因	0.580	interks4 不是 ac 的 Granger 原因	0.183
ac 不是 fdi1 的格兰杰原因	0.055	fdi1 不是 ac 的 Granger 原因	0.054
ac 不是 fdi2 的格兰杰原因	0.058	fdi2 不是 ac 的 Granger 原因	0.063
ac 不是 fdi3 的格兰杰原因	0.003	fdi3 不是 ac 的 Granger 原因	0.084
ac 不是 fdi4 的格兰杰原因	0.026	fdi4 不是 ac 的 Granger 原因	0.043

由表6-26格兰杰因果检验的结果可知,产业内知识溢出与汽车企业的吸收能力互为格兰杰因果,国际知识溢出与吸收能力也互为格兰杰因果。但是,产业间知识溢出与吸收能力呈单向格兰杰因果关系,企业的吸收能力是产业间知识溢出的格兰杰原因,而产业间知识溢出不是企业吸收能力的格兰杰原因。产生这一结果的可能原因是:一方面,产业内、国际知识溢出发生在同

类企业之间,这些企业技术相似度较高,知识源雷同,我国汽车企业吸收产业内、国际知识溢出更方便、快捷,而其他产业与汽车企业的技术相似度相对较低,汽车企业吸收其他产业的知识溢出不仅更困难,吸收以后也不一定能为我所用;另一方面,正如前文所说的,汽车企业对不同来源的知识溢出的吸收能力应当是不同的,但是囿于数据的限制,本书将吸收能力统一处理,可能存在统计上的误差。

由格兰杰因果检验的结果可知,我国汽车企业接收到的外部知识溢出与企业自身的吸收能力存在互动反馈关系(虽然产业间知识溢出与吸收能力是单向格兰杰因果,但并不影响这一判断)。

第三节　扩展性分析(二)

由企业层面数据的实证检验得到了产业内、产业间和国际知识溢出影响创新绩效的具体情况,那么企业层面的结论是否适用于产业层面呢? 还需要对产业层面的情况进行分析。要对汽车产业层面的知识溢出与创新绩效(全要素生产率)进行研究,首先需要将企业层面的微观数据合成产业层面的宏观数据。

对于将企业全要素生产率合成行业或产业全要素生产率的问题,文献上常有两种处理方法:第一,"对不同行业给出不同的替代弹性,在 CES 生产函数假设下给出行业权重,再计算全要素生产率"[1];另一种方法是用企业层面的全要素生产率直接加权获得行业或产业的全要素生产率[Brandt 等,2012;谢、克雷诺(Hsieh,Klenow) ,2009],权重一般用工业总产值、从业人数、工业增加值等。本书采用第二种方法计算汽车产业层面的全要素生产率,权重分别采用从业人数、工业总产值、工业增加值,再引入简单加权法,共四种方式合成行业层面的全要素生产率。

---

① 杨汝岱:《中国制造业企业全要素生产率研究》,《经济研究》2015 年第 2 期。

一、产业层面全要素生产率

（一）全部汽车企业合成的产业全要素生产率

分别采用就业人数、工业总产值、工业增加值和简单加权法对全部汽车企业采用 ACF 方法和 LP 方法计算的全要素生产率进行加总计算，结果如表6-27 所示。由表 6-27 可知，2005—2007 年，采用不同加权方法将企业全要素生产率合成的产业全要素生产率都是递增的，说明在这一期间，我国汽车产业整体全要素生产率有上升趋势。

表 6-27 2005—2007 年汽车产业层面的全要素生产率

年份	就业 -ACF	就业 -LP	产值 -ACF	产值 -LP	增加值 -ACF	增加值 -LP	简单加权-ACF	简单加权-LP
2005	6.9249	7.3778	6.9035	7.3573	6.9174	7.3796	6.9168	7.3785
2006	6.9532	7.4028	6.9510	7.4028	6.9457	7.4019	6.9249	7.3827
2007	6.9607	7.4011	6.9563	7.4022	6.9540	7.4016	6.9434	7.4025

（二）不同性质汽车企业合成的行业全要素生产率

分别采用就业人数、工业总产值、工业增加值和简单加权法对不同性质（国有、民营、外资）汽车企业采用 ACF 方法和 LP 方法计算的全要素生产率进行加总计算，结果如表 6-28 所示。由表 6-28 可知，2005—2007 年，采用不同加权方法将国有、民营和外资汽车企业全要素生产率合成的产业全要素生产率都是递增的，说明在这一期间，我国不同性质的汽车企业的全要素生产率有都有上升趋势。

表 6-28 2005—2007 年不同性质汽车企业的全要素生产率

企业性质	年份	就业 -ACF	就业 -LP	产值 -ACF	产值 -LP	增加值 -ACF	增加值 -LP	简单加权-ACF	简单加权-LP
国有汽车企业	2005	6.5042	7.2658	6.5590	7.2884	6.5531	7.2859	6.8800	7.3785
	2006	6.5053	7.2663	6.5673	7.2898	6.5539	7.2849	6.8827	7.3805
	2007	6.5221	7.2764	6.5530	7.2842	6.5713	7.2877	6.8912	7.3864

续表

企业性质	年份	就业-ACF	就业-LP	产值-ACF	产值-LP	增加值-ACF	增加值-LP	简单加权-ACF	简单加权-LP
民营汽车企业	2005	6.7547	7.3514	6.7070	7.3393	6.7081	7.3399	6.9489	7.4045
	2006	6.7650	7.3523	6.7088	7.3384	6.7196	7.3419	6.9476	7.4030
	2007	6.7650	7.3591	6.6679	7.3042	6.6592	7.2908	6.9197	7.3786
外资汽车企业	2005	6.8308	7.3793	6.7878	7.3668	6.8087	7.3736	6.9719	7.4152
	2006	6.8222	7.3748	6.7779	7.3632	6.7923	7.3686	6.9681	7.4126
	2007	6.7717	7.3452	6.7415	7.3433	6.7506	7.3449	6.9205	7.3657

（三）细分汽车行业全要素生产率

分别采用就业人数、工业总产值、工业增加值和简单加权法对不同细分行业（改装汽车制造业，车身、挂车制造业，零部件及配件制造，汽车整车制造业）汽车企业采用 ACF 方法和 LP 方法计算的全要素生产率进行加总计算，结果如表 6-29 所示。由表 6-24 可知，2005—2007 年，采用不同加权方法将不同细分行业汽车企业的全要素生产率合成的产业全要素生产率都是递增的，说明在这一期间，我国不同细分汽车行业的全要素生产率有上升趋势。

表 6-29 2005—2007 年不同细分行业汽车企业的全要素生产率

细分行业	年份	就业-ACF	就业-LP	产值-ACF	产值-LP	增加值-ACF	增加值-LP	简单加权-ACF	简单加权-LP
改装汽车制造业	2005	6.8294	7.3571	6.7271	7.3559	6.7269	7.3571	6.9290	7.3928
	2006	6.8353	7.3594	6.7274	7.3569	6.7381	7.3618	6.9348	7.3944
	2007	6.8408	7.3675	6.7845	7.3603	6.7766	7.2931	6.9430	7.3976
车身、挂车制造业	2005	6.8644	7.3836	6.8564	7.3839	6.8504	7.3823	6.9728	7.4126
	2006	6.8844	7.3870	6.8744	7.3856	6.8746	7.3859	6.1980	6.5874
	2007	6.8857	7.3990	6.8652	7.3916	6.8734	7.4039	6.9352	7.4007

细分行业	年份	就业-ACF	就业-LP	产值-ACF	产值-LP	增加值-ACF	增加值-LP	简单加权-ACF	简单加权-LP
零部件及配件制造	2005	6.8431	7.3734	6.8510	7.3771	6.8529	7.3776	6.9796	7.4132
	2006	6.8403	7.3717	6.8587	7.3782	6.8723	7.3822	6.9773	7.4116
	2007	6.8577	7.3910	6.7881	7.3153	6.7498	7.2680	6.9470	7.3840
汽车整车制造业	2005	6.5494	7.2876	6.6065	7.3096	6.5987	7.3075	6.7404	7.3477
	2006	6.5550	7.2891	6.6140	7.3108	6.6078	7.3087	6.7398	7.3469
	2007	6.5598	7.2916	6.5923	7.3959	6.6084	7.2986	6.7446	7.3480

二、产业层面知识溢出

（一）全部汽车企业知识溢出

采用上述合成产业全要素生产率的方法,分别采用就业人数、工业总产值、工业增加值和简单加权法对全部汽车企业接收到的产业内、产业间和国际知识溢出进行合成,结果如表 6-30 所示。由表 6-30 可知,2005—2007 年,采用不同加权方法合成的产业内、国际知识溢出都是递增的,产业间知识溢出呈 U 形变化。

表 6-30　2005—2007 年不同权重合成的产业内、产业间和国际知识溢出

产业内知识溢出	就业权重-KS	产值权重-KS	增加值权重-KS	简单权重-KS
2005	12.7264	13.1867	13.2479	12.9056
2006	13.0205	13.4978	13.5139	13.1615
2007	13.381	13.8359	13.9019	13.2993
产业间知识溢出	就业权重-INTERKS	产值权重-INTERKS	增加值权重-INTERKS	简单权重-INTERKS
2005	7.8050	8.1817	13.2479	8.1274
2006	7.7002	7.9073	14.4494	8.0283
2007	7.7880	7.9036	14.3806	8.0904

续表

国际知识溢出	就业权重-FDI	产值权重-FDI	增加值权重-FDI	简单权重-FDI
2005	8.7788	9.4307	9.5251	8.6803
2006	8.8724	9.4416	9.4415	8.8506
2007	8.9549	9.5466	9.6150	8.8538

（二）按企业性质分类知识溢出

借鉴上述合成产业全要素生产率的方法,分别采用就业人数、工业总产值、工业增加值和简单加权法对不同性质的汽车企业接收到的产业内、产业间和国际知识溢出进行合成,结果如表6-31所示。由表6-31可知,2005—2007年,采用不同加权方法合成的国有、民营、外资汽车企业的产业内知识溢出和国际知识溢出都是递增的;采用不同方法合成的国有汽车企业的产业间知识溢出是递增的,采用不同方法合成的民营、外资汽车企业的产业间知识溢出是递减的。

表6-31 2005—2007年不同性质汽车企业按增加值权重合成的知识溢出

企业性质	年份	就业权重-KS	就业权重-FDI	就业权重-INTERKS	增加值权重-KS	增加值权重-FDI	增加值权重-INTERKS
国有汽车企业	2005	12.0866	8.1987	6.7362	12.5342	8.577	7.32
	2006	12.4504	8.2985	6.8285	12.8824	8.7081	7.0257
	2007	13.0957	8.2984	6.8956	13.4622	8.8043	7.2311
民营汽车企业	2005	13.0139	9.0708	8.3323	13.5139	9.9189	8.5698
	2006	13.2727	9.1631	8.1305	13.7363	9.7397	8.1906
	2007	13.4898	9.2466	8.1896	14.0308	9.8708	8.1276
外资汽车企业	2005	13.3268	8.1987	7.8981	13.5215	8.8413	7.9126
	2006	13.5164	8.7238	7.6755	13.4936	8.5369	7.6696
	2007	13.6307	8.8499	7.5617	13.571	8.6217	7.5928

说明:本表只汇报按就业权重和增加值权重合成的知识溢出。

（三）细分行业知识溢出

采用上述合成产业全要素生产率的方法,分别采用就业人数、工业总产值、工业增加值和简单加权法对细分行业汽车企业接收到的产业内、产业间和国际知识溢出进行合成,结果如表 6-32 所示。由表 6-32 可知,2005—2007年,采用不同加权方法合成的细分行业产业内、产业间知识溢出都是递增的,国际知识溢出呈倒 U 形。

表 6-32　2005—2007 年细分行业汽车企业按不同权重合成的知识溢出

细分行业	年份	就业权重-KS	就业权重-FDI	就业权重-INTERKS	增加值权重-KS	增加值权重-FDI	增加值权重-INTERKS
改装汽车制造业	2005	12.7125	7.9930	8.2557	12.8730	8.1488	8.4351
	2006	13.1376	8.3486	8.2999	13.3424	8.5438	8.4526
	2007	13.1934	8.3017	8.5111	13.3505	8.4177	8.7024
车身、挂车制造业	2005	12.9075	9.5497	8.0335	13.1098	9.5462	7.4376
	2006	13.3134	9.9627	7.9296	13.4138	9.3667	7.4523
	2007	13.3890	9.6014	7.9583	13.3865	9.3936	7.5262
零部件及配件制造	2005	12.7014	8.8398	7.6402	13.2543	9.5316	8.1177
	2006	12.9941	8.9231	7.5195	13.4657	9.4074	7.7072
	2007	13.4074	9.0199	7.5962	13.856	9.6011	7.7958
汽车整车制造业	2005	12.5821	8.5943	8.426	13.1635	9.6883	8.7038
	2006	12.9225	8.7101	8.4868	13.7486	9.7826	8.7022
	2007	13.1432	8.7429	8.6777	14.2313	9.9618	8.7222

说明:本表只汇报按就业权重和增加值权重合成的知识溢出。

三、产业层面的弹性分析

上文已计算出 2005—2007 年全部汽车企业、不同性质汽车企业、细分行业汽车企业的全要素生产率,以及产业内、产业间和国际知识溢出,可分别计算不同来源知识溢出对全要素生产率的弹性。

根据弹性的基本概念,弹性指的是一个变量相对于另一变量的变动发生的一定比例的改变。若自变量 X 与因变量 Y 的关系为 $Y = F(X)$,则 Y 的 X 弹性为 $\dfrac{E_Y}{E_X} = \dfrac{\Delta Y/Y}{\Delta X/X}$。一般来说,如果弹性系数的绝对值大于等于 1,即富有弹性;如果弹性系数的绝对值处于 0 到 1 之间,即缺乏弹性。

（一）全部汽车企业知识溢出弹性

本书以 2005—2007 年汽车企业相关数据为依据,计算汽车企业全要素生产率的知识溢出弹性,具体结果如表 6-33 所示。由表 6-33 数据可知,对于全部汽车企业而言,全要素生产率对产业内、产业间知识溢出是相对富有弹性[①]的,对国际知识溢出相对缺乏弹性。

表 6-33　全部汽车企业全要素生产率对知识溢出的弹性

弹性类型	就业 -ACF	产值 -ACF	增加值 -ACF	简单加权-ACF	就业 -LP	产值 -LP	增加值 -LP	简单加权-LP
KS	-0.1001	-0.1541	-0.1066	-0.1257	-0.0611	-0.1234	-0.0602	-0.1065
INTERKS	0.03687	0.0231	0.0131	0.0420	0.4448	0.1787	0.0074	0.7133
FDI	-0.0567	-0.0176	-0.0575	-0.1919	-0.1566	-0.0947	-0.0149	-0.1626

（二）不同性质汽车企业知识溢出弹性

采用同样的方法,对不同性质汽车企业全要素生产率的知识溢出弹性进行计算,结果如表 6-34 所示。由表 6-34 可知,对于国有、民营和外资汽车企业而言,全要素生产率对产业内、产业间知识溢出相对富有弹性,而对国际知识溢出相对缺乏弹性。

---

① 这里的相对富有弹性或相对缺乏弹性,并不以 1 为划分标准,而是在产业内、产业间和国际知识溢出中做对比。

表 6-34　不同性质汽车企业全要素生产率对知识溢出的弹性

企业性质	弹性类型	就业-ACF	产值-ACF	增加值-ACF	简单加权-ACF	就业-LP	产值-LP	增加值-LP	简单加权-LP
国有汽车企业	KS	−0.0149	−0.0779	0.0224	−0.1321	0.0175	−0.0082	0.0034	0.0353
	INTERKS	−0.0524	0.1175	−0.1369	−7.9944	0.0618	0.0124	−0.0208	2.1392
	FDI	−0.0019	−0.3296	0.0627	−0.1095	0.0202	−0.0349	0.0095	0.0293
民营汽车企业	KS	−0.1194	−0.3122	−0.3399	−0.4081	0.1287	−0.2199	−0.1749	−0.1409
	INTERKS	−1.1321	−0.1089	0.0938	−2.0470	−1.1321	−0.1089	0.1938	−2.0470
	FDI	0.0862	0.0864	−0.1008	0.8206	0.862	0.1864	−0.9008	0.1206
外资汽车企业	KS	−0.8131	−0.7939	−5.3960	−0.5834	−0.2024	−0.1909	−1.0640	−0.5689
	INTERKS	0.4353	0.2752	0.4884	0.2447	0.1084	0.0661	0.0963	0.1128
	FDI	0.0200	0.4508	0.5949	−0.0482	0.0050	0.1901	0.1567	−0.3282

（三）细分行业汽车企业知识溢出弹性

采用同样的方法,对不同细分行业汽车企业全要素生产率的知识溢出弹性进行计算,结果如表 6-35 所示。由表 6-35 可知,对于改装汽车制造业企业而言,全要素生产就对产业内、国际知识溢出的相对富有弹性,而对产业间知识溢出相对缺乏弹性;对于车身、挂车制造业企业而言,全要素生产率对产业间、国际知识溢出相对富有弹性,而对产业内知识溢出相对缺乏弹性;对于零部件及配件企业而言,全要素生产率对产业间知识溢出相对富有弹性,而对产业内、国际知识溢出相对缺乏弹性;对于整车企业而言,全要素生产率对产业间、国际知识溢出富有弹性,而对产业内知识溢出相对缺乏弹性。

表 6-35　不同细分行业汽车企业全要素生产率对知识溢出的弹性

细分行业	弹性	就业-ACF	产值-ACF	增加值-ACF	简单加权-ACF	就业-LP	产值-LP	增加值-LP	简单加权-LP
改装汽车制造业	KS	0.4420	0.4239	0.2872	0.3449	0.2413	0.2248	0.2345	0.2197
	INTERKS	0.3514	0.3249	0.3361	0.2685	0.1115	0.1723	0.2744	0.2301
	FDI	0.4412	0.5846	0.3227	0.3375	0.3012	0.3100	0.2635	0.2164

细分行业	弹性	就业-ACF	产值-ACF	增加值-ACF	简单加权-ACF	就业-LP	产值-LP	增加值-LP	简单加权-LP
车身、挂车制造业	KS	0.2537	0.2810	0.4956	0.5366	0.0561	0.0504	0.1385	0.0612
	INTERKS	0.2137	0.4260	0.1694	0.4525	0.2235	0.2764	0.2455	0.2516
	FDI	0.3696	0.1423	0.1262	1.5798	0.3865	0.3255	0.1830	0.1801
零部件及配件制造业	KS	0.2710	0.3272	0.4829	0.3774	0.1430	0.1741	0.3271	0.1336
	INTERKS	0.6858	0.3469	0.5529	1.9543	0.4150	0.1846	0.3745	0.6919
	FDI	0.1938	1.1915	3.0062	0.5170	0.1173	0.6340	2.0365	0.1830
汽车整车制造业	KS	0.0422	0.1089	0.0221	0.2348	0.0122	0.0286	0.0149	0.0714
	INTERKS	0.0630	0.7077	0.8465	0.8021	0.0182	0.1860	0.5698	0.2440
	FDI	0.1088	0.5005	0.0636	0.9387	0.0314	0.1315	0.0428	0.2855

小　结

本章内容主要包括三个部分:第一,以 LP 方法计算的全要素生产率作为替代因变量,对第五章的实证检验结果进行稳健性检验,结果表明,第五章实证检验的结果是稳健的。第二,对目前部分学者提出的"知识溢出与吸收能力之间存在相互影响、相互促进的互动关系"这一猜测,用我国汽车产业的数据进行实证检验,结果表明,这一猜测在汽车产业内是成立的。第三,为了进一步确定知识溢出与创新绩效(全要素生产率)的关系,分别采用从业人数、工业总产值、工业增加值和简单加权方法,将企业层面的全要素生产率合成行业层面的全要素生产率,将企业层面的产业内、产业间和国际知识溢出合成行业层面的知识溢出,并借鉴经济学的弹性理论,对我国汽车企业的全要素生产率相对于产业内、产业间和国际知识溢出的弹性进行计算,并汇报了计算结果。根据弹性计算结果可知:对于全部汽车企业而言,全要素生产率对产业内、产业间知识溢出是相对富有弹性的,对国际知识溢出相对缺乏弹性。对于国有、民营和外资汽车企业而言,全要素生产率对产业内、产业间知识溢出相对富有弹性,而对国际知识溢出缺乏弹性。对于改装汽车制造业企业而言,全要素生产率对产业内、国际知识溢出的相对富有弹性,而对产业间知识溢出相对缺乏弹性;对于车身、挂车制造业企业而言,全要素生产率对产业间、国际知识溢出相对富有弹性,而对产业内知识溢出相对缺乏弹性;对于零部件及配件制造业企业而言,全要素生产率对产业间知识溢出相对富有弹性,而对产业内、国际知识溢出相对缺乏弹性;对于整车企业而言,全要素生产率对产业间、国际知识溢出富有弹性,而对产业内知识溢出相对缺乏弹性。可以说,产业层面的弹性分析与企业层面的实证检验结果基本保持一致。

结 束 语

本书围绕知识溢出、吸收能力影响创新绩效这一主题,在概念界定和文献梳理的基础上,以现有文献不足为切入点,第一,同时考虑产业内、产业间和国际知识溢出,阐述知识溢出、吸收能力影响创新绩效的作用机理,并进行不同类型不同水平知识溢出与创新绩效的线性与非线性分析,不同吸收能力水平的线性与非线性调节,还考虑了异质性企业问题,拓展和丰富了知识溢出、吸收能力影响创新绩效的理论分析框架。第二,以中国工业企业数据库2005—2007年数据为基础,以我国汽车产业为研究对象,对其接收到的产业内、产业间和国际知识溢出,以及吸收能力和创新绩效进行合理测算.并以测算结果以及企业年龄、企业规模等影响创新绩效的因素为控制变量,进行回归分析。在初始回归结果不理想的情况下,结合理论部分的线性与非线性讨论,采用门槛面板回归方法进行再回归,得到一些重要结论。第三,以LP方法计算的全要素生产率为替代因变量,进行稳健性检验,确保实证结果的稳健性。第四,根据理论分析中提出的知识溢出与吸收能力关系,采用已有数据进行实证检验,验证了"知识溢出与吸收能力之间存在相互影响、相互促进的互动关系"这一观点。第五,采用弹性分析方法,计算和研究了我国汽车产业层面的知识溢出相对于创新绩效(全要素生产率)的变动情况,发现结论与企业层面的实证检验结果基本一致。

一、主要结论

经过本书的理论分析和实证检验,得到一些重要结论。主要包括:

1. 产业内、产业间和国际知识溢出对创新绩效存在显著影响,吸收能力在其中起调节作用;产业内、产业间和国际知识溢出水平不同,与创新绩效的线性与非线性关系不同;吸收能力水平不同,对知识溢出影响创新绩效的调节效果也不同。具体表现在:

对于我国汽车产业而言,第一,产业内知识溢出对创新绩效的影响存在单一门槛效应。汽车企业接收产业内知识溢出,有利于其创新绩效的提升;但是,接收到的产业内知识溢出过高时,创新绩效提升的效果会受损。第二,产业间知识溢出对创新绩效的影响存在双重门槛效应。当汽车企业接收到的产业间知识溢出水平较低时,对创新绩效的影响不显著;当汽车企业接收到的产业间知识溢出处于中等水平时,会阻碍创新绩效的提升;只有当汽车企业接收到的产业间知识溢出水平较高时,才会促进创新绩效的提升。第三,国际知识溢出对创新绩效的影响也存在双重门槛效应。当汽车企业接收到的国际知识溢出水平较低时,对创新绩效的影响不显著;当汽车企业接收到的国际知识溢出处于中等水平时,会阻碍创新绩效的提升;只有当汽车企业接收到的国际知识溢出水平较高时,才会促进创新绩效的提升。第四,汽车企业的吸收能力对知识溢出影响创新绩效的调节也存在双重门槛效应。当汽车企业的吸收能力较低时,产业内、产业内和国际知识溢出对创新绩效的影响并不显著;当汽车企业的吸收能力处于中等水平时,产业内、产业内和国际知识溢出对创新绩效的提升会产生阻碍作用,其中阻碍作用最大的是国际知识溢出,其次为产业间、产业内知识溢出;当汽车企业的吸收能力较高时,产业内、产业内知识溢出对创新绩效的提升起促进作用,而国际知识溢出对创新绩效的提升还是起阻碍作用,只不过这个阻碍作用稍微弱于前一阶段。也就是说,对于全部汽车企业而言,一方面,产业内知识溢出对创新绩效的影响存在单一门槛效应,且主要起促进作用;产业内和国际知识溢出对创新绩效的影响存在双重门槛效应,且影响效果呈非线性的 U 形变化。另一方面,吸收能力对知识溢出影响创新绩效的调节效应呈非线性。当吸收能力处于不同水平时,产业内、产业间知识溢出对创新绩效的影响呈 U 形变化,国际知识溢出的影响呈非线性的分段变化。另外,根据实证检验的参数估计还可知:当吸收能力保持不变,只考虑汽车企业接收到的不同类型的知识溢出水平时,每增加一单位不同类型的知识溢出,产业内知识溢出对创新绩效的影响最大,其次是产业间知识溢出,国际知识溢出的影响最小且主要为负向影响;当知识溢出水平保持不变,每增加一单位的吸收能力,国际知识溢出对创新绩效的影响最大,其次是产业间知识溢出,产业内知识溢出的影响较最小。

对于国有汽车企业而言,第一,产业内知识溢出对创新绩效的影响不存在门槛效应。当国有汽车企业接收到产业内知识溢出时,其效应受吸收能力的调节,二者共同作用促进创新绩效提升。第二,产业间知识溢出对创新绩效的影响也不存在门槛效应。当国有汽车企业接收到产业间知识溢出时,其效应也受吸收能力的调节,二者共同作用对创新绩效也产生促进作用。第三,国际知识溢出对创新绩效的影响存在双重门槛效应。当接收到的国际知识溢出水平较低时,对创新绩效的影响效果不明显;当接收到的国际知识溢出水平较高时,阻碍创新绩效的提升;并且,接收到的国际知识水平越高,这种阻碍作用就越强。第四,国有汽车企业吸收能力对知识溢出影响创新绩效的调节也存在双重门槛效应。当吸收能力处于较低水平时,产业内、产业间知识溢出对创新绩效的提升起促进作用,而国际知识溢出对创新绩效的提升起阻碍作用;当吸收能力处于中等水平时,产业内知识溢出对创新绩效的提升起促进作用,产业间、国际知识溢出对创新绩效的影响并不显著;当吸收能力处于高等水平时,三种类型的知识溢出对创新绩效的影响都不显著。也就是说,对于国有汽车企业而言,一方面,产业内、产业间知识溢出对创新绩效的影响不存在门槛效应,为线性的正向效应;国际知识溢出存在双重门槛效应,且主要为负向影响。另一方面,吸收能力对知识溢出影响创新绩效的调节效应呈非线性变化。当吸收能力处于不同水平时,产业内、产业间和国际知识溢出的影响呈分段变化。另外,根据实证检验的参数估计还可知:当吸收能力保持不变,只考虑国有汽车企业接收到的不同类型的知识溢出水平时,每增加一单位不同类型的知识溢出,产业间知识溢出对创新绩效的影响最大,其次是产业内知识溢出,国际知识溢出的影响最小且主要为负向影响;当知识溢出水平保持不变,每增加一单位的吸收能力,国际知识溢出对创新绩效的影响最大但为负值,其次是产业内知识溢出,产业间知识溢出的影响较最小。

对于民营汽车企业而言,第一,产业内知识溢出对创新绩效的影响不存在门槛效应。当民营汽车企业接收到产业内知识溢出时,其效应受吸收能力的调节,二者共同作用对创新绩效产生促进作用。第二,产业间知识溢出对创新绩效的影响也不存在门槛效应。当民营汽车企业接收到产业间知识溢出时,其效应也受吸收能力的调节,二者共同作用对创新绩效产生阻碍作用。第三,国际知识溢出对创新绩效的影响存在双重门槛效应。当接收到的国际知识溢出水平较低时,对创新绩效的影响不明显;当接收到的国际知识溢出处于中等水平时,对创新绩效的提升产生阻碍作用;当接收到的国际知识溢出处于高水准时,对创新绩效的提升存在促进作用。第四,对于民营汽车企业而言,吸收能力对产业间、国际知识溢出影响创新绩效的调节作用不存在门槛效应,只对产业内知识溢出的调节作用存在门槛效应;只有当民营汽车企业具有较高的吸收能力时,产业内知识溢出才会对创新绩效的提升产生促进作用。也就是说,对于民营汽车企业而言,一方面,产业内、产业间知识溢出对创新绩效的影响不存在门槛效应;国际知识溢出存在双重门槛效应,呈 U 形变化。另一方面,吸收能力对产业内知识溢出影响创新绩效的调节效应呈非线性变化,对产业间、国际知识溢出的调节效应并不显著。另外,根据实证检验的参数估计还可知:当吸收能力保持不变,只考虑民营汽车企业接收到的不同类型的知识溢出水平时,每增加一单位不同类型的知识溢出,产业内知识溢出对创新绩效的影响最大,其次是产业间知识溢出,国际知识溢出的影响最小且主要为负向影响;当知识溢出水平保持不变,每增加一单位的吸收能力,产业内知识溢出对创新绩效存在影响,而产业间、国际知识溢出的影响并不显著。

对于外资汽车企业而言,第一,产业内对创新绩效的影响存在单一门槛效应。当外资汽车企业接收到的产业内知识溢出水平较低时,对创新绩效的影响并不显著;当外资汽车企业接收到的产业内知识溢出水平较高时,对创新绩效产生促进作用。第二,产业间知识溢出不存在门槛效应。当外资汽车企业接收到产业间知识溢出时,对创新绩效产生促进作用。第三,国际知识溢出也存在单一门槛效应。当外资汽车企业接收到的国际知识溢出水平较低时,对创新绩效产生促进作用;当外资汽车企业接收到的国际知识溢出水平较高时,对创新绩效的影响并不明显。第四,对于外资汽车企业而言,吸收能力对产业内、产业间知识溢出的调节作用存在门槛效应,对国际知识溢出的调节作用不存在门槛效应;只有当外资汽车企业的吸收能力达到较高水平时,产业内知识溢出才会对创新绩效的提升产生促进作用;产业间知识溢出对外资汽车企业创新绩效的影响,受到吸收能力的调节作用,当企业吸收能力较低时,会产生阻碍作用;当企业吸收能力高时,会产生促进作用。也就是说,对于外资汽车企业而言,一方面,产业内、国际知识溢出对创新绩效的影响存在门槛效应,呈分段变化;产业内知识溢出对创新绩效的影响不存在门槛效应,呈线性的正向作用。另一方面,吸收能力对产业内、产业间知识溢出影响创新绩效的调节效应呈非线性变化,对国际知识溢出的调节效应并不显著。另外,根据实证检验的参数估计还可知:当吸收能力保持不变,只考虑外资汽车企业接收到的不同类型的知识溢出水平时,每增加一单位不同类型的知识溢出,产业内知识溢出对创新绩效的影响最大,其次是产业间知识溢出,国际知识溢出的影响最小且主要为负向影响;当知识溢出水平保持不变,每增加一单位的吸收能力,产业间知识溢出对创新绩效的影响最大,其次为产业内知识溢出,国际知识溢出的影响不显著。

从整体上看,产业内、产业间知识溢出对我国汽车企业创新绩效的影响大于国际知识溢出,其中吸收能力扮演着重要的调节角色。

2. 知识溢出与吸收能力之间存在相互影响、相互促进的互动关系。表现为:产业内知识溢出与汽车企业的吸收能力互为格兰杰因果;国际知识溢出与吸收能力也互为格兰杰因果;产业间知识溢出与吸收能力呈单向格兰杰因果关系,企业的吸收能力是产业间知识溢出的格兰杰原因,而产业间知识溢出不是企业吸收能力的格兰杰原因。也就是说,知识溢出与吸收能力是相互影响、相互促进的。

3. 全要素生产率与产业内、产业间和国际知识溢出存在不同的弹性关系。表现为：对于全部汽车企业而言，全要素生产率对产业内、产业间知识溢出是相对富有弹性的，对国际知识溢出相对缺乏弹性。对于不同性质的汽车企业而言，全要素生产率也是对产业内、产业间知识溢出相对富有弹性，而对国际知识溢出相对缺乏弹性。对于改装汽车制造业企业而言，全要素生产就对产业内、国际知识溢出的相对富有弹性，而对产业间知识溢出相对缺乏弹性；对于车身、挂车制造业企业而言，全要素生产率对产业间、国际知识溢出相对富有弹性，而对产业内知识溢出相对缺乏弹性；对于零部件及配件制造业企业而言，全要素生产率对产业间知识溢出相对富有弹性，而对产业内、国际知识溢出相对缺乏弹性；对于整车企汽车业而言，对于产业间、国际知识溢出富有弹性，而对产业内知识溢出相对缺乏弹性。

二、政策建议

本书的研究结果表明，产业内、产业间知识溢出水平超过门槛值时，有利于创新绩效的提高；而国际知识溢出对创新绩效的整体影响主要为负向影响。本书的研究结果还表明，知识溢出对企业创新绩效的影响，受到吸收能力的调节，且这种调节作用也存在门槛效应。从整体上看，产业内、产业间知识溢出对汽车企业创新绩效的影响效果大于国际知识溢出。据此，本书认为，我国汽车产业若想通过吸收外部知识溢出的方法提高创新绩效，应更注重产业内、产业间知识溢出，强化对国内知识的吸收能力，对国际知识溢出持谨慎态度。本书从溢出方、接收方和政府层面提出促进我国汽车产业创新绩效提升的政策建议。

（一）溢出方：建立溢出"收益"观，扩大企业影响力

当企业作为知识溢出方时，知识溢出是一种隐形"损失"；当企业作为知识溢出的接收方时，知识溢出是一种特殊"收益"。在市场经济下，企业既是知识溢出方，也是知识接收方。从溢出方角度，可以考虑：

1. 更新观念,建立溢出"收益"观

当企业作为知识溢出方,首先要做的是改变对知识溢出的观念和态度。溢出方不能单纯考虑自己的间接或隐形"损失",从而采取措施阻碍或减少这种溢出。实际上,处于市场经济中的每一个汽车企业,既是知识溢出方,也是知识接收方,单纯的溢出方并不存在。对企业而言,接收溢出即是获得"收益"的一种方式。因此,汽车企业没有必要花费成本和精力去阻止知识溢出,而应当积极参与市场交流、合作,既可以把自己的知识扩散出去,提高整个行业水平;也可以在交流、合作中学习和借鉴其他企业的先进知识,取长补短,实现共赢。当然,如果现有的利益补偿机制更合理、更完善,溢出方会更愿意进行这样的溢出。

2. 鼓励跨国并购,扩大企业影响力

本书实证检验结果还表明,汽车企业的规模越大,越有利于创新绩效提升。相应地,李沐纯(2010)也发现,企业规模越大,对创新绩效的提升作用越大。企业规模越大,其他企业学习的概率也更大,产生的知识溢出效应更强。我国汽车企业的现实情况是,数量众多,具有强大规模和影响力的企业却较少,形成规模效应的汽车企业屈指可数。汽车企业想要在创新方面有所突破,可以尝试扩大企业规模,使企业实现规模效应。一般来说,扩大规模最有效、最速度的方式是进行并购。通过并购,尤其是跨国并购,可以获得被并购企业的现有生产力、人力资源、营销渠道、客户资源、技术、品牌等。此外,还可以通过技术联盟和产业集聚等形式,帮助企业进行资源最优配置,形成汽车产业大集群。

(二)接收方:强化吸收能力,提高自主创新能力

在市场经济中,汽车企业既是知识溢出方,也是知识接收方。根据前文的实证检验可知,从接收方的角度,要提高创新绩效,一方面要增加接收到的知识溢出,另一方面也要加强自身的吸收能力。此外,知识溢出只是创新绩效的来源之一,另外还有自主创新这一重要来源。因此,接收方可以考虑:

1. 增加知识储备,扩大知识多样性,强化吸收能力

本书的研究结果表明,汽车企业吸收能力的高低对于合理利用外部知识

提升创新绩效的调节作用存在明显的门槛效应特征。当吸收能力处于低水平或中等水平时,知识溢出与吸收能力相互作用对创新绩效的影响要么不显著,要么产生负向影响;只当吸收能力水平超过门槛值,达到较高水平时,二者相互作用才会对企业创新绩效产生促进作用。因此,提高汽车企业的自身对外界知识的吸收能力,对于合理利用外部知识促进自身创新绩效的提升具有重要意义。

(1)增加企业自身的知识储备,以便更好地甄别、消化、吸收外部知识,并进行再创新。企业内部知识储备越多,掌握的知识越丰富,对外界知识的接受能力越强越快,对接收到的知识的消化吸收越容易,就越有利于知识和技术的融会贯通,产生的知识溢出效应也越强。具体做法包括:第一,提高人力资本水平。人是创造知识、利用知识的主体。增加对人力资本的投资,不仅可以产生新知识,提高企业的创新能力,还能增强企业的吸收能力,提高对外部知识的利用水平。因此,汽车企业加强在人力资本方面的投入,不仅要加强对现有员工的培训和再教育,还要引进外部高技术、高水平人才;同时,还要健全激励机制,发挥员工积极性。第二,加大研发经费投入。目前,我国汽车企业的研发强度正在逐年上升,但是与发达国家相比,还是处于较低水平。要实现吸收能力与国内外先进知识、技术的合理匹配,进一步增加研发经费投入已迫在眉睫。

(2)扩大知识多样性,以便更好地消化、吸收不同来源、不同领域的新知识。知识多样性可以提高企业多样化解决问题和开发新技术、新产品、新领域、新市场的技巧和能力,从而产生知识的范围经济效应,也可以提高企业对不同外部知识的吸收能力,促进创新。

2. 增加创新投入,提高自主创新能力

本书研究结果虽然表明,当汽车企业的吸收能力达到一定水平时,吸收外部知识有利于创新绩效提升。但是,张海洋、刘海云(2004)也曾指出,研发投资促进行业技术进步来自研发创新能力,而不是吸收能力。也就是说,光靠提高吸收能力是不够的,企业能够吸收的永远是别人已经创造的知识,虽然可以实现外部知识内部化,并在此基础上进行再创新,但是这样的创新并不具有原创性,甚至在某些方面难以超越或达到初创者的水平。自主创新一直是我国汽车产业发展最薄弱的环节,导致这一结果有历史方面的原因——我国汽车产业起步晚、起点低,更有汽车产业自身发展存在的问题——产业内部资金分散,企业创新意识不强,研发投入不足等。以 2007 年数据为例,样本 396 个汽车企业中,研发密度大于等于 10% 的只有 9 个企业,大部分汽车企业的研发密度在 1%—3%,也就是说我国汽车企业研发经费支出占销售额的比重比较低,而发达国家汽车企业研发密度甚至超过 8%。可见发达国家对研发的重视程度,可以说,技术是汽车产业的生命。据此,我国汽车企业首先要改变自己的发展模式,不能再像以前一样"向国家要钱,向外资要技术",而是要通过增强自身的创新投入,包括研发资金、人员、研发中心等方面的投入,研究开发自己的核心技术。这样一方面可以提高企业的吸收能力,另一方面还有利于促进企业自主创新水平的提高。吸收能力和研发投入对企业自主创新来说是相辅相成、不可或缺的。

3. 加强对外交流合作,借鉴发达国家经验

众所周知,1986 年世界上第一辆汽车诞生于德国,开启了世界汽车产业发展的序幕,而后欧美国家兴起了发展汽车产业的热潮,各大汽车品牌相继问世。德国的奔驰、戴勒姆·克莱斯勒,法国的标致、雷诺,英国的罗孚、奥斯洒,美国的通用等,一直发展并存活至今。经过 100 多年的发展和锤炼,这些品牌经久不衰,仍然具有活力,在技术领域一直保持着领先地位。这一系列事实证明,发达国家汽车产业的发展道路符合潮流,因此,我国汽车产业还可以借鉴欧洲、美国、日本等国家和地区汽车产业的发展模型,结合中国实际情况,开辟一条新道路。最值得借鉴的经验是,欧洲各大汽车企业的垂直产业链整合经验。垂直整合,既是扩大汽车企业规模、实现规模经济的有效措施,也是获得先进技术和资源的重要路径。第一次世界大战后,欧洲各大汽车整车企业大规模进入上游原材料领域。例如,法国雷诺就收购了钢铁公司、铸铁厂、铸铝厂、玻璃制造公司等,至今雷诺公司除了生产汽车,还兼职生产机床、轴承、发

动机等产品。垂直整合,让发达国家的汽车企业在产业链中处于主支地位,可以通过资源建立规模壁垒和技术壁垒,提高市场集中度,达到几家独大的寡占效应。中国汽车产业市场分散,集中度低,要想提高资产规模,需要积极整合产业链,不断扩大企业规模,实现规模经济。此外,中国汽车企业还可借鉴日本汽车产业的生产管理经验。丰田的"关联采购"模式,有效地控制了其零部件部门,保证技术更新和零部件及时供给。目前,我国汽车企业大多有自己的零部件合作伙伴,对其控制必然存在管理上的问题和成本,不妨借鉴日本的生产管理模式,适当把某些部门从企业中拆分出来,再通过参股、控股的方式进行间接控制。

(三)政府:完善利益补偿机制,建立知识交流平台

市场在资源配置中起决定性作用,但是市场也有"失灵"之处。在知识溢出和吸收领域,市场失灵表现在存在各种阻碍知识溢出和吸收能力提升的因素。政府应采取措施消除这些障碍。具体包括:

1. 完善现有的利益补偿机制,弥补溢出方损失

知识溢出量的多少、溢出水平的高低、溢出程度的强弱,首先取决于溢出方对知识溢出的态度。于溢出方而言,知识溢出是一种无意识的行为,不会带来任何经济利益补偿。但是,在某种程度上,这种"没有得到对等的补偿"于溢出方而言是一种变相"损失"。溢出方为了避免或减少这种损失,会加强对内部知识的保护和保密力度,从源头上杜绝或减少知识溢出。这个时候,要抑制溢出方的这种"独占"行为,鼓励知识溢出,就需要第三方(主要是政府)为溢出方提供必要的"补偿",来弥补其"损失"。据此,政府须完善现有的补偿机制(主要是补贴制度),弥补溢出方的潜在"损失"。

2. 肃清障碍,畅通渠道,促进知识溢出

知识溢出除了受到溢出方的影响,还受到溢出环境(渠道)的影响。正如学者们的研究,知识溢出与空间距离、经济距离高度相关,因此,一方面要加强地区间交通、网络等基础设施建设,使得处于不同区域的汽车企业交通便捷、沟通方便;另一方面要推动区域一体建设,减少区域分割和地方保护主义。此

外,还要加强地区间的文化交流,肃清文化环境方面的阻碍。

3. 建立知识交流平台,形成知识溢出网络效应

知识溢出渠道众多,人员流动、市场交易等方式都是比较传统的方式,效率也并不太高,而现代互联网、物联网技术提供了更好的交流方式。因此,政府或行业协会还可建立汽车产业知识交流平台,为有知识需求的企业提供高效、便捷的交流场所,为有先进知识的企业提供溢出机会,让先进知识的溢出形成网络效应,最大限度和范围实现扩散。

4. 加强资源整合,加大对自主品牌研发的扶持力度

技术创新最明显的特征是高投资、高风险。如果单纯依靠汽车企业自行投资,由于研发过程中资金投入大、回笼慢,技术创新成效并不一定显著,且容易造成企业资源占用,影响整个企业的经营发展。为了扭转这种不利局面,政府应当配合自主品牌汽车企业开展研发活动。一方面,进行研发活动,关键之一是需要有与汽车产业相关的高端技术人才,政府应加大对企业、高校、独立科研机构等相关资源的整合力度,加强各方联系,让学校和科研机构培养企业需要的高技术人才,提高企业招人选人的效率、创新研发的效率等;另一方面,进行研发活动,也需要足够的研发资金支持,政府应整合自主品牌企业与外资企业之间的资源,积极吸引外资,加强研发资金储备。此外,企业还可以推动自主品牌汽车企业与互联网企业的产业融合,加快汽车生产向网络化、智能化、服务化发展,实现优势共享和合作共赢。

三、本书的创新、局限与未来研究展望

本书首先构建了产业内、产业间和国际知识溢出与吸收能力共同影响创新绩效的理论分析框架、数理模型及计量模型,再选用我国汽车产业2005—2007年的企业数据进行了实证检验,并获得一些重要结论,最后从溢出方、接收方、政府三个层面提出促进我国汽车产业创新绩效提升的政策建议。

(一)本书的创新之处

与已有文献相比,本书的创新主要表现在以下几个方面:

第一,将学者们关注较少的产业内、产业间知识溢出纳入研究,构建产业内、产业间和国际知识溢出与吸收能力共同影响创新绩效的理论分析框架,拓展和丰富了知识溢出、吸收能力影响创新绩效的理论基础和理论内容。

第二,深入考察知识溢出、吸收能力与创新绩效的线性与非线性关系,分析和检验处于不同水平的知识溢出和处于不同水平的吸收能力对创新绩效的不同影响,这是对已有的知识溢出、吸收能力与创新绩效关系的进一步细化。

第三,以我国汽车产业为研究对象,通过企业层面的实证检验和产业层面的弹性分析,对比和分析了产业内、产业间、国际知识溢出对创新绩效的不同影响效果,得到产业内、产业间知识溢出对我国汽车产业创新绩效的影响大于国际知识溢出这一结论。既为深刻认识和合理判断“市场换技术”战略提供现实依据,也为我国汽车产业的发展指出新方向:在吸收国际知识溢出的同时,也要足够重视国内知识溢出,强化与国内知识匹配的吸收能力的培养。

第四,检验了国有、民营、外资汽车企业产业内、产业间和国际知识溢出与吸收能力影响创新绩效的不同效果,并得到一些新结论。民营、外资汽车企业接收到的产业内、国际知识溢出越多,越有利于其创新绩效的提升;吸收能力越强,也越有利于其创新绩效的提升。而国有汽车企业对知识溢出尤其是国际知识溢出的态度并非如此,于国有汽车企业而言,国际知识溢出越多,吸收能力越强,越不利于其创新绩效提升。并据此提出国有汽车企业必须对国际知识溢出持谨慎的态度,也需要把吸收能力控制在合理范围。

第五,已有的研究关注吸收能力对知识溢出效应的影响,却鲜少有人关注知识溢出对吸收能力的影响,可以说,以往的研究是缺乏反馈机制的静态分析。本书提出并检验了“知识溢出与吸收能力之间存在相互影响、相互促进的互动关系”这一观点。

（二）本书的局限性

本书关注知识溢出、吸收能力与创新绩效的关系,分析了产业内、产业间和国际知识溢出与吸收能力共同影响创新绩效的作用机制,并利用我国2005—2007年工业企业数据库中汽车产业的数据进行了门槛效应检验,为现

有文献作出了贡献。但是,本书仍有几下三个不足:

第一,本书构建知识溢出、吸收能力影响创新绩效的理论分析框架时,考虑了不同主体对不同类型知识溢出具有不同的吸收能力,但是,在实证检验部分,受到工业企业数据库指标的限制,将汽车企业对产业内、产业间和国际知识溢出的吸收能力视为同质的。但是,这种同质吸收能力的假定,并不一定符合实际情况,这是本书的一个局限。

第二,本书采用门槛面板回归模型进行实证检验,检验结果表明,整体来说,汽车企业吸收能力越高,其与知识溢出共同作用于创新绩效的效果越好。这种吸收能力最大就是最佳的思想,忽略了吸收能力与知识溢出的最佳配比问题。因此,知识溢出与吸收能力的共同作用效果,还须进一步探讨。

第三,本书实证检验中采用的数据是2005—2007年工业企业数据库中汽车产业的相关数据,虽然本书的实证检验与理论分析框架高度精合,但是,这只是单一产业过时的历史数据。与2005—2007年相比,近年来我国汽车产业发展出现了新特点、新情况、新问题,因此,采用历史数据验证和支持的结论能否适用于现在,还须斟酌。

(三)未来研究展望

本书为相关文献追赶做了部分贡献,但还存在一些局限性,未来还须从以下两点进行深入研究。

第一,考虑异质吸收能力和知识溢出与吸收能力的最佳配比问题。本书在理论模型中引入了吸收能力,并在实证中进行了检验,得到了结论是,吸收能力处于较高水平时,产业内、产业间知识溢出与吸收能力的交互项对企业创新绩效产生促进作用,国际知识溢出与吸收能力的交互项对企业创新绩效的阻碍作用减弱。其中隐含的假设是:汽车企业对不同类型知识溢出的吸收能力是同质的,而且,这样的吸收能力越高越好。但事实是,汽车企业对于产业内、产业间和国际知识溢出的吸收能力不可能完全同质,接收的知识不同,自身应具备的吸收能力也应不同。因此,下一步还须对汽车企业的吸收能力进行合理分类,探讨分类标准和量化测度方法。此外,吸收能力也并不是越强越好,而是应当与其他经济指标实现最优匹配。因此,下一步还须借鉴经济学上的边际分析方法或者博弈论理论对最优知识溢出与吸收能力的配比问题进行深入研究。

　　第二,获得最新的、较完整的经验证据。受限于中国工业企业数据库只有2005—2007 年提供相对较完整的企业层面"研发经费支出"数据,本书只截取了这 3 年的微观数据进行实证检验,虽然回归结果与本书的机理分析高度精合,同时也验证了门槛效应的存在。但是,这仅仅是单一产业 3 年的短面板数据,也不是最新数据。在未来的研究中,考虑用全部汽车产业上市公司数据进行实证检验。

参考文献

[美]保罗·萨缪尔森:《经济学》,萧琛译,人民邮电出版社 2004 年版。

[美]鲍莫尔:《福利经济及国家理论》,郭家麟、郑孝齐译,商务印书馆 1982 年版。

[美]彼得·德鲁克:《知识管理》,杨开峰译,中国人民大学出版社 2000 年版。

[英]米德:《效率、公平与产权》,施仁译,北京经济学院出版社 1992 年版。

曾德明等:《企业研发国际化及网络位置对创新绩效的影响研究——基于中国汽车产业上市公司的分析》,《软科学》2014 年第 12 期。

陈芳、穆荣平:《我国汽车行业创新能力测度研究》,《科研管理》2011 年第 10 期。

陈劲、吴波:《开放式技术创新范式下企业全面创新投入研究》,《管理工程学报》2011 年第 4 期。

陈丽娴:《知识溢出、创新与区域经济增长》,《当代经济管理》2017 年第 8 期。

程晨:《技术创新溢出与企业全要素生产率——基于上市公司的实证研究》,《经济科学》2017 年第 6 期。

邓乐天:《我国汽车上市公司纵向整合战略与企业绩效》,博士学位论文,华南理工大学,2011 年。

董晓庆等:《国有企业创新效率损失研究》,《中国工业经济》2014 年第

2 期。

董振林：《外部知识搜寻、知识整合机制与企业创新绩效：外部环境特性的调节作用》，博士学位论文，吉林大学，2017 年。

段会娟：《知识溢出的测度方法综述》，《科技进步与对策》2010 年第 3 期。

符宁：《人力资本、研发强度与进口贸易技术溢出——基于我国吸收能力的实证研究》，《世界经济研究》2007 年第 11 期。

傅家骥、程源：《面对知识经济的挑战——兼论技术创新与知识创新的关系》，第二届中国软科学学术年会论文集，1998 年 12 月。

高辉：《中国情境下的制度环境与企业创新绩效关系研究》，博士学位论文，吉林大学，2017 年。

高展军、李垣：《企业吸收能力研究阐述》，《科学管理研究》2005 年第 12 期。

郭咸刚：《西方管理思想史（第二版）》，经济管理出版社 2005 年版。

韩伯棠等：《中国区域知识吸收能力测度》，《科技与经济》2013 年第 4 期。

何传启、张凤：《知识经济、国家创新体系与我国现代化》，《中国科技论坛》1998 年第 6 期。

何洁：《外商直接投资对中国工业部门外溢效应的进一步精确量化》，《世界经济》2000 年第 1 期。

侯汉平、王浣尘：《R&D 知识溢出效应模型分析》，《系统工程理论与实践》2001 年第 9 期。

胡小娟、温力强：《FDI 对中国汽车产业内资企业溢出效应的实证研究》，《湖南大学学报（社会科学版）》2009 年第 5 期。

黄枫、吴纯杰：《市场势力测度与影响因素分析——基于我国化学药品制造业研究》，《经济学（季刊）》2013 年第 12 期。

黄菁等：《FDI 在中国的技术外溢效应：基于面板数据的考察》，《世界经济研究》2008 年第 10 期。

黄静波：《国际技术转移》，清华大学出版社 2005 年版。

黄凌云等:《基于东道国吸收能力的 FDI 技术溢出效应》,《中国软科学》2007 年第 3 期。

黄凌云、吴维琼:《FDI 技术外溢与技术差距的门槛效应》,《财经科学》2013 年第 3 期。

简新华、杨艳琳:《产业经济学》,武汉大学出版社 2010 年版。

简泽、段永瑞:《企业异质性、竞争与全要素生产率的收敛》,《管理世界》2012 年第 8 期。

简泽:《企业间的生产率差异、资源再配置与制造业部门的生产率》,《管理世界》2011 年第 5 期。

姜延书、赵静:《关于中国汽车行业 FDI 对内资企业影响分析》,《学术交流》2009 年第 7 期。

解学梅、左蕾蕾:《企业协同创新网络特征与创新绩效:基于知识吸收能力的中介效应研究》,《南开管理评论》2013 年第 3 期。

赖明勇、包群:《外商直接投资技术溢出效应的实证研究》,《湖南大学学报(自然科学版)》2003 年第 8 期。

雷家骕、程源:《技术经济学前沿问题》,经济科学出版社 2003 年版。

李春顶:《中国出口企业是否存在"生产率悖论":基于中国制造业企业数据的检验》,《世界经济》2010 年第 7 期。

李华晶等:《新能源汽车企业研发投入与绩效关系》,《中国科技论坛》2017 年第 1 期。

李青:《知识溢出:对研究脉络的基本回顾》,《数量经济技术经济研究》2007 年第 6 期。

李显君等:《中国上市汽车公司所有权属性、创新投入与企业绩效的关联研究》,《管理评论》2018 年第 2 期。

李小平、朱钟棣:《国际贸易、R&D 溢出和生产率增长》,《经济研究》2006 年第 2 期。

李小平、朱钟棣:《中国工业企业的全要素生产率测算——基于分行业面板数据的研究》,《管理世界》2005 年第 4 期。

李晓钟、何建莹:《FDI 对我国高新技术产业技术溢出效应分析》,《国际贸易问题》2012 年第 7 期。

李玉红等:《企业演化:中国工业生产率增长的重要途径》,《经济研究》2008 年第 6 期。

梁欣如、许庆瑞:《关于创新者困境的理论解释——排斥性创新理论综述》,《科学学研究》2005 年第 12 期。

林光平等:《Bootstrap 方法在空间济计量模型检验中的应用》,《经济科学》2007 年第 8 期。

刘常勇、谢洪明:《企业知识吸收能力的主要影响因素》,《科学学研究》2003 年第 6 期。

刘和东、谢婷:《区域创新内外溢出的门槛效应研究》,《南京工业大学学报(社会科学版)》2015 年第 9 期。

刘剑:《内生增长理论:综合分析与简要评价》,《审计与经济研究》2005 年第 2 期。

刘柯杰:《知识溢出、产业聚集与地区高科技产业政策选择》,《生产力研究》2002 年第 1 期。

刘小玄、郑京海:《国有企业效率的决定因素:1983—1994》,《经济研究》1998 年第 1 期。

蔡杰、龙志和:《知识溢出研究的比较分析》,《科技进步与对策》2007 年第 9 期。

卢炯炯、董楠楠:《国际技术溢出渠道对技术创新的影响——基于吸收能力视角》,《科技与经济》2017 年第 6 期。

鲁晓东、连玉君:《中国工业企业全要素生产率估计:1999—2007》,《经济学(季刊)》2012 年第 11 期。

路江涌:《外商直接投资对内资企业效率的影响和渠道》,《经济研究》2008 年第 6 期。

倪建明:《一种技术扩散中介服务责任利益分配的新机制》,《科研管理》1996 年第 4 期。

聂辉华、贾瑞雪:《中国制造业企业生产率与资源误置》,《世界经济》2011 年第 7 期。

聂辉华等:《中国工业企业数据库的使用现状和潜在问题》,《世界经济》2012 年第 5 期。

潘文卿:《外商直接投资对中国工业部门的外溢效应——基于面板数据的分析》,《世界经济》2003 年第 6 期。

彭迪云等:《我国汽车制造企业技术创新绩效的路径分析》,《工业技术经济》2018 年第 1 期。

彭向、蒋传海:《产业集聚、知识溢出与地区创新——基于中国工业行业的实证检验》,《经济学(季刊)》2011 年第 4 期。

彭泽瑶:《研发投入、股权结构与企业绩效——基于汽车行业上市公司的数据》,博士学位论文,南华大学,2015 年。

亓朋等:《外商直接投资企业对内资企业的溢出效应:对中国制造业企业的实证研究》,《管理世界》2008 年第 4 期。

邱斌等:《FDI 技术溢出渠道与中国制造业生产率增长研究:基于面板数据的分析》,《世界经济》2008 年第 8 期。

任曙明、吕镯:《融资约束、政府补贴与全要素生产率——来自中国装备制造企业的实证研究》,《管理世界》2014 年第 11 期。

沙文兵、李桂香:《FDI 知识溢出、自主 R&D 投入与内资高技术企业创新能力——基于中国高技术产业分行业动态面板数据模型的检验》,《世界经济研究》2011 年第 5 期。

上官绪明:《技术溢出、吸收能力与技术进步》,《世界经济研究》2016 年第 8 期。

宋承先:《现代西方经济学》,复旦大学出版社 1997 年版。

苏锦红等:《异质性企业全要素生产率与要素配置效率——基于 1999—

2007 年中国制造业企业微观数据的实证分析》,《世界经济研究》2015 年第 11 期。

苏蕊蕊:《研发投入和研发团队网络结构对汽车企业创新绩效的实证研究》,博士学位论文,湖南大学,2015 年。

孙兆刚等:《企业对知识溢出吸收能力的测度》,《科学技术与工程》2005 年第 4 期。

谭崇台:《发展经济学的新发展》,武汉大学出版社 1999 年版。

涂正革、肖耿:《中国大中型工业的成本效率分析:1995—2002》,《世界经济》2007 年第 7 期。

王春法、洪健飞:《关于中国生产产业技术创新战略的几点思考》,《科研管理》2004 年第 9 期。

王飞:《国外直接投资对我国技术进步的影响》,《现代经济探讨》2003 年第 5 期。

王国顺、李清:《基于吸收能力的跨国公司知识转移过程研究》,《武汉大学学报(哲学社会科学版)》2006 年第 11 期。

王俊豪:《政府管制经济学导论》,商务印书馆 2001 年版。

王天骄:《FDI 对中国内资汽车产业技术溢出效应研究》,硕士学位论文,吉林大学,2011 年。

王维等:《政府补助方式对新能源汽车企业绩效影响研究》,《科技进步与对策》2017 年第 12 期。

王向阳等:《技术溢出与技术差距:线性关系还是二次非线性关系》,《科研管理》2011 年第 8 期。

王晓岭、武春友:《低碳型产业创新网络的构建——来自黑龙江庆华新能源战略产业园的实证研究》,《当代经济管理》2011 年第 10 期。

王晓玮:《我国新能源汽车行业研发投入对企业绩效影响的研究——以股权集中度作为调节变量》,博士学位论文,山西财经大学,2018 年。

王玉灵、张世英:《技术创新溢出机制的研究与模式》,《系统工程理论方法应用》2001 年第 12 期。

魏守华等:《知识溢出、吸收能力与经济绩效的研究述评》,《现代经济探讨》2017 年第 9 期。

魏守华等:《内生创新努力、本土技术溢出与长三角高技术产业创新绩效》,《中国工业经济》2009 年第 2 期。

温忠麟等:《调节效应和中介效应分析》,教育科学出版社 2012 年版。

吴梅等:《产业结构对知识溢出效应的影响分析——来自广东工业产业的证据》,《科研管理》2004 年第 7 期。

吴玉鸣:《大学、企业研发与区域创新的空间统计与计量分析》,《数理统计与管理》2007 年第 2 期。

谢光亚、振佳:《中国汽车制造业国际竞争力研究》,《北京工商大学学报(社会科学版)》2009 年第 4 期。

谢建国:《外商直接投资对中国的技术溢出——一个基于中国省区面板数据的研究》,《经济学(季刊)》2006 年第 7 期。

谢千里等:《中国工业生产率的增长与收敛》,《经济学(季刊)》2008 年第 3 期。

邢斐、张建华:《外商技术转移对我国自主研发的影响》,《经济研究》2009 年第 6 期。

徐磊、黄凌云:《FDI 技术溢出及其区域创新能力门槛效应研究》,《科研管理》2009 年第 3 期。

薛漫天、赵曙东:《外国直接投资的行业内与行业间溢出效应:哪些行业受益?》,《南开经济研究》2008 年第 1 期。

闫春:《近十年国外开放式创新的理论与实践研究述评》,《研究与发展管理》2014 年第 4 期。

严兵:《外商在华直接投资的溢出效应》,《山西财经大学学报》2006 年第 8 期。

杨高举、黄先海:《内部动力与后发国分工地位升级——来自中国高技术产业的证据》,《中国社会科学》2013 年第 2 期。

杨汝贷:《中国制造企业全要素生产率研究》,《经济研究》2015 年第 2 期。

尹静、平新乔:《中国地区(制造业行业)间的技术溢出分析》,《产业经济研究》2006 年第 1 期。

尹永威:《跨国公司在华汽车产业投资的技术溢出效应分析》,博士学位论文,山东大学,2006 年。

余淼杰:《中国的贸易自由化与制造业企业生产率》,《经济研究》2010 年第 12 期。

余长林:《知识产权保护与国际 R&D 溢出》,《世界经济研究》2011 年第 8 期。

岳中刚:《逆向研发外包与企业创新绩效:基于汽车产业的实证研究》,《南京邮电大学学报(社会科学版)》2014 年第 12 期。

张海洋、刘海云:《外资溢出效应与竞争效应对中国工业部门的影响》,《国际贸易问题》2004 年第 3 期。

张建勇:《中国汽车产业中 FDI 技术溢出效应的测度研究》,博士学位论文,北京理工大学,2014 年。

张洁等:《吸收能力形成的前因变量及其对企业创新绩效的影响分析——吸收能力作为中介变量的实证研究》,《科学学与科学技术管理》2012 年第 5 期。

张倩肖、冯福根:《三种 R&D 溢出与本地企业技术创新——基于我国高技术产业的经验分析》,《中国工业经济》2007 年第 11 期。

张天华、张少华:《偏向性政策、资源错配与经济效率损失——基于中国工业企业的估算》,《世界经济》2016 年第 4 期。

张天华、张少华:《中国工业企业全要素生产率的稳健估计》,《世界经济》2016 年第 4 期。

张文科:《FDI 在我国汽车产业的技术溢出效应研究》,硕士学位论文,浙江大学,2014 年。

张馨之、何江:《中国地区经济发展差距的空间分析》,《地域研究与开发》2007 年第 2 期。

张雪倩:《跨国公司在中国的技术溢出效应分析:以汽车工业为例》,《世界经济研究》2003 年第 4 期。

张宇:《FDI 技术外溢的地区差异与吸收能力的门限特征——基于中国省际面板数据的门限回归分析》,《数量经济技术经济研究》2008 年第 1 期。

张玉杰:《国际技术转移要素及行为方式》,《财经问题研究》2000 年第 1 期。

赵果庆:《FDI 溢出效应、技术缺口与工业发展——基于我国汽车业的实证分析》,《中国软科学》2010 年第 3 期。

赵永铭等:《纯知识外溢对我国创新产出的影响》,《科学学与科学技术管理》2008 年第 10 期。

赵勇、白永秀:《知识溢出:一个文献综述》,《经济研究》2009 年第 1 期。

赵增耀、王喜:《产业竞争力、企业技术能力与外资的溢出效应——基于我国汽车产业吸收能力的实证分析》,《管理世界》2007 年第 12 期。

郑展等:《区域知识溢出与吸收能力研究》,《科学学与科学技术管理》2007 年第 4 期。

钟昌标:《外商直接投资地区间溢出效应研究》,《经济研究》2010 年第 1 期。

周海涛、张振刚:《政府研发资助方式对企业创新投入与创新绩效的影响研究》,《管理学报》2015 年第 12 期。

朱珂:《跨国并购对企业创新绩效影响的评估》,博士学位论文,宁波大学,2015 年。

朱美光:《区域知识能力与区域知识吸收能力比较研究——基于空间知识溢出视角的分析》,《科学学研究》2007 年第 6 期。

朱平芳等:《中国工业行业间 R&D 溢出效应研究》,《经济研究》2016 年第 11 期。

Ackerberg, D., et al., "Structural Identification of Production Functions", Mimeo' UCLA Working Paper, 2006.

Acs, Z.J.& Audretsch, D.B., "Innovation, Market Structure and Firm Size", *Review of Economics & Statistics*, Vol.69, No.4(1987), pp.567–574.

Acs, Z.J., et al., "Patents and Innovation Counts as Measures of Regional Production of New Knowledge", *Research Policy*, Vol.31, No.7(2002), pp.1069–1085.

Acs, Z.J., et al., "Real Effects of Academic Research: Comment", *American Economic Review*, Vol.82, No.1(1992), pp.363–367.

Aghion, P., et al., "Science, Technology and Innovation for Economic Growth: Linking Policy Research and Practice in STIG Systems", *Research Policy*, Vol.38, No.4(2009), pp.681–693.

Aigner, D., et al., "Formulation and Estimation of Stochastic Frontier Production Function Mode", *Journal of Economics*, Vol.6, No.1(1977), pp.21–37.

Almeida, P.& Kogut, B., "Localization of Knowledge and the Mobility of Engineers in Regional Networks", *Management Science*, Vol.45, No.7(1999), pp.903–917.

Amidon, D.M., *Innovation Strategy for the Knowledge Economy: The Ken Awakening*, Boston: Butterworth Heinemann, 1997.

Andersson, M.& Ejermo, O., "How does Accessibility to Knowledge Sources Affect the Innovativeness of Corporations? Evidence from Sweden", Lund University, CIRCLE-Center for Innovation, Research and Competences in the Learning Economy, Paper no.2005/04, 2005.

Anselin, l., et al., "Local Geographic Spillovers between University Research and High Technology Innovations", *Journal of Urban Economics*, Vol.42, No.3(1997), pp.422–448.

Arrow, K.J., "The Economic Implications of Learning by Doing", *Review of Economic Studies*, Vol.29, No.3(1962), pp.155–173.

Audrestch, D.B.& Feldman, M.P., "R&D Spillovers and the Geography of Innovation and Production", *The American Economic Review*, Vol.86, No.3 (1996), pp.630-640.

Audretsch, D.B.& Feldman, M.P., "Innovation Clusters and the Industry Life Cycle", *Review of Industrial Organization*, Vol.11, No.2(1996), pp.252-273.

Audretsch, D.B.& Keilbach, M., "The Theory of Knowledge Spillover Entrepreneurship", *Journal of Management Studies*, Vol. 44, No. 7 (2007), pp. 1242-1254.

Audretsch, D.B.& Feldman, M.P., *Knowledge Spillover and the Geography of Innovation*, Handbook of Regional and Urban Economixs, Amsterdam: North Holland Publishing Co, 2004.

Audretsch, D.B., "Entrepreneurship Capital and Economic Growth", *Oxford Review of Economic Policy*, Vol.23, No.1 (2007), pp.63-78.

Balasubramanyam, V.N., et al., "Foreign Direct Investment and Growth in EP and IS Countries", *The Economic Journal*, Vol.106, No.434(1996), pp.92-105.

Baldwin, R. E., et al., "Global Income Divergence, Trade and Industrialization: The Geography of Growth Take-offs", *Journal of Economics Growth*, Vol.6, No.11(2001), pp.3-37.

Berliant, M., et al., "Knowledge Exchange, Matching, and Agglomeration", *Journal of Urban Economics*, Vol.60, No.1(2006), pp.69-95.

Blalock, G.& Gertler, P.J., "Learning from Exporting Revisited in a Less Developed Setting", *Journal of Development Economics*, Vol. 75, No. 2 (2004), pp. 397-416.

Blomström, M. & Wolf, E. N., "Multinational Corporations and Productivity Convergence in Mexico", NBER Working Paper Series, No.W3141, October 1989.

Blundell, R.& Bond, S., "GMM Estimation with Persistent Panel Date: An Application to Production Functions", *Econometric Reviews*, Vol.19, No.3(2000), pp.

321-340.

Borentein, E., et al.," How does Foreign Direct Investment Affect Economic Growth?", *Journal of International Economics*, Vol.45, No.1(1998), pp.113-135.

Brandt, Loren, et al., "Creative Accounting or Creative Destruction? Firm-level Productivity Growth in Chinese Manufacturing", *Journal of Development Economic*, Vol.97, No.2(2012), pp.339-351.

Branstetter, L.G., "Are Knowledge Spillovers International or Intranational in Scope? Microeconometric Evidence from the US and Japan", *International Business Studies*, Vol.53, No.1(2001), pp.53-79.

Braunerhjelm, P., et al., "The Missing Link: Knowledge Diffusion and Entrepreneurship in Endogenous Growth", *Small Business Economics*, Vol. 34, No. 2 (2010), pp.103-125.

Cainelli, G.& Riccardo, L., "Externalities and Long Term Local Industrial Development Some Empirical Evidence from Italy", *Revue D'économic Industrielle*, Vol.90, No.4(1999), pp.25-39.

Caniëls, M. C. & Verspagen, B., "Barriers to Knowledge Spillovers and Regional Convergence in an Evolutionary Model", *Journal of Evolutionary Economics*, Vol.11, No.3(2001), pp.307-329.

Carlsson, B., et al., "Knowledge Creation, Entrepreneurship, and Economic Growth: A Historical Review", *Industry and Corporate Change*, Vol. 18, No. 6 (2009), pp.1193-1229.

Caselli, F.& Coleman, W.J., "Cross-country Technology Diffusion: The Case of Computers", *The American Economic Review*, Vol.91, No.2(2001), pp.328-335.

Castellani, D. & Antonello, Z., "Multinational Companies and Productivity Spillovers: Is there a Specification Error", *Applied Economic Letters*, Vol.14, No.14 (2007), pp.1047-1051.

Castellani, D.& Zanfei, A., "Technology Gaps, Absorptive Capacity and the

Impact of Inward Investments on Productivity of European Firms", *Economics of Innovation and New Technology*, Vol.12, No.6(2003), pp.553-576.

Cockburn, I.M.& Henderson, R.M., "Absorptive Capacity, Coauthoring Behavior, and the Organization of Research in Drug Discovery", *The Journal of Industrial Economics*, Vol.46, No.2(1998), pp.157-182.

Coe, D.T.& Helpman, E., "International R&D Spillovers", *European Economic Review*, Vol.39, No.5(1995), pp.859-887.

Cohen, W.M.& Levinthal, D.A., "Innovation and Learning: The Two Faces of R&D", *Economic Journal*, Vol.99, No.397(1989), pp.569-596.

Cohen, W.M.& Levinthal, D.A., "Absorptive Capacity: A New Perspective on Learning and Innovation", *Administrative Science Quarterly*, Vol.35, No.8(1990), pp.128-152.

Cohen, W.M.& Levinthal, D.A., "Fortune Favors the Prepared Firm", *Management Science*, Vol.40, No.2(1994), pp.227-251.

Deng, Zhliang, et al., "Trading Market Access for Technology? Tax Incentives, Foreign Direct Investment and Productivity Spillovers in China", *Journal of Policy Modeling*, Vol.34, No.5(2012), pp.673-690.

Duranton, G.& Puga, D., "Micro-foundations of Urban Increasing Returns: Theory", *Hetecon Net*, Vol.11, No.3(2004), pp.363-375.

Durham J.B., "Absorptive Capacity and the Effects of Foreign Direct Investment and Equity Foreign Portfolio Investment on Economic Growth", *European Economic Review*, Vol.48, No.2(2004), pp.283-306.

Eaton, J.&Kortum, S., "Technology, Geography, and Trade", *Econometrica*, Vol.70, No.5(2002), pp.1741-1779.

Effie K. &Henny, R., "Do Local Knowledge Spillovers Matter for Development? A Empirical Study of Uruguay's Software Cluster", *World Development*, Vol.14, No.6(2004), pp.100-124.

Fagerberg, J. & Verspagen, B., "Technology-gaps, Innovation-diffusion and Transformation: An Evolutionary Interpretation", *Research Policy*, Vol. 31, No. 8 (2002), pp.1291-1304.

Fagerberg, J., "Technology and International Differences in Growth Rates", *Journal of Economic Literature*, Vol.32, No.4(1994), pp.1147-1175.

Feldman, M.P.& Audresch, D.B., "Innovation in Cities Science-Based Diversity, Specialization and Localized Competition", *European Economic Review*, Vol. 43, No.5(1999), pp.409-429.

Findlay, R., "Relative Backwardness, Direct Foreign Investment and the Transfer of Technology: A Simple Dynamic Modal", *Quarterly Journal of Economics*, Vol.92, No.1(1978), pp.1-16.

Fischer, M.M.& Varga, V., "Spatial Knowledge Spillovers and University Research: Evidence from Austria", *Journal of Regional Science*, Vol.37, No.2(2003), pp.303-322.

Fischer, M.M., et al., "The Geography of Knowledge Spillovers between High-Tech Firms in Europe: Evidence from a Spatial Interaction Modeling Perspective", *Geographica Analysis*, Vol.38, No.3(2006), pp.288-309.

Fischer, M.M., et al., "Knowledge Spillover and Total Factor Productivity: Evidence Using a Spatial Panel Data Model", *Geographical Analysis*, Vol.41, No.2 (2009), pp.204-220.

Fracasso, A.& Marzetti, G.V., "International R&D Spillovers, Absorptive Capacity and Relative Backwardness: A Panel Smooth Transition Regression Model", *International Economic Journal*, Vol.28, No.1(2014), pp.137-160.

Francesco, A.& Paola, C., "R&D Spillovers and Firm's Performance in Italy Evidence from a Flexible Production Function", *Spatial Economics*, Vol.13, No.3 (2009), pp.143-166.

Geographic, W., "Localization of International Technology Diffusion",

American Economic Review, Vol.92, No.1(2002), pp.120-142.

Geroski, Paul A., "Entry, Innovation and Productivity Growth", *The Review of Economics and Statistics*, Vol.71, No.4(1989), pp.572-578.

Gima, S., "Absorptive Capacity and Productivity Spillovers from FDI: A Threshold Regression Analysis", *Oxford Bulletin of Economics and Statistics*, Vol. 67, No.3(2005), pp.281-306.

Gima, S., et al., "Who Benefits from Foreign Direct Investment in the UK", *Journal of International Economics*, Vol.53, No.7(2001), pp.203-222.

Glaeser, E. L. & Shleifer, A., "Growth in Cities", *Journal of Political Economy*, Vol.78, No.6(1992), pp.1126-1152.

Glaeser, E.L., et al., "Economic Growth in a Cross-section of Cities", *Journal of Monetary Economics*, Vol.36, No.3(1995), pp.117-143.

Glinow, M.A.V.& Teagarden, M.B., "The Transfer of Human Resource Management Technology in Sino-U.S.Cooperative Ventures: Problems and Solutions", *Human Resources Management*, Vol.27, No.2(1998), pp.201-229.

Glückler, J., "Knowledge, Networks and Space: Connectivity and the Problem of Non-Interactive learning", *Region Study*, Vol.47, No.6(2013), pp.112-127.

Greunz, L., "Geographically and Technologically Mediated Knowledge Spillovers between European Regions", *Annals of Regional Science*, Vol.37, No.2 (2003), pp.657-680.

Griliches, Z., "Issues in Assessing the Contribution of Research and Development to Productivity Growth", *Bell Journal of Economics*, Vol.10, No.1(1979), pp. 92-116.

Griliches, Z. & Regev, H., "Firm Productivity in Israeli Industry: 1979 - 1988", *Journal of Economics*, Vol.65, No.1(1995), pp.173-203.

Griliches, Z., "The Search for R&D Spillovers", *Scandinavian Journal of Economics*, Vol.94, No.9(1998), pp.29-47.

Grossman, G. M. & Helpman, E., *Innovation and Growth in the Global Economy*, Cambridge: MIT Press, 1993.

Haddad, M.& Harrison, A., "Are There Positive Spillovers from Direct Foreign Investment: Evidence from Panel Data for Morocco", *Journal of Development Economics*, Vol.42, No.1(1993), pp.51-74.

Hansen, B. E., "Threshold Effects in Non-dynamic Panels: Estimation, Testing, and Inference", *Journal of Economics*, Vol.93, No.2(1999), pp.343-368.

Ibrahim, Sherwat E., et al., "Localized Source of Knowledge and the Effect of Knowledge Spillovers: An Empirical Study of Inventors in the Telecommunication Industry", *Journal of Economic Geography*, Vol.9, No.3(2009), pp.403-431.

Jaffe, A.B., et al., "Geographic Localization of Knowledge Spillovers as Evidenced by Patent Citations", *The Quarterly Journal of Economics*, Vol.108, No.3(1993), pp.577-598.

Jaffe, A.B.& Trajtenberg, V., "International Knowledge Flows: Evidence from Patent Citation", *Economics of Innovation and New Technology*, Vol.8, No.1-2(1999), pp.105-136.

Jaffe, A.B., "Real Effects of Academic Research", *The American Economic Review*, Vol.79, No.3(1989), pp.957-970.

Jaffe, A.B., "Technological Opportunity and Spillovers of R&D: Evidence from Firms' Patents Profits and Market Value", *The American Economic Reviews*, Vol.76, No.5(1986), pp.983-1001.

James, D.A., "Fundamental Stocks of Knowledge and Productivity Growth", *Journal of Political Economy*, Vol.98, No.4(1990), pp.673-702.

Javorcik, B.S., "Does Foreign Direct Investment Increase the Productivity of Domestic Firms? In Search of Spillovers through Backward Linkages", *American Economic Review*, Vol.94, No.3(2004), pp.605-627.

Jefferson, G.H., "R&D Performance in Chinese Industry", *Economics of Inno-*

vation and New Technology, Vol.13, No.2(2004), pp.345-366.

Jensen, M. B., et al., "Forms of Knowledge and Modes of Innovation", *Research Policy*, Vol.36, No.5(2007), pp.680-693.

Jun, K., "Technology Spillovers, Agglomeration, and Regional Economic", *Journal of Planning and Literature*, Vol.20, No.2(2005), pp.99-115.

Kedia, B.L.& Bhagat, R.S., "Cultural Constraints on Transfer of Technology across Nations: Implications for Research in International and Comparative Management", *Academy of Management Review*, Vol.13, No.2(1988), pp.559-571.

Keller, W & Yeaple, S.R., "Global Production and Trade in the Knowledge Economy", *National Bureau of Economic Research*, Vol.9, No.10(2009), pp.1-43.

Keller, W.& Yeaple, S.R., "Multinational Enterprises, International Trade and Productivity Growth: Firm Level Evidence From the United States", *Review of Economics and Statistics*, Vol.91, No.4(2009), pp.821-831.

Keller, W., "Absorptive Capacity: On the Creation and Acquisition of Technology in Development", *Journal of Development Economics*, Vol.49, No.1(1996), pp.199-227.

Keller, W., "Are International R&D Spillovers Trade-related: Analyzing Spillovers among Randomly Matched Trade Partners", *European Economic Reiew*, Vol.42, No.8(1998), pp.1469-1481.

Keller, W., "Trade and the Transmission of Technology", *Journal of Economics Growth*, Vol.7, No.1(2002), pp.3-24.

Keller, W., "Geographic Localization of International Technology Diffusion", *American Economic Review*, Vol.92, No.1(2002), pp.120-142.

Keller, W., "International Trade, Foreign Direct Investment, and Technology Spillovers", *Handbook of the Economics of Innovation*, Vol.2, 2010, pp.793-829.

Keller, W., "International Technology Diffusion", *Journal of Economic Literature*, Vol.42, No.3(2004), pp.752-783.

Kim, L., "The Dynamics of Samsung's Technological Learning in Semiconductors", *California Management Review*, Vol.39, No.3(1997), pp.86−100.

Kokko, A., "Technology, Market Characteristics, and Spillover", *Journal of Development Economics*, Vol.43, No.3(1994), pp.279−293.

Kokko, A., *Foreign Direct Investment*, Host Country Characteristics and Spillovers, Stockholm: Stockholm School of Economics, 1992.

Kokko, A., et al., "Local Technology Capability and Productivity Spillovers from FDI in the Uruguayan Manufacturing Sector", *Journal of Development Studies*, Vol.32, No.4(1996), pp.602−611.

Konings, J., "The Effects of Foreign Direct Investment on Domestic Firms: Evidence from Firm-level Panel Data in Emerging Economies", *Economics of Transition*, Vol.9, No.3(2001), pp.619−633.

Krugman, P., "Increasing Returns and Economic Geography", *The Journal of Political Economy*, Vol.99, No.3(1991), pp.482−499.

Krugman, P.R., *Geography and Trade*, Cambridge: MIT Press, 1991.

Lane, P.J. & Lubatkin, M., "Relative Absorptive Capacity and Interorganizational Learning", *Strategic Management Journal*, Vol.19, No.5(1998), pp.461−477.

Lane, P.J., et al., "The Reification of Absorptive Capacity: A Critical Review and Rejuvenation of the Construct", *Academy of Management Review*, Vol.31, No.4(2006), pp.833−863.

Laursen, K. & Salter, A., "Open for Innovation: The Role of Openness in Explaining Innovation Performance among US Manufacturing Firms", *Strategic Management Journal*, Vol.27, No.2(2006), pp.131−150.

Levinsohn, J. & Petrin, A., "Estimating Production Functions Using Inputs to Control for Unobervables", *Review of Economic Studies*, Vol.70, No.2(2003), pp.317−340.

Lichtenberg, F.R.& Pottelsberghe, B.V., "International R&D Spillovers: A Re-examination", *European Economic Review*, Vol.428, No.3(1998), pp.1483-1491.

Lim, U., "Knowledge Spillovers, Agglomeration Economic, and the Geography of Innovation Activity: A Spatial Econometric Analysis", *The Review of Regional Studies*, Vol.34, No.1(2004), pp.11-36.

Liu, X.& Buck, T., "Innovation Performance and Channels for International Technology Spillovers: Evidence from Chinese High-Tech Industries", *Research Policy*, Vol.36, No.3(2007), pp.353-366.

Liu, X., et al., "The Impact of Foreign Direct Investment on Labour Productivity in the Chinese Electronics Industry", *International Business Review*, Vol.10, No.4(2001), pp.421-439.

Lucas, R.E., "On the Mechanics of Economics Development", *Journal of Monetary Economics*, Vol.22, No.1(1988), pp.3-42.

MacDougall, G.D.A., "The Benefits and Costs of Private Investment from Abroad: A Theoretical Approach", *Economic Record*, Vol. 36, No. 73 (1960), pp.13-35.

Martin, P.& Ottaviano, G., "Growing Location: Industry in a Models of Endogenous Growth", *European Economic Review*, Vol.43, No.2(1996), pp.281-302.

Meeusen, J. B., "Efficiency Estimation from Cobb-Douglas Production Function with Composed Error", *International Economics Review*, Vol. 18, No. 2 (1977), pp.433-444.

Metcoalf, J. C., *Technological Innovation and the Competitive Process*, Technology Innovation and Economic Policy, 1984.

Miller, S.M.& Upadhyay, M.P., "The Effects of Openness, Trade Orientation and Human Capital on Total Factor Productivity", *Journal of Development Economics*, Vol.63, No.2(2000), pp.399-423.

Moreno, R., et al., "Spatial Spillovers and Innovation Activity in European Regions", *Environment and Planning A*, Vol.37, No.10(2005), pp.1793−1812.

Mowery, D.C.& Oxley, J.E., "Technology Transfer and Competitiveness: The Role of National Innovation Systems", *Cambridge Journal of Economics*, Vol.19, No. 1(1995), pp.67−93.

Narula, R.& Dunning, J.H., "Industrial Development, Globalization and Multinational Enterprises: New Realities for Developing Countries", *Oxford Development Studies*, Vol.28, No.2(2000), pp.141−167.

Narula, R., "Understanding Absorptive Capacities in an Innovation Systems Context: Consequences for Economic and Employment Growth", MERT Research Memorandum Series, 2004.

Nonaka, I.& Toyama, R., "The Knowledge-Creating Theory Revisited: Knowledge Creation as a Synthesizing Process", *Knowledge Management Research and Practice*, Vol.1, No.1(2003), pp.2−10.

Nonaka, I.A., "Dynamic Theory of Organizational Knowledge Creation", *Organization Science*, Vol.5, No.2(1994), pp.13−37.

Olley, G.& Pakes, A., "The Dynamics of Productivity in the Telecommunications Equipment Industry", *Econometrica*, Vol.64, No.6(1996), pp.1263−1297.

Parent, O.& LeSage, J.P., "Using the Variance Structure of the Conditional Autoregressive Spatial Specification to Model Knowledge Spillovers", *Journal of Applied Economics*, Vol.23, No.2(2008), pp.233−256.

Plummer, L.A.& Acs, Z.J., "Localized Competition in the Knowledge Spillover Theory of Entrepreneurship", *Journal of Business Venturing*, Vol.29, No.1(2014), pp.121−136.

Romer, P.M., "Endogenous Technological Change", *Journal of Political Economy*, Vol.98, No.5(1990), Part.2, pp.S71−S102.

Romer, P.M., "Increasing Returns and Long-run Growth", *Journal of Political Economy*, Vol.94, No.5(1986), pp.1002−1037.

Roper, S, P. et al., "Externalities of openness innovation", *Research Policy*, Vol.42, No.9(2013), pp.1543-1554.

Roper, S.P., et al., "Firms' Knowledge Search and Local Knowledge Externalities in Innovation Performance", *Research Policy*, Vol.46, No.1 (2017), pp. 245-267.

Shan, W., et al., "Interfirm Cooperation and Startup Innovation in the Biotechnology Industry", *Strategic Management Journal*, Vol.15, No.5 (1993), pp.387-394.

Sjobolm, F., "International Transfer of Knowledge: The Role of International Trade and Geographic Proximity", *Review of World Economics*, Vol. 132, No.1 (1996), pp.97-115.

Sjoholm, F., "Productivity Growth in Indonesia: The Role of Regional Characteristics and Direct Foreign Investment", *Economic Development and Cultural Change*, Vol.47, No.3(1999), pp.559-584.

Solow, R.M.A., "Contribution to the Theory of Economic Growth", *Quarterly Journal of Economics*, Vol.70, No.1(1956), pp.63-94.

Solow, R.M.A., "Technical Change and the Aggregate Production Function", *Review of Economics and Statistics*, Vol.39, No.3(1957), pp.312-320.

Spence, M., "Cost Reduction Competition and Industry Performance", *Econometrica*, Vol.52, No.1(1984), pp.101-122.

Spence, M.," Product Differentiation and Welfare", *The American Economics Review*, Vol.66, No.2(1976), pp.407-414.

Stoneman, P., "Innovative Diffusion, Bayesian Learning and Probability", *The Economic Journal*, Vol.91, 1981, pp.373-388.

Terleckyj, N.E., *Effects of R&D on the Productivity Growth of Industries: An Exploratory Study*, Washington DC: National Planning Association, 1974.

Van den Bosch, F.A.J. et al., "Coevolution of Firm Absorptive Capacity and

Knowledge Environment: Organizational Forms and Combinative Capabilities", *Organization Science*, Vol.10, No.5 (1999), pp.551-568.

Verspagen, B.& Deloo, I., "Technology Spillovers between Sectors and Over Time", *Technological Forecasting and Social Chang*, Vol.60, No.3 (1999), pp. 213-235.

Verspagen, B., "Estimating International Technology Spillovers Using Technology Flow Matrices", *Review of World Economics*, Vol.133, No.2 (1997), pp. 226-248.

Veugelers, R.& Cassiman, B., "R&D Cooperation between Firms and Universities, Some Empirical Evidence from Belgian Manufacturing", *International Journal of Industrial Organization*, Vol.23, No.5 (2005), pp.353-379.

Walz, U., "Innovation, Foreign Direct Investment and Growth", *Economica*, Vol.64, No.253 (1997), pp.63-79.

Wei, Xin zhen & Yu, Hui shi, "A Locational Comparative Study on High-tech Industrial Zones in China", *Chinese Geographical Science*, Vol.4, No.1 (1994), pp. 1-7.

Williams, F.& Gibson, D., *Technology Transfer: A Communication Perspective*, Newbury Park, 1990.

Xu, B., Wang, J., "Capital Goods Trade and R&D Spillovers in the OECD", *Canadian Journal of Economics*, Vol.32, No.5 (1999), pp.1258-1274.

Zahra, S. A. & George, G., "Absorptive Capacity: A Review, Reconceptualization, and Extension", *Academy of Management Review*, Vol.27, No.2 (2002), pp.183-203.

Zucker, L.G., et al., "Intellectual Human Capital and the Birth of U.S. Biotechnology Enterprises", *Nonprofit Policy Forum*, Vol.88, No.1 (1998), pp. 290-306.

附录一　本书数据的分组情况

根据企业性和本书的门槛效应检验所获的知识溢出和吸收能力的门槛值,汽车产业的数据情况如下。

一、按企业性质分组

1. 按企业性质—产业内知识溢出分组

以产业内知识溢出的单一门槛值 12.6214 为分界线,并按企业性质分组,具体结果见表附-1。由表附-1 可知,高产业内知识溢出的汽车企业 620 个,占比为 52.1886%;低产业内知识溢出的汽车企业 568 个,占比为 47.8114%,即我国能够接收到高产业内知识溢出的汽车企业较多。从企业性质来看,国有性质和外资性质的高产业内知识溢出的汽车企业数量少于低产业内知识溢出的汽车企业(45.5285% ≤ 54.4715%,48.8095 ≤ 51.1905%);民营性质的高产业内知识溢出企业数量大于低产业内知识溢出的汽车企业(53.3129% ≥ 46.6871)。这一组数据说明,整体上看,我国汽车企业中能够接收到高产业内知识溢出的企业数量占比较大,其中民营企业能够接收到高产业内知识溢出的企业数量最大,其次为外资企业和国有企业。

表附-1　企业性质-产业内知识溢出分组情况

类型	高产业内知识溢出（个）	低产业内知识溢出（个）	合计	高产业内知识溢出占比（%）	低产业内知识溢出占比（%）
国有企业	56	67	123	45.5285	54.4715

续表

类型	高产业内知识溢出（个）	低产业内知识溢出（个）	合计	高产业内知识溢出占比（%）	低产业内知识溢出占比（%）
民营企业	523	458	981	53.3129	46.6871
外资企业	41	43	84	48.8095	51.1905
合计	620	568	1188	52.1886	47.8114

2. 按企业性质—产业间知识溢出分组

以产业间知识溢出的第一门槛值 7.7185 和第二门槛值 7.8611 为分界线,并按企业性质分组,具体结果见表附-2。由表附-2可知,高产业间知识溢出的汽车企业 921 个,占比为 77.5252%;中产业间知识溢出的汽车企业 70 个,占比为 16.5825%;低产业间知识溢出的汽车企业 197 个,占比为 5.8923%,即能够接收到高产业内知识溢出的汽车企业数量多于能够接收低、中产业间知识溢出的汽车企业数量。从企业性质来看,国有、民营、外资性质的高产业内知识溢出的汽车企业数量都大于低、中产业间知识溢出。这一组数据说明,整体来看,我国汽车企业能够接收到高产业间知识溢出的企业数量较大,其中民营企业能够接收到高产业内知识溢出的企业数量占比最大,其次为外资企业和国有企业。

表附-2 企业性质-产业间知识溢出分组情况

类型	高产业内知识溢出（个）	中产业间知识溢出（个）	低产业间知识溢出（个）	总计	高产业内知识溢出占比（%）	中产业内知识溢出占比（%）	低产业内知识溢出占比（%）
国有企业	79	6	38	123	64.2276	4.8780	30.8943
民营企业	776	60	145	981	79.1030	6.1162	14.7808
外资企业	66	4	14	84	78.5714	4.7619	16.6667
合计	921	70	197	1188	77.5253	5.8923	16.5825

3. 按企业性质—国际知识溢出分组

以国际知识溢出的第一门槛值 6.8095 和第二门槛值 6.9846 为分界线，并按企业性质分组，具体结果见表附-3。由表附-3 可知，高国际知识溢出的汽车企业 870 个，占比为 73.2323%；中国际知识溢出的汽车企业 136 个，占比为 11.4478%；低国际知识溢出的汽车企业 182 个，占比为 15.3199%，即能够接收到高国际知识溢出的汽车企业多于能够接收到中、低国际知识溢出的汽车企业数量。从企业性质来看，国有、民营、外资性质的高国际知识溢出的汽车企业数量都大于中、低国际知识溢出。这一组数据说明，整体来看，我国汽车企业中能够接收到高国际知识溢出的企业数量占比较大，其中外资企业能够接收到高国际知识溢出的企业数量最大，其次为民营企业和国有企业。

表附-3　企业性质—国际知识溢出分组情况

类型	高国际知识溢出（个）	中国际知识溢出（个）	低国际知识溢出（个）	总计	高国际知识溢出占比（%）	中国际知识溢出占比（%）	低国际知识溢出占比（%）
国有企业	76	13	34	123	61.7886	10.5691	27.6423
民营企业	728	121	132	981	74.2100	12.3344	13.4557
外资企业	66	2	16	84	78.5714	2.3810	19.0476
合计	870	136	182	1188	73.2323	11.4478	15.3199

4. 按企业性质—吸收能力分组

以汽车企业吸收能力的第一门槛值 6.4949 和第二门槛值 7.2611 为分界线，并按企业性质分组，具体结果见表附-4。由附-4 可知，高吸收能力的汽车企业 585 个，占比为 49.2424%；中吸收能力的汽车企业 150 个，占比为 12.6263%；低吸收能力的汽车企业 453 个，占比为 38.1313%，即高吸收能力的汽车企业数量多于低、中吸收能力的汽车企业。从企业性质来看，国有、民营性质的高吸收能力的汽车企业数量大于低、中吸收能力的汽车企业；外资性质的低吸收能力的汽车企业数量大于高、中吸收能力汽车企业。这一组数据说明,整体来看,我国汽车企业中,具有高吸收能力的企业数量占比较大,其中民营企业具有高吸收能力的企业数量最多,其次为国有企业和外资企业。

表附-4 企业性质—吸收能力分组情况

类型	高吸收能力（个）	中吸收能力（个）	低吸收能力（个）	总计	高吸收能力占比（%）	中吸收能力占比（%）	低吸收能力占比（%）
国有企业	60	17	46	123	48.7805	13.8211	37.3984
民营企业	499	120	362	981	50.8665	12.2324	36.9011
外资企业	26	13	45	84	30.9524	15.4762	53.5714
合计	585	150	453	1188	49.2424	12.6263	38.1313

二、按吸收能力—知识溢出分组

1. 按吸收能力—产业内知识溢出分组

以产业内知识溢出的单一门槛值 12.6214 和吸收能力的第一门槛值 6.4949、第二门槛值 7.2611 为分界线进行分组,具体结果见附-5。由表附-5 可知,在吸收能力和产业内知识溢出的 6 种组合中,高吸收能力—高产业内知识溢出的汽车企业数量最多(25.8418%),其后依次为高吸收能力—低产业内知识溢出(23.4007%),低吸收能力—高产业内知识溢出(20.0337%),低吸收能力—低产业内知识溢出(18.0976%),数量最小的是中吸收能力—高产业内知识溢出和中吸收能力—低产业内知识溢出,占比都为 6.3131%。这一组数据说明,我国汽车产业中高吸收能力—高产业内知识溢出的企业最常见。

表附-5 吸收能力—产业内知识溢出分组情况

类型	高吸收能力（个）	中吸收能力（个）	低吸收能力（个）	高吸收能力占比（%）	中吸收能力占比（%）	低吸收能力占比（%）
高产业内知识溢出	307	75	238	25.8418	6.3131	20.0337

类型	高吸收能力（个）	中吸收能力（个）	低吸收能力（个）	高吸收能力占比（％）	中吸收能力占比（％）	低吸收能力占比（％）
低产业内知识溢出	278	75	215	23.4007	6.3131	18.0976
合计	585	150	453	49.24242	12.62626	38.13131

2. 按吸收能力—产业间知识溢出分组

以产业间知识溢出的第一门槛值 7.7185、第二门槛值 7.8611 和吸收能力的第一门槛值 6.4949、第二门槛值 7.2611 为分界线进行分组，具体结果见表附-6。由表附-6 可知，在吸收能力和产业内知识溢出的 9 种组合中，高吸收能力—高产业间知识溢出的汽车企业数量最多（37.4579%），其后依次为低吸收能力—高产业间知识溢出（29.6296%），中吸收能力—高产业内知识溢出（10.4377%），高吸收能力—低产业间知识溢出（9.1751%）等；数量最小的是中吸收能力—中产业内知识溢出（0.5892%）。这一组数据说明，我国汽车产业中高吸收能力和高产业间知识溢出的企业最常见。

表附-6　吸收能力—产业间知识溢出分组情况

类型	高吸收能力（个）	中吸收能力（个）	低吸收能力（个）	高吸收能力占比（％）	中吸收能力占比（％）	低吸收能力占比（％）
高产业间知识溢出	445	124	352	37.4579	10.4377	29.6296
中产业间知识溢出	31	7	32	2.6094	0.5892	2.6936
低产业间知识溢出	109	19	69	9.1751	1.5993	5.8081
合计	585	150	453	49.24242	12.62626	38.13131

3. 按吸收能力—国际知识溢出分组

以国际知识溢出的第一门槛值 6.8095、第二门槛值 6.9846 和吸收能力的第一门槛值 6.4949、第二门槛值 7.2611 为分界线进行分组，具体结果见表附-7。由表附-7可知,在吸收能力和国际知识溢出的 9 种组合中,高吸收能力—高国际知识溢出的汽车企业数量最多(34.5118%),其后依次为低吸收能力—高国际知识溢出(29.1246%),高吸收能力—低国际知识溢出(9.0909%),高吸收能力—中国际知识溢出(5.6397%)等;数量最小的是中吸收能力—低国际知识溢出(1.3468%)。这一组数据说明,我国汽车产业中高吸收能力和高国际知识溢出的企业最常见。

表附-7 吸收能力—国际知识溢出分组情况

吸收能力类型 （个）	高吸收 能力 （个）	中吸收 能力 （个）	低吸收 能力 （个）	高吸收 能力占比 （%）	中吸收 能力占比 （%）	低吸收 能力占比 （%）
高国际知识溢出	410	114	346	34.5118	9.5960	29.1246
中国际知识溢出	67	20	49	5.6397	1.6835	4.1246
低国际知识溢出	108	16	58	9.0909	1.3468	4.8822
合计	585	150	453	49.2424	12.6263	38.1313

附录二 本书研究假设的验证情况

研究假设	是否验证
H1:知识溢出对创新绩效的提升具有显著的促进作用	部分验证
H2:吸收能力对知识溢出促进创新绩效的提升作用具有调节效果	是
H3:以知识溢出水平为门槛变量时,知识溢出与吸收能力对创新绩效的影响具有门槛效应	是
H4:以吸收能力为门槛变量时,知识溢出与吸收能力对创新绩效的影响具有门槛效应	是
H31:以产业内知识溢出水平为门槛变量时,产业内知识溢出与吸收能力对创新绩效的影响具有门槛效应	是
H32:以产业间知识溢出水平为门槛变量时,产业间知识溢出与吸收能力对创新绩效的影响具有门槛效应	是
H33:以国际知识溢出水平为门槛变量时,国际知识溢出与吸收能力对创新绩效的影响具有门槛效应	是
H41:以吸收能力为门槛变量时,产业内知识溢出与吸收能力对创新绩效的影响具有门槛效应	是
H42:以吸收能力为门槛变量时,产业间知识溢出与吸收能力对创新绩效的影响具有门槛效应	是
H43:以吸收能力为门槛变量时,国际知识溢出与吸收能力对创新绩效的影响具有门槛效应	是
H311:对于国有企业而言,以产业内知识溢出水平为门槛变量时,产业内知识溢出与吸收能力对创新绩效的影响具有门槛效应	否
H321:对于国有企业而言,以产业间知识溢出水平为门槛变量时,产业间知识溢出与吸收能力对创新绩效的影响具有门槛效应	否
H331:对于国有企业而言,以国际知识溢出水平为门槛变量时,国际知识溢出与吸收能力对创新绩效的影响具有门槛效应	是
H411:对于国有企业而言,以吸收能力为门槛变量时,产业内知识溢出与吸收能力对创新绩效的影响具有门槛效应	是

研究假设	是否验证
H421:对于国有企业而言,以吸收能力为门槛变量时,产业内间知识溢出与吸收能力对创新绩效的影响具有门槛效应	是
H431:对于国有企业而言,以吸收能力为门槛变量时,国际知识溢出与吸收能力对创新绩效的影响具有门槛效应	是
H312:对于民营企业而言,以产业内知识溢出水平为门槛变量时,产业内知识溢出与吸收能力对创新绩效的影响具有门槛效应	否
H322:对于民营企业而言,以产业间知识溢出水平为门槛变量时,产业间知识溢出与吸收能力对创新绩效的影响具有门槛效应	否
H332:对于民营企业而言,以国际知识溢出水平为门槛变量时,国际知识溢出与吸收能力对创新绩效的影响具有门槛效应	是
H412:对于民营企业而言,以吸收能力为门槛变量时,产业内知识溢出与吸收能力对创新绩效的影响具有门槛效应	是
H422:对于民营企业而言,以吸收能力为门槛变量时,产业内间知识溢出与吸收能力对创新绩效的影响具有门槛效应	是
H432:对于民营企业而言,以吸收能力为门槛变量时,国际知识溢出与吸收能力对创新绩效的影响具有门槛效应	是
H313:对于外资企业而言,以产业内知识溢出水平为门槛变量时,产业内知识溢出与吸收能力对创新绩效的影响具有门槛效应。	是
H323:对于外资企业而言,以产业间知识溢出水平为门槛变量时,产业间知识溢出与吸收能力对创新绩效的影响具有门槛效应。	否
H333:对于外资企业而言,以国际知识溢出水平为门槛变量时,国际知识溢出与吸收能力对创新绩效的影响具有门槛效应	是
H413:对于外资企业而言,以吸收能力为门槛变量时,产业内知识溢出与吸收能力对创新绩效的影响具有门槛效应。	是
H423:对于外资企业而言,以吸收能力为门槛变量时,产业内间知识溢出与吸收能力对创新绩效的影响具有门槛效应	是
H433:对于外资企业而言,以吸收能力为门槛变量时,国际知识溢出与吸收能力对创新绩效的影响具有门槛效应	否
H5:知识溢出与吸收能力之间存在相互影响、相互促进的互动关系	是
H51:收到的外部知识溢出越多,吸收能力越强	是
H52:吸收能力越强,接收到的外部溢出越多	是

责任编辑：曹　春

图书在版编目（CIP）数据

知识溢出、吸收能力与创新绩效：以中国汽车产业为例/王芳 著. —北京：
　人民出版社,2021.6
ISBN 978－7－01－023171－6

Ⅰ.①知…　Ⅱ.①王…　Ⅲ.①汽车工业-产业发展-研究-中国
Ⅳ.①F426.471

中国版本图书馆 CIP 数据核字（2021）第 028677 号

知识溢出、吸收能力与创新绩效

ZHISHI YICHU XISHOU NENGLI YU CHUANGXIN JIXIAO

——以中国汽车产业为例

王　芳　著

人民出版社 出版发行

（100706　北京市东城区隆福寺街 99 号）

北京盛通印刷股份有限公司印刷　新华书店经销

2021 年 6 月第 1 版　2021 年 6 月北京第 1 次印刷
开本：710 毫米×1000 毫米 1/16　印张：16
字数：228 千字

ISBN 978－7－01－023171－6　定价：68.00 元

邮购地址　100706　北京市东城区隆福寺街 99 号
人民东方图书销售中心　电话（010）65250042　65289539